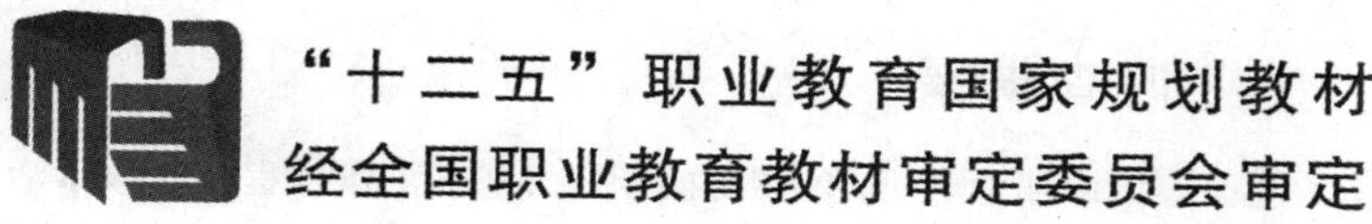

矿山机械液压系统的构建

（第2版）

主　编　彭伦天　王一刚

重庆大学出版社

内 容 提 要

本书在内容设置上借鉴了德国、澳大利亚等国际职业教育的先进教学理念，基于工作过程设计教学活动，全书由易到难设置了4个学习情境。主要介绍了构成矿山机械液压系统的各种液压元件的结构、工作原理、性能特点、选择和应用，矿山机械的典型液压传动系统的分析及组建等。

本书是高职高专教育三年制矿山机电类专业教材，也适合作为成人高校、中等职业学校机电类专业的教材，同时可供矿山企业工程技术人员参考或作为自学用书。

图书在版编目(CIP)数据

矿山机械液压系统的构建／彭伦天，王一刚主编．—2版．—重庆：重庆大学出版社，2015.1

机电一体化技术专业及专业群教材

ISBN 978-7-5624-5208-9

Ⅰ.矿…　Ⅱ.①彭…　②王…　Ⅲ.矿山机械—液压系统—高等学校—教材　Ⅳ.TD403

中国版本图书馆CIP数据核字(2015)第010923号

矿山机械液压系统的构建
（第2版）
主　编　彭伦天　王一刚
责任编辑：周　立　　版式设计：周　立
责任校对：邬小梅　　责任印制：赵　晟
*
重庆大学出版社出版发行
出版人：邓晓益
社址：重庆市沙坪坝区大学城西路21号
邮编：401331
电话：(023) 88617190　88617185(中小学)
传真：(023) 88617186　88617166
网址：http://www.cqup.com.cn
邮箱：fxk@cqup.com.cn (营销中心)
全国新华书店经销
自贡兴华印务有限公司印刷
*
开本：787×1092　1/16　印张：12　字数：300千
2015年1月第2版　2015年1月第2次印刷
印数：3 001—6 000
ISBN 978-7-5624-5208-9　定价：25.00元

第2版 前言

本教材自2010年出版以来,随着现代工业技术的发展,液压技术在矿山机械中得到了进一步的应用。与此同时,在三年多的教学实践,也发现了原书的一些缺陷和不足之处。为此,本教材再版时各学习情境删改了部分不合适宜内容,增加了新鲜的内容。本教材在修订过程中依然体现了第一版的以下特点:

1. 根据工矿企业职业岗位的需要以及工矿应用型技术人才应具备机电设备液压部分操作维护能力,确定教材的知识结构、技能结构,努力使学生的职业技能能够满足职业岗位的需要。

2. 以国家职业技能等级标准为依据,使教材内容涵盖液压设备操作维护等相关技能等级标准要求,便于"双证书制"在教学中的贯彻落实。

3. 根据围绕生产过程进行教学的宗旨,以技能训练为主线,理论知识为支撑的编写思路,教材加强了技能训练的内容,并给出了评定标准,较好地处理了理论教学与技能训练的关系,有利于帮助学生掌握知识、形成技能、增强动手能力。

4. 将行业、企业专家所积累的经验以及企业现行的新技术、新设备融入教材相关内容中,使学生的知识水平能跟上现代化的发展。

本教材由彭伦天主持修订,参加本教材修订工作的有:重庆工程职业技术学院王一刚;重庆工程职业技术学院卢建波;重庆永荣矿业有限责任公司黄元祥。

尽管收集了大量的最新资料,由于个人能力有限,还是有一些想收集而收集不到的资料,这给部分内容的修订带来了一定的困难。另外,因时间紧迫,错误和疏漏之处在所难免,敬请广大读者批评指正。

编　者

2015年1月

前言

为了满足高等职业技术院校培养工矿应用型技术人才的需要，根据国家示范性高等职业技术院校教育教学改革的精神，我们在充分调研的基础上，结合工矿企业生产过程以及对应用型技术人才的要求，对新教材的内容定位、结构体系、知识点进行了较大的改变，努力使新教材具有以下特点：

一、根据工矿企业职业岗位的需要以及工矿应用型技术人才应具备机电设备液压部分操作维护能力，确定教材的知识结构、技能结构，努力使学生的职业技能能够满足职业岗位的需要。

二、以国家职业技能等级标准为依据，使教材内容涵盖液压设备操作维护等相关技能等级标准要求，便于"双证书制"在教学中的贯彻落实。

三、根据围绕生产过程进行教学的宗旨，以技能训练为主线，理论知识为支撑的编写思路，教材加强了技能训练的内容，并给出了评定标准，较好地处理了理论教学与技能训练的关系，有利于帮助学生掌握知识、形成技能、增强动手能力。

四、将行业、企业专家所积累的经验以及企业现行的新技术、新设备融入教材相关内容中，使学生的知识水平能跟上现代化的发展。

五、按照教学规律和学生的认知规律，合理编排教材内容，尽量采用图文并茂的编写风格，并配有图片、动画、视频等辅助资料，从而达到易教、易学的目的。

参加本书编写工作的有：王一刚（情境1）、卢建波（情境2：任务1、任务2），黄元祥（情境2：任务3、任务4），黄文建（情境3：任务1、任务2），彭伦天（情境3：任务3、任务4，情境4）。全书由彭伦天、王一刚担任主编。

在教材编写过程中，得到了许多工矿企业的大力帮助和支持，参与编写的专家倾注了大量心血，将他们多年的实践经验和教学体会奉献给读者，参与审稿的专家也提出了宝贵的意见和建议。在此，我们表示衷心的感谢！同时恳请广大读者，特别是工矿企业的读者，对教材的不足之处提出宝贵意见，以便修正。

编　者

2009 年 10 月

目录

学习情境 1
液压千斤顶液压系统的构建

车辆行驶中突然爆胎,需要更换轮胎,用什么工具呢?可以借助一种叫做千斤顶的大力士。千斤顶有机械式和液压式的两种,现在应用得较多的是液压千斤顶,那么液压千斤顶是怎样工作的呢?

任务1　液压千斤顶液压系统分析

知识目标:★掌握液压传动的工作原理
　　　　　★掌握液压传动的系统组成

能力目标:★绘制液压千斤顶的液压系统图

任务导入

液压千斤顶是常用的举升设备,如图1-1所示。它利用了液压传动系统来完成对重物的举升操作,那么,什么是液压传动?液压传动是如何工作的呢?

图1-1　液压千斤顶

任务分析

液压千斤顶就是靠液压传动系统带动完成工作的。要全面了解液压传动系统，就要掌握系统的工作原理、熟悉组成系统的各类液压元件的结构以及由这些元件组成的各种控制回路的特点及应用、传动介质的基本特性等。下面来分析液压传动系统。

相关知识

一、液压传动的概念

一部完整的机器由原动机部分、传动机构及控制部分、工作机部分（含辅助装置）组成。原动机包括电动机、内燃机等。工作机即完成该机器之工作任务的直接工作部分，如剪床的剪刀、车床的刀架等。由于原动机的功率和转速变化范围有限，为了适应工作机的工作力和工作速度变化范围变化较宽，以及性能的要求，在原动机和工作机之间设置了传动机构，其作用是把原动机输出功率经过变换后传递给工作机。一切机械都有其相应的传动机构借助于它达到对动力的传递和控制的目的。

传动机构通常分为机械传动、电气传动、流体传动和复合传动。

机械传动是通过齿轮、齿条、蜗轮、蜗杆等机件直接把动力传送到执行机构的传递方式。

电气传动是利用电力设备，通过调节电参数来传递或控制动力的传动方式。

流体传动是以流体为工作介质进行能量转换、传递和控制的传动。它包括液压传动、液力传动和气压传动。

复合传动任意两种以上的传动方式的组合。

液压传动和液力传动均是以液体作为工作介质进行能量传递的传动方式。液压传动主要是利用液体的压力能来传递能量；而液力传动则主要是利用液体的动能来传递能量。

- 流体传动
  - 液体传动
    - 液压传动——利用液体静压力传递动力
    - 液力传动——利用液体静流动动能传递动力
  - 气体传动
    - 气压传动
    - 气力传动

二、液压传动的工作原理及系统组成

（一）液压传动系统的工作原理

液压传动的工作原理，可以用液压千斤顶的工作原理来说明。

图 1-2 是液压千斤顶的工作原理图。大油缸 9 和大活塞 8 组成举升液压缸。杠杆手柄 1、小油缸 2、小活塞 3、单向阀 4 和 7 组成手动液压泵。如提起手柄使小活塞向上移动，小活塞下端油腔容积增大，形成局部真空，这时单向阀 4 打开，通过吸油管 5 从油箱 12 中吸油；用力压下手柄，小活塞下移，小活塞下腔压力升高，单向阀 4 关闭，单向阀 7 打开，下腔的油液经管道 6 输入举升油缸 9 的下腔，迫使大活塞 8 向上移动，顶起重物。再次提起手柄吸油时，单向阀 7 自动关闭，使油液不能倒流，从而保证了重物不会自行下落。不断地往复扳动手柄，就能不断

地把油液压入举升缸下腔，使重物逐渐地升起。如果打开截止阀11，举升缸下腔的油液通过管道10、截止阀11流回油箱，重物就向下移动。这就是液压千斤顶的工作原理。

通过对上面液压千斤顶工作过程的分析，可以初步了解到液压传动的基本工作原理。液压传动是利用有压力的油液作为传递动力的工作介质。压下杠杆时，小油缸2输出压力油，是将机械能转换成油液的压力能，压力油经过管道6及单向阀7，推动大活塞8举起重物，是将油液的压力能又转换成机械能。大活塞8举升的速度取决于单位时间内流入大油缸9中油容积的多少。由此可见，液压传动是一个不同能量的转换过程。

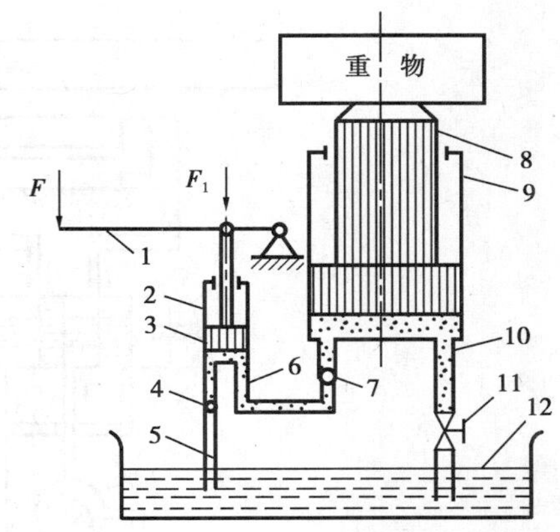

图1-2　液压千斤顶工作原理图
1—杠杆手柄；2—小油缸；3—小活塞；
4、7—单向阀；5—吸油管；6、10—管道；
8—大活塞；9—大油缸；11—截止阀；12—油箱

液压千斤顶是一种简单的液压传动装置。下面分析一种驱动工作台的液压传动系统。如图1-3所示，它由油箱、滤油器、液压泵、溢流阀、开停阀、节流阀、换向阀、液压缸以及连接这些元件的油管、接头组成。其工作原理如下：液压泵由电动机驱动后，从油箱中吸油。油液经滤油器进入液压泵，油液在泵腔中从入口低压到泵出口高压，在图1-2(a)所示状态下，通过开停阀、节流阀、换向阀进入液压缸左腔，推动活塞使工作台向右移动。这时，液压缸右腔的油经换向阀和回油管6排回油箱。

如果将换向阀手柄转换成图1-3(b)所示状态，则压力管中的油将经过开停阀、节流阀和换向阀进入液压缸右腔、推动活塞使工作台向左移动，并使液压缸左腔的油经换向阀和回油管6排回油箱。

工作台的移动速度是通过节流阀来调节的。当节流阀开大时，进入液压缸的油量增多，工作台的移动速度增大；当节流阀关小时，进入液压缸的油量减小，工作台的移动速度减小。这种现象正说明了液压传动一个重要的基本概念——液压缸的运动速度取决于进入液压缸的流量，而与流体压力大小无关。

为了克服移动工作台时所受到的各种阻力，液压缸必须产生一个足够大的推力，这个推力是由液压缸中的油液压力所产生的。要克服的阻力越大，缸中的油液压力越高；反之压力就越低。这种现象正说明了液压传动的一个基本原理——压力决定于负载。

（二）液压传动系统的组成

从机床工作台液压系统的工作过程可以看出，一个完整的、能够正常工作的液压系统，应该由以下五个主要部分组成：

(1)动力元件：它是供给液压系统压力油，把机械能转换成液压能的装置。最常见的形式是液压泵。

(2)执行元件：它是把液压能转换成机械能以驱动工作机构的装置。其形式有作直线运动的液压缸，有作回转运动的液压马达，它们又称为液压系统的执行元件。

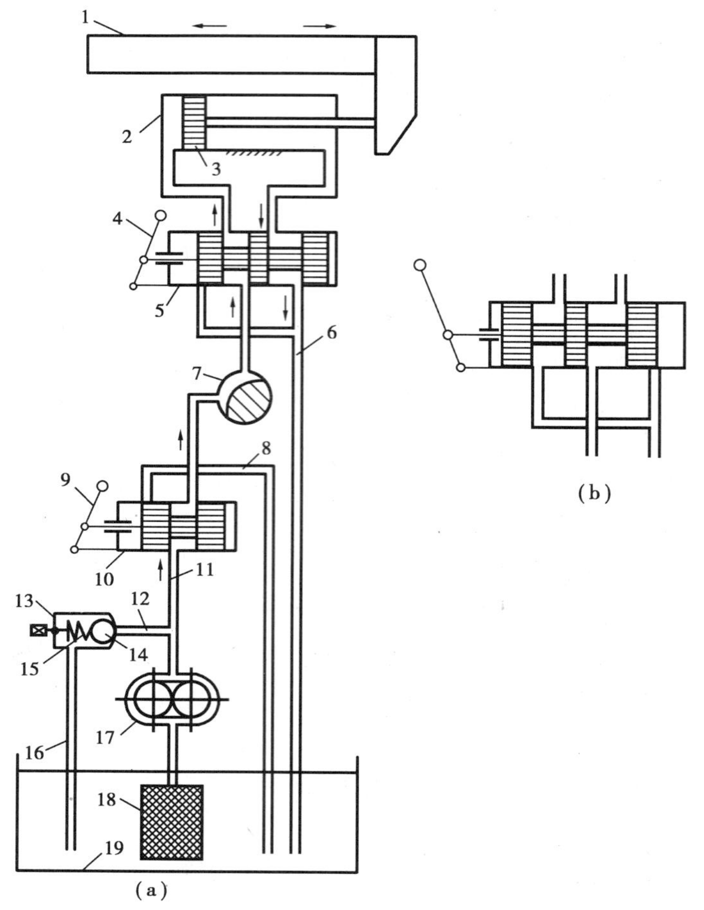

图 1-3　机床工作台液压系统工作原理图

1—工作台;2—液压缸;3—活塞;4—换向手柄;5—换向阀;
6、8、16—回油管;7—节流阀;9—开停手柄;10—开停阀;
11—压力管;12—压力支管;13—溢流阀;14—钢球;15—弹簧;
17—液压泵;18—滤油器;19—油箱

(3)控制元件:它是对系统中的压力、流量或流动方向进行控制或调节的装置。控制元件包括压力控制阀、流量控制阀和方向控制阀,这些元件的不同组合组成了不同功能的液压系统。

(4)辅助元件:上述三部分之外的其他装置,例如油箱、滤油器、油管等。它们对保证系统正常工作是必不可少的。

(5)工作介质:传递能量的流体,常用的是液压油等。

(三)液压传动系统图的图形符号

图 1-3 所示的液压系统是一种半结构式的工作原理图它有直观性强、容易理解的优点,当液压系统发生故障时,根据原理图检查十分方便,但图形比较复杂,绘制比较麻烦。我国已经制订了一种用规定的图形符号来表示液压原理图中的各元件和连接管路的国家标准,即液压系统图图形符号(GB/T 786—1993)。我国制订的液压系统图图形符号中,对于这些图形符号有以下几条基本规定。

（1）符号只表示元件的职能，连接系统的通路，不表示元件的具体结构和参数，也不表示元件在机器中的实际安装位置。

（2）元件符号内的油液流动方向用箭头表示，线段两端都有箭头的，表示流动方向可逆。

（3）符号均以元件的静止位置或中间零位置表示，当系统的动作另有说明时，可作例外。

图1-4所示为图1-3（a）系统用国标GB/T 786—1993绘制的工作原理图。使用这些图形符号可使液压系统图简单明了，且便于绘图。

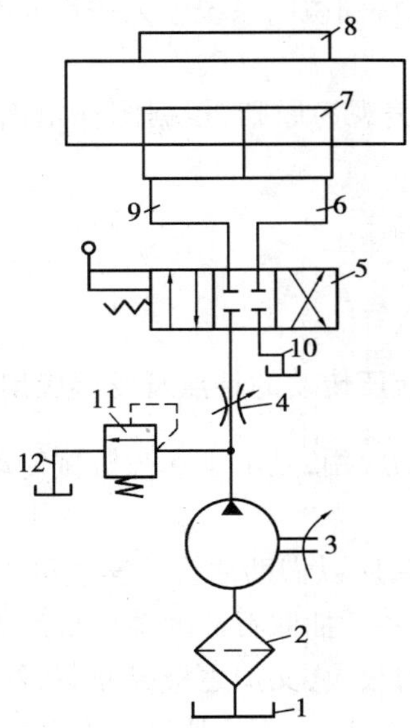

图1-4　机床工作台液压系统的图形符号图

1—油箱；2—滤油器；3—液压泵；4—节流阀；5—换向阀；

6、9、10、12—油管；7—液压缸；8—工作台；11—溢流阀

任务实施

一、分析液压千斤顶的结构组成

二、绘制液压千斤顶的液压系统图

依据我国制定的液压图形符号标准GB/T 786—1993绘图液压千斤顶的液压系统图，在绘制液压系统图时，注意以下规定：

（1）标准规定的液压元件图形符号，主要用于绘制以液压油为工作介质的液压系统原理图。

（2）液压元件的图形符号应以元件的静态或零位来表示。当组成系统的动作另有说明时，可作例外。

（3）在液压传动系统中，液压元件若无法采用图形符号表达时，可以采用结构简图表示。

（4）元件符号只表示元件的职能和连接系统的通路，不表示元件的具体结构和参数，也不

表示系统管路的具体位置和元件的安装位置。

(5)元件的图形符号在传动系统中的布置,除有方向性的元件符号(油箱和仪表等)外,可根据具体情况水平或垂直绘制。

(6)元件的名称、型号和参数(如压力、流量、功率和管径)等,一般应在系统图的元件表中标明,必要时可标注在元件符号旁边。

(7)标准中未规定的图形符号,可根据本标准的原则和所列图例的规律性进行派生。当无法直接引用和派生时,或有必要特别说明系统中某一重要元件的结构及动作原理时,均允许局部采用结构简图表示。

(8)元件符号的大小以清晰、美观为原则,根据图样幅面的大小斟酌处理,但要保证图形符号本身的比例。

知识拓展

液压传动的特点及发展应用

液压传动之所以能得到广泛的应用,是由于它与机械传动、电气传动相比具有以下的主要优点:

(1)由于液压传动是油管连接,所以借助油管的连接可以方便灵活地布置传动机构,这是比机械传动优越的地方。例如,在井下抽取石油的泵可采用液压传动来驱动,以克服长驱动轴效率低的缺点。由于液压缸的推力很大,又加之极易布置,在挖掘机等重型工程机械上,已基本取代了老式的机械传动,不仅操作方便,而且外形美观大方。

(2)液压传动装置的重量轻、结构紧凑、惯性小。例如,相同功率液压马达的体积为电动机的12%~13%。液压泵和液压马达单位功率的重量指标,目前是发电机和电动机的十分之一,液压泵和液压马达可小至0.002 5 N/W(牛/瓦),发电机和电动机则约为0.03 N/W。

(3)可在大范围内实现无级调速。借助阀或变量泵、变量马达,可以实现无级调速,调速范围可达1∶2 000,并可在液压装置运行的过程中进行调速。

(4)传递运动均匀平稳,负载变化时速度较稳定。正因为此特点,金属切削机床中的磨床传动现在几乎都采用液压传动。

(5)液压装置易于实现过载保护——借助于设置溢流阀等,同时液压件能自行润滑,因此使用寿命长。

(6)液压传动容易实现自动化——借助于各种控制阀,特别是采用液压控制和电气控制结合使用时,能很容易地实现复杂的自动工作循环,而且可以实现遥控。

(7)液压元件已实现了标准化、系列化和通用化,便于设计、制造和推广使用。

液压传动系统的主要缺点

(1)液压系统中的漏油等因素,影响运动的平稳性和正确性,使得液压传动不能保证严格的传动比。

(2)液压传动对油温的变化比较敏感,温度变化时,液体黏性变化,引起运动特性的变化,使得工作的稳定性受到影响,所以它不宜在温度变化很大的环境条件下工作。

(3)为了减少泄漏,以及为了满足某些性能上的要求,液压元件的配合件制造精度要求较高,加工工艺较复杂。

(4)液压传动要求有单独的能源,不像电源那样使用方便。

(5)液压系统发生故障不易检查和排除。

总之,液压传动的优点是主要的,随着设计制造和使用水平的不断提高,有些缺点正在逐步加以克服。液压传动有着广泛的发展前景。

自18世纪末英国制成世界上第一台水压机以来,液压传动技术已有二三百年的历史。直到20世纪30年代它才较普遍地用于起重机、机床及工程机械。在第二次世界大战期间,由于战争需要,出现了由响应迅速、精度高的液压控制机构所装备的各种军事武器。第二次世界大战结束后,战后液压技术迅速转向民用工业,液压技术不断应用于各种自动机及自动生产线。

本世纪60年代以后,液压技术随着原子能、空间技术、计算机技术的发展而迅速发展。因此,液压传动真正的发展也只是近三四十年的事。当前液压技术正向迅速、高压、大功率、高效、低噪声、经久耐用、高度集成化的方向发展。同时,新型液压元件和液压系统的计算机辅助设计(CAD)、计算机辅助测试(CAT)、计算机直接控制(CDC)、机电一体化技术、可靠性技术等方面也是当前液压传动及控制技术发展和研究的方向。

当前液压技术正在继续向以下几方面发展。

(1)节能。近年来,由于世界能源的紧缺,各国都把液压传动的节能问题作为液压技术发展的重要课题。上个世纪70年代后期,德、美等国相继研制成负载敏感泵及低功率电磁铁等。德国汉堡军事学院研究成功回收重物下降能量的开式液压节能系统。最近美国威克斯公司又研制成用于功率匹配系统的CMX阀。

(2)液压与微电子、计算机技术相结合。随着微电子、计算机技术的发展,出现了各种数字阀和数字泵,并出现了把单片机直接装在液压元件上的具有位置或力反馈的闭环控制液压元件及装置。有些装置只用一条通信线就能控制16个执行机构。计算机辅助设计、辅助绘图、辅助工艺及辅助制造等技术,在国内液压工业中也开始进入实用阶段。

(3)提高液压传动的可靠性。由于有限元法在液压元件设计中的应用,可靠性试验、研究工作的广泛开展以及新材料、新工艺的发展等,使液压元件的寿命逐年得到提高。由于对飞机船舶、冶金等一些重要液压系统采用多裕度设计,并在系统中设置旁路净化回路及具有初级智能的自动故障检测仪表等,以加强油液的污染度控制。上述领域内的一些重要成果,使液压系统的可靠性逐年得到提高。

(4)高度集成化。叠加阀、集成块、插装阀以及把各种控制阀集成于液压泵及液压执行器上的组合元件的出现,有些还把单片机集成在其控制机构上,达到了集机、电、液于一体的高度集成化。

此外,高压、高转速、低噪声元件的研究,高效滤材的研究,环保型工作介质及其相应高压液压元件的研究等也是值得注意的动向。

我国的液压技术最初应用于机床和锻压设备上,后来又用于拖拉机和工程机械。现在,我国的液压元件随着从国外引进一些液压元件、生产技术以及进行自行设计,现已形成了系列,并在各种机械设备上得到了广泛的使用。

近几十年液压传动发展相当快，广泛应用在机械制造、工程建筑、石油化工、交通运输、军事器械、矿山、冶金、航空、航海、轻工、农机、渔业、林业等各个方面，也被应用在宇宙航行、海洋开发、核能建设、地震预测等新的技术领域中。

液压传动在机械工业中的应用情况见表 1-1 所示。

表 1-1　液压传动在各行业中的应用实例

行业名称	应用场所举例
工程机械	挖掘机、装载机、推土机、压路机、铲运机等
起重运输机械	汽车吊、港口龙门吊、叉车、装卸机械、皮带运输机等
矿山机械	凿岩机、开掘机、开采机、破碎机、提升机、液压支架等
建筑机械	打桩机、液压千斤顶、平地机等
农业机械	联合收割机、拖拉机、农具悬挂系统等
冶金机械	电炉炉顶及电极升降机、轧钢机、压力机等
轻工机械	打包机、注塑机、校直机、橡胶硫化机、造纸机等
汽车工业	自卸式汽车、平板车、高空作业车、汽车中的转向器、减振器等
智能机械	折臂式小汽车装卸器、数字式体育锻炼机、模拟驾驶舱、机器人等

任务2　液压油选用

知识目标：★掌握流体的基本物理性质

★掌握液压油的品种与分类

能力目标：★正确选用液压油

任务导入

液压油是液压传动系统中的传动介质，而且还对液压装置的机构、零件起着润滑、冷却和防锈作用。液压介质的性能对液压系统的工作状态有很大影响，液压传动系统的压力、温度和流速在很大的范围内变化，因此液压油的质量优劣直接影响液压系统的工作性能。故此，合理地选用液压油也是很重要的。

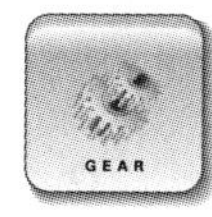

任务分析

不同的液压系统由于工作环境和使用条件的不同，对所使用的液压油的要求也就不一样。那么，液压系统对液压油有哪些要求？液压油有哪些品种？在选用液压油时又需要考虑哪些因素？下面我们一起来了解液压油的相关知识。

相关知识

一、液压油的物理特性

1. 密度 ρ

单位体积的流体所具有的质量（均质流体）。

$$\rho=\frac{m}{V}\qquad [kg/m^3]$$

密度是液体的一个重要物理参数，当液体温度或压力发生变化时，其密度也会发生变化，但其变化量一般很小，所以常取密度为定值。

一般矿物油的密度为 850 ~ 950 kg/m^3。

2. 重度 γ

单位体积的流体所具有的重量（均质流体）。

$$\gamma=\frac{G}{V}\qquad [N/m^3]$$

一般矿物油的重度为 8 400 ~ 9 500 N/m^3。

因 $G=mg$　　所以　$\gamma=\frac{G}{V}=\rho g$

3. 液体的可压缩性

当液体受压力作用而体积减小的特性称为液体的可压缩性。液体的压缩性可用体积压缩系数或体积弹性模量表示。

体积压缩系数　$\beta_p=-\frac{1}{V}\cdot\frac{dV}{dp}$

式中　β_p——压缩系数，1/Pa；

dV——液体的体积增量，m^3；

dp——液体的压力增量，Pa。

由于 dp 为正值，dV 必为负值，故上式右端加负号，使之为正值。

体积弹性模量　$K=\frac{1}{\beta_p}$

式中　k——体积弹性模量，Pa。

体积弹性模量 k，表示了液体反抗压缩变形的能力，k 越大表示液体越难压缩。

4. 液体的膨胀性

如果压力不变，液体的体积随温度的提高而增大的性质称为液体的膨胀性。膨胀性的大小一般用膨胀系数来度量。

压力不变时，温度的变化引起的体积相对变化量称为膨胀系数，用 β_t 来表示，即

$$\beta_t=-\frac{1}{V}\cdot\frac{dV}{dt}$$

式中　β_t——膨胀系数，1/K；

dt——液体的温度增量，K。

其他符号意义同前。

5. 流体的黏性

液体在外力作用下流动时，由于液体分子间的内聚力而产生一种阻碍液体分子之间进行相对运动的内摩擦力，液体的这种产生内摩擦力的性质称为液体的黏性。由于液体具有黏性，当流体发生剪切变形时，流体内就产生阻滞变形的内摩擦力，由此可见，黏性表征了流体抵抗剪切变形的能力。处于相对静止状态的流体中不存在剪切变形，因而也不存在变形的抵抗，只有当运动流体流层间发生相对运动时，流体对剪切变形的抵抗，也就是黏性才表现出来。黏性所起的作用为阻滞流体内部的相互滑动，在任何情况下它都只能延缓滑动的过程而不能消除这种滑动。

黏性的大小可用黏度来衡量，黏度是选择液压用流体的主要指标，是影响流动流体的重要物理性质。

当液体流动时，由于液体与固体壁面的附着力及流体本身的黏性使流体内各处的速度大小不等，以流体沿平行平板间的流动情况为例，如图 1-5 所示，设上平板以速度 u_0 向右运动，下平板固定不动。紧贴于上平板上的流体粘附于上平板上，其速度与上平板相同。紧贴于下平板上的流体粘附于下平板图 1-5 液体的黏性示意图上，其速度为零。中间流体的速度按线性分布。我们把这种流动看成是许多无限薄的流体层在运动，当运动较快的流体层在运动较慢的流体层上滑过时，两层间由于黏性就产生内摩擦力的作用。根据实际测定的数据所知，流体层间的内摩擦力 F 与流体层的接触面积 A 及流体层的相对流速 $\mathrm{d}u$ 成正比，而与此二流体层间的距离 $\mathrm{d}y$ 成反比，即：

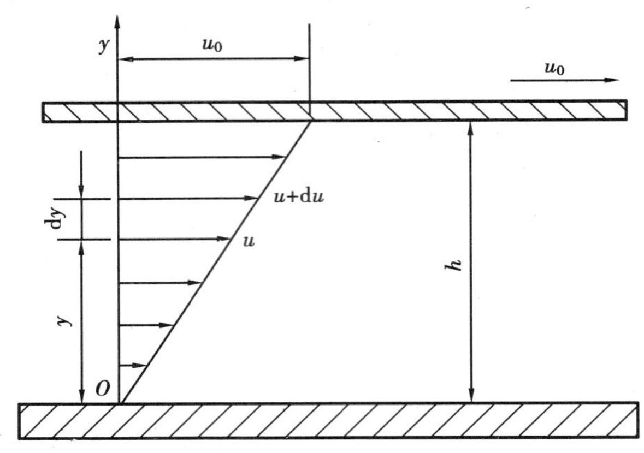

图 1-5　液体的黏性示意图

$$F=\mu A\mathrm{d}u/\mathrm{d}y$$

以 $\tau=F/A$ 表示切应力，则有：

$$\tau=\mu\frac{\mathrm{d}u}{\mathrm{d}y} \tag{1-1}$$

式中　μ——衡量流体黏性的比例系数，称为绝对黏度或动力黏度；

$\frac{\mathrm{d}u}{\mathrm{d}y}$——流体层间速度差异的程度，称为速度梯度。

上式是液体内摩擦定律的数学表达式。当速度梯度变化时，μ 为不变常数的流体称为牛顿流体，μ 为变数的流体称为非牛顿流体。除高黏性或含有大量特种添加剂的液体外，一般的液压用流体均可看作是牛顿流体。

流体的黏度通常有三种不同的测试单位。

(1)动力黏度 μ

它直接表示流体的黏性即内摩擦力的大小。动力黏度 μ 在物理意义上讲，是当速度梯度 $du/dy=1$ 时，单位面积上的内摩擦力的大小，即：

$$\mu=\frac{\tau}{\frac{du}{dy}} \tag{1-2}$$

动力黏度的国际(SI)计量单位为牛顿·秒/米^2，符号为 $N \cdot s/m^2$，或为帕·秒，符号为Pa·s。

(2)运动黏度 ν

运动黏度是绝对黏度 μ 与密度 ρ 的比值：

$$\nu=\frac{\mu}{\rho} \tag{1-3}$$

式中　ν——液体的动力黏度，m^2/s；

ρ——液体的密度，kg/m^3。

运动黏度的SI单位为米^2/秒，m^2/s。还可用CGS制单位：斯(托克斯)，St斯的单位太大，应用不便，常用1%斯，即1厘斯来表示，符号为cSt，故：

$$1\ cSt=10^{-2}\ St=10^{-6}\ m^2/s$$

运动黏度 ν 没有什么明确的物理意义，它不能像 μ 一样直接表示流体的黏性大小，但对 ρ 值相近的流体，例如各种矿物油系液压油之间，还是可用来大致比较它们的黏性。由于在理论分析和计算中常常碰到绝对黏度与密度的比值，为方便起见才采用运动黏度这个单位来代替 $\frac{\mu}{\rho}$。它之所以被称为运动黏度，是因为在它的量纲中只有运动学的要素长度和时间因素的缘故。机械油的牌号上所标明的号数就是表明以厘斯为单位的，在温度40 ℃时运动黏度 ν 的平均值。例如10号机械油指明该油在40 ℃时其运动黏度 ν 的平均值是10 cSt。蒸馏水在20.2 ℃时的运动黏度 ν 恰好等于1 cSt，所以从机械油的牌号即可知道该油的运动黏度。例如20号油说明该油的运动黏度约为水的运动黏度的20倍，30号油的运动黏度约为水的运动黏度的30倍，如此类推。动力黏度和运动黏度是理论分析和推导中经常使用的黏度单位。它们都难以直接测量，因此，工程上采用另一种可用仪器直接测量的黏度单位，即相对黏度。

(3)相对黏度

相对黏度是以相对于蒸馏水的黏性的大小来表示该液体的黏性的。相对黏度又称条件黏度。各国采用的相对黏度单位有所不同。有的用赛氏黏度，有的用雷氏黏度，我国采用恩氏黏度。恩氏黏度的测定方法如下：测定200 cm^3 某一温度的被测液体在自重作用下流过直径2.8 mm小孔所需的时间 t_A，然后测出同体积的蒸馏水在20 ℃时流过同一孔所需时间 t_B($t_B=50\sim52$ s)，t_A 与 t_B 的比值即为流体的恩氏黏度值。恩氏黏度用符号°E 表示。被测液体温度 t ℃时的恩氏黏度用符号°E_t 表示

$$°E_t=\frac{t_A}{t_B} \tag{1-4}$$

工业上一般以 20 ℃、40 ℃和 100 ℃作为测定恩氏黏度的标准温度,并相应地以符号$°E_{20}$、$°E_{40}$和$°E_{100}$来表示。

知道恩氏黏度以后,利用下列的经验公式,将恩氏黏度换算成运动黏度

$$\nu=\left(7.31°E_t-\frac{6.31}{°E_t}\right)\times10^{-6} \tag{1-5}$$

为了使液体介质得到所需要的黏度,可以采用两种不同黏度的液体按一定比例混合,混合后的黏度可按下列经验公式计算。

$$°E=\frac{a°E_1+b°E_2-c(°E_1-°E_2)}{100} \tag{1-6}$$

式中 $°E$——混合液体的恩氏黏度;

$°E_1$、$°E_2$——用于混合的两种油液的恩氏黏度,$°E_1>°E_2$;

a、b——用于混合的两种液体$°E_1$、$°E_2$各占的百分数,$a+b=100$;

c——与 a、b 有关的实验系数,见表 1-2。

表 1-2 系数 c 的值

a/%	10	20	30	40	50	60	70	80	90
b/%	90	80	70	60	50	40	30	20	10
c	6.7	13.1	17.9	22.1	25.5	27.9	28.2	25	17

(4)压力对黏度的影响

在一般情况下,压力对黏度的影响比较小,在工程中当压力低于 5 MPa 时,黏度值的变化很小,可以不考虑。当液体所受的压力加大时,分子之间的距离缩小,内聚力增大,其黏度也随之增大。因此,在压力很高以及压力变化很大的情况下,黏度值的变化就不能忽视。在工程实际应用中,当液体压力在低于 50 MPa 的情况下,可用式(1-7)计算其黏度:

$$\nu_p=\nu_0(1+\alpha_p) \tag{1-7}$$

式中 ν_p——压力在 p(Pa)时的运动黏度;

ν_0——绝对压力为 1 个大气压时的运动黏度;

p——压力,Pa;

α——决定于油的黏度及油温的系数,一般取 $\alpha=(0.002\sim0.004)\times10^{-5}$,1/Pa。

(5)温度对黏度的影响

液压油黏度对温度的变化是十分敏感的,当温度升高时,其分子之间的内聚力减小,黏度就随之降低。不同种类的液压油,它的黏度随温度变化的规律也不同。我国常用黏温图表示油液黏度随温度变化的关系。对于一般常用的液压油,当运动黏度不超过 76 mm²/s,温度在 30~150 ℃时,可用下述近似公式计算其温度为 t ℃的运动黏度:

$$\nu_t=\nu_{50}(50/t)^n \tag{1-8}$$

式中 ν_t——温度在 t ℃时油的运动黏度;

ν_{50}——温度为 50 ℃时油的运动黏度;

n——黏温指数。

黏温指数 n 随油的黏度而变化,其值可参考表 1-3。

表 1-3　黏温指数

$\nu_{50}/(mm^2 \cdot s^{-1})$	2.5	6.5	9.5	12	21	30	38	45	52	60
n	1.39	1.59	1.72	1.79	1.99	2.13	2.24	2.32	2.42	2.49

二、液压系统对液压油的要求

液压油是液压传动系统的重要组成部分，是用来传递能量的工作介质。除了传递能量外，它还起着润滑运动部件和保护金属不被锈蚀的作用。液压油的质量及其各种性能将直接影响液压系统的工作。从液压系统使用油液的要求来看，有下面几点：

(1)适宜的黏度和良好的黏温性能一般液压系统所用的液压油其黏度范围为：

$$\nu=11.5\times10^{-6}\sim35.3\times10^{-6}\,m^2/s$$

(2)润滑性能好在液压传动机械设备中，除液压元件外，其他一些有相对滑动的零件也要用液压油来润滑，因此，液压油应具有良好的润滑性能。为了改善液压油的润滑性能，可加入添加剂以增加其润滑性能。

(3)良好的化学稳定性即对热、氧化、水解、相容都具有良好的稳定性。

(4)对液压装置及相对运动的元件具有良好的润滑性。

(5)对金属材料具有防锈性和防腐性。

(6)比热、热传导率大，热膨胀系数小。

(7)抗泡沫性好，抗乳化性好。

(8)油液纯净，含杂质量少。

(9)倾点和凝固点低，闪点(明火能使油面上油蒸汽内燃，但油本身不燃烧的温度)和燃点高。

此外，对油液的无毒性、价格便宜等，也应根据不同的情况有所要求。

三、液压介质的种类

液压油的种类很多，主要有石油型、合成型和乳化型三类。液压油的主要品种及其性质列于表1-4。

表 1-4　工作介质的主要类型及其性质

种类 / 性能	可燃性液压油			抗燃性液压油			
	石油型			合成型		乳化型	
	通用液压油	抗磨液压油	低温液压油	磷酸脂液	水—乙二醇液	油包水液	水包油液
密度/$(kg \cdot m^{-3})$	850～900			1 100～1 500	1 040～1 100	920～940	1 000
黏度	小～大	小～大	小～大	小～大	小～大	小	小
黏度指数 $vi\geq$	90	95	130	130～180	140～170	130～150	极高
润滑性	优	优	优	优	良	良	可
防锈蚀性	优	优	优	良	良	良	可

续表

性能 \ 种类	可燃性液压油			抗燃性液压油			
	石油型			合成型		乳化型	
	通用液压油	抗磨液压油	低温液压油	磷酸脂液	水—乙二醇液	油包水液	水包油液
闪点/℃ ≥	170 ~ 200	170	150 ~ 170	难燃	难燃	难燃	不燃
凝点/℃ ≤	-10	-25	-45 ~ -35	-50 ~ -20	-50	-25	-5

石油型液压油是以机械油为原料，精练后按需要加入适当添加剂而成。这类液压油润滑性能和防锈性能好，黏度等级范围宽，目前有90%以上的液压系统采用石油型液压油作为工作介质。但它抗燃性较差，液压油的主要品种及其特性和用途列于表1-5。

表1-5　液压油的主要品种及特性和用途

类型	名　称	代　号	特性和用途
石油型	普通液压油	L-HL	适用于7 ~ 14 MPa的液压系统及精密机床液压系统（环境温度在0 ℃以上）
	抗磨液压油	L-HM	适用于低、中、高压液压系统，特别适用于有防磨要求并带叶片泵的液压系统
	低温液压油	L-HV	适用-25 ℃以上的高压、高速工程机械、农业机械和车辆液压系统（加防凝剂等，可在-20 ~ 40 ℃下工作）
	高黏度指数液压油	L-HR	用于数控精密机床的液压系统和伺服系统
	液压导轨油	L-HG	适用于导轨和液压系统共用一种油品的机床，对导轨有良好的润滑性和防爬性
	全损耗系统油	L-HH	浅度精制矿物油，抗氧化性、抗泡沫性较差，主要用于机械润滑，可做液压代用油，用于要求不高的低压系统
	汽轮机油	L-TSA	深度精制矿物油加添加剂，改善了抗氧化性、抗泡沫性能，为气轮机专用油，可做液压代用油，用于要求不高的低压系统
	其他液压油		加入多种添加剂，用于高品质的专用液压系统
乳化液	水包油乳化液	L-HFA	又称高水基液，特点是难燃、黏温特性好，有一定的防锈能力，润滑性差，易泄漏。适用于有抗燃要求、油液用量大且泄漏严重的系统
	油包水乳化液	L-HFB	既具有矿物油型液压油的抗磨、防锈性能，又具有抗燃性，适用于有抗燃要求的中压系统
合成型	水—乙二醇液	L-HFC	难燃，黏温特性和抗蚀性好，能在-30 ~ 60 ℃的温度下使用，适用于有抗燃要求的中低压系统
	磷酸脂液	L-HFDR	难燃，润滑抗磨性能和抗氧化性能良好，能在-54 ~ 135 ℃温度范围内使用；缺点是有毒 适用于有抗燃要求的高压系统

在一些高温、易燃、易爆的工作场合，为了安全起见，应该在系统中使用合成型和乳化型。其中合成型液压油主要有水—乙二醇液、磷酸酯液和硅油等；乳化型液压油分为水包油乳化液(L-HFA)和油包水乳化液(L-HFB)两大类。

四、液压油的污染与防护

液压油是否清洁，不仅影响液压系统的工作性能和液压元件的使用寿命，而且直接关系到液压系统是否能正常工作。液压系统多数故障与液压油受到污染有关，因此控制液压油的污染是十分重要的。

1. 液压油被污染的原因液压油被污染的原因主要有以下几方面

(1)液压系统的管道及液压元件内的型砂、切屑、磨料、焊渣、锈片、灰尘等污垢在系统使用前冲洗时未被洗干净，在液压系统工作时，这些污垢就进入到液压油里。

(2)外界的灰尘、砂粒等，在液压系统工作过程中通过往复伸缩的活塞杆，流回油箱的漏油等进入液压油里。另外在检修时，稍不注意也会使灰尘、棉绒等进入液压油里。

(3)液压系统本身也不断地产生污垢，而直接进入液压油里，如金属和密封材料的磨损颗粒，过滤材料脱落的颗粒或纤维及油液因油温升高氧化变质而生成的胶状物等。

2. 油液污染的危害

液压油污染严重时，直接影响液压系统的工作性能，使液压系统经常发生故障，使液压元件寿命缩短。造成这些危害的原因主要是污垢中的颗粒。对于液压元件来说，由于这些固体颗粒进入到元件里，会使元件的滑动部分磨损加剧，并可能堵塞液压元件里的节流孔、阻尼孔，或使阀芯卡死，从而造成液压系统的故障。水分和空气的混入使液压油的润滑能力降低并使它加速氧化变质，产生气蚀，使液压元件加速腐蚀，使液压系统出现振动、爬行等。

3. 防止污染的措施

造成液压油污染的原因多而复杂，液压油自身又在不断地产生脏物，因此要彻底解决液压油的污染问题是很困难的。为了延长液压元件的寿命，保证液压系统可靠地工作，将液压油的污染度控制在某一限度以内是较为切实可行的办法。对液压油的污染控制工作主要是从两个方面着手：一是防止污染物浸入液压系统；二是把已经浸入的污染物从系统中清除出去。污染控制要贯穿于整个液压装置的设计、制造、安装、使用、维护和修理等各个阶段。

为防止油液污染，在实际工作中应采取如下措施：

(1)使液压油在使用前保持清洁。液压油在运输和保管过程中都会受到外界污染，新买来的液压油看上去很清洁，其实很“脏”，必须将其静放数天后经过滤加入液压系统中使用。

(2)使液压系统在装配后、运转前保持清洁。液压元件在加工和装配过程中必须清洗干净，液压系统在装配后、运转前应彻底进行清洗，最好用系统工作中使用的油液清洗，清洗时油箱除通气孔(加防尘罩)外必须全部密封，密封件不可有飞边、毛刺。

(3)使液压油在工作中保持清洁。液压油在工作过程中会受到环境污染，因此应尽量防止工作中空气和水分的侵入，为完全消除水、气和污染物的侵入，采用密封油箱，通气孔上加空气滤清器，防止尘土、磨料和冷却液侵入，经常检查并定期更换密封件和蓄能器中的胶囊。

(4)采用合适的滤油器。这是控制液压油污染的重要手段。应根据设备的要求，在液压系统中选用不同的过滤方式，不同的精度和不同的结构的滤油器，并要定期检查和清洗滤油器和油箱。

(5)定期更换液压油。更换新油前，油箱必须先清洗一次，系统较脏时，可用煤油清洗，排尽后注入新油。

(6)控制液压油的工作温度。液压油的工作温度过高对液压装置不利,液压油本身也会加速变质,产生各种生成物,缩短它的使用期限,一般液压系统的工作温度最好控制在65 ℃以下,机床液压系统则应控制在55 ℃以下。

任务实施

为千斤顶液压系统选用液压油。

正确而合理地选用液压油,乃是保证液压设备高效率正常运转的前提。

选用液压油时,可根据液压元件生产厂样本和说明书所推荐的品种号数来选用液压油,或者根据液压系统的工作压力、工作温度、液压元件种类及经济性等因素全面考虑,一般是先选择合适的液压油品种,再选择液压油的牌号(即黏度等级)。同时还要考虑液压系统工作条件的特殊要求,如在寒冷地区工作的系统则要求油的黏度指数高、低温流动性好、凝固点低;伺服系统则要求油质纯、压缩性小;高压系统则要求油液抗磨性好。在选用液压油时,黏度是一个重要的参数。

一、选择液压油的品种

应根据其工作性质和工作环境要求来选择。

二、选择液压油的牌号

主要是根据工作条件选用适宜的黏度。选择时应考虑液压系统在以下几个方面的情况:

(1)工作压力　工作压力较高的系统宜选用黏度较大的液压油,以减少泄漏。

(2)运动速度　当液压系统的工作部件运动速度较高时,宜选用黏度较小的液压油减轻液流的摩擦损失。

(3)环境温度　环境温度较高时宜选用黏度较大的液压油。因为环境温度高会使油的黏度下降。

此外,也可根据液压泵的类型及工作情况选择液压油的黏度。各类液压泵适用的黏度范围如表1-6所示。

表1-6　各类液压泵适用的黏度范围

环境温度		5~40 ℃		40~80 ℃	
液压泵类型 \ 黏度		40 ℃黏度 /($mm^2 \cdot s^{-1}$)	50 ℃黏度 /($mm^2 \cdot s^{-1}$)	40 ℃黏度 /($mm^2 \cdot s^{-1}$)	50 ℃黏度 /($mm^2 \cdot s^{-1}$)
齿轮泵		30~70	17~40	54~110	58~98
叶片泵	$p<7$ MPa	30~50	17~29	43~77	25~44
	$p \geq 7$ MPa	54~70	31~40	65~95	35~55
柱塞泵	轴向式	43~77	25~44	70~172	40~98
	径向式	30~128	17~62	65~270	37~154

知识拓展

液压油的现场检测

1. 外观检测

外观检测主要是通过观察液压油的颜色和气味来进行判断的。如果油的颜色变浅，应考虑是否混入了稀释油，必要时测量油的黏度；如果油的颜色变深，稍微发黑，则表明液压油已经开始变质或被污染，此时，若油的工作时间不长，可能是过滤器失效或有其他污染途径；如果油的颜色变得比较深、不透明、混浊，这表明液压油已经完全劣化或严重污染；如果油本身的颜色没有多大变化，只是混浊、不透明，这可能是液压油中混入了水，至少有0.03%的水，必要时可以进行水分测定。但必须注意，有些高级的液压油在初装到油箱里时，看起来好像混浊，但经过一段运转时间后便透明了，并没有丧失原有的性质，这应当视为正常。液压油污染程度及处理见表1-7。

表1-7　液压油污染程度及处理表

外　观	气　味	状　态	处理方法
颜色透明无变化	良	良	可以继续使用
透明但变浅	良	混入别种油	检查黏度，若好继续使用
变成乳白色	良	混入空气和水	分离水分，部分或全部更换
变成黑褐色	不好	氧化变质	全部更换
透明有小黑点	良	混入杂质	过滤后检测相关指标，若好继续使用，否则更换
透明而闪光	良	混入金属粉末	过滤后检测相关指标，若好继续使用，否则更换

2. 黏度测量

黏度是衡量液压油优劣的主要指标。在化验室可以通过运动黏度测定仪进行定量测量。其测定值与新油的运动黏度进行比较，若变化量超过±10% 的变化范围，则应该更换液压油。

现场简易测量时可采用直径为15～20 mm、长为200～250 mm的两根试管，分别在两根试管中装入三分之二高度的同一型号的新旧两种液压油，然后将管口封好，在相同的温度下，将装有液压油的两根试管同时倒置，同时测量液压油中气泡上升的时间。如果新旧液压油气泡上升的时间差值超过新液压油气泡上升整个时间的10%时，则表明就液压油的黏度变化已经超过了10%，此时应考虑过滤或更换液压油。

3. 水分的测量

水分是指液压油中的含水量，使液压油中的液体污染物。液压油中的含水量一般用百分率来表示。

化验室测定水分的标准方法是卡尔—费谢尔(Karl—Fisher)法，主要用于液压油中微量水分含量的测定。若操作仔细，最小可测定1 ppm。

现场可以采取经验测定方法：取一根试管($\phi15\times150$ mm)，将油样注入试管50 mm高，再将试管中的油样充分摇匀，用试管夹夹住并放在酒精灯上加热。如果没有显著的响声，可以认定液压油中不含水分，如果发生连续不断的响声，而且持续时间不超过 20 ~ 30 s，响声小时，则可估计油中的含水量小于 0.03%，若连续响声持续到 40 ~ 50 s 以上时，可粗略估计油中的含水量在 0.05% ~0.10%，这时应该考虑离心脱水或换油。

另外，也可以采用滤纸法测试，如果油滴扩散边缘有花边状浸润，也说明油中的含水量超标；还可以用观测液压油的混浊程度来评定液压油中的含水量。

任务3　静止液体的力学分析

> 知识目标：★掌握液体静压力及其特性、液体静压力基本方程
> ★掌握压力的表示方法、压力的传递
>
> 能力目标：★能计算液体作用在固体壁上的总压力

任务导入

在千斤顶液压系统中，如果用力 F 作用在千斤顶杠杆上（如图 1-6 所示），能够举升重物的重量 G 是多少？

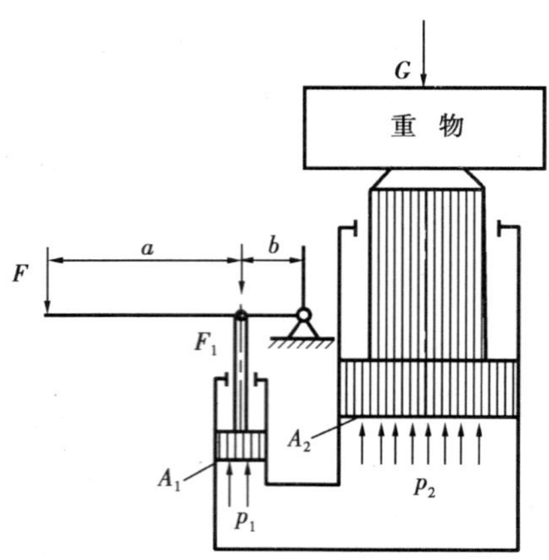

图 1-6　液压千斤顶的受力关系

任务分析

要想知道千斤顶所能举升重物的重量 G，就必须对千斤顶中的工作液体进行受力分析，那么该怎样来分析呢？下面我们一起来分析工作液体的受力。

相关知识

液压传动是以液体作为工作介质进行能量传递的，因此要研究液体处于相对平衡状态下

的力学规律及其实际应用。所谓相对平衡是指液体内部各质点间没有相对运动，至于液体本身完全可以和容器一起如同刚体一样做各种运动。因此，液体在相对平衡状态下不呈现黏性，不存在切应力，只有法向的压应力，即静压力。下面我们主要讨论液体的平衡规律和压强分布规律以及液体对物体壁面的作用力。

一、液体静压力及其特性

作用在液体上的力有两种类型：一种是质量力，另一种是表面力。

质量力作用在液体所有质点上，它的大小与质量成正比，属于这种力的有重力、惯性力等。单位质量液体受到的质量力称为单位质量力，在数值上等于重力加速度。

表面力作用于所研究液体的表面上，如法向力、切向力。表面力可以是其他物体（例如活塞、大气层）作用在液体上的力；也可以是一部分液体间作用在另一部分液体上的力。对于液体整体来说，其他物体作用在液体上的力属于外力，而液体间作用力属于内力。由于理想液体质点间的内聚力很小，液体不能抵抗拉力或切向力，即使是微小的拉力或切向力都会使液体发生流动。因为静止液体不存在质点间的相对运动，也就不存在拉力或切向力，所以静止液体只能承受压力。

所谓静压力是指静止液体单位面积上所受的法向力，用 p 表示。静压力在物理学中称为压强，在液压传动中简称为压力。

液体内某质点处的法向力 ΔF 对其微小面积 ΔA 的极限称为压力 p，即：

$$p=\lim_{\Delta A\to 0}\frac{\Delta F}{\Delta A} \tag{1-9}$$

若法向力均匀地作用在面积 A 上，则压力表示为：

$$p=\frac{F}{A} \tag{1-10}$$

式中　A——液体有效作用面积；

F——液体有效作用面积 A 上所受的法向力。

静压力具有下述两个重要特征：

（1）液体静压力垂直于作用面，其方向与该面的内法线方向一致。

（2）静止液体中，任何一点所受到的各方向的静压力都相等。

二、液体静力学方程

静止液体内部受力情况可用图1-7来说明。设容器中装满液体，在任意一点 A 处取一微小面积 $\mathrm{d}A$，该点距液面深度为 h，距坐标原点高度为 Z，容器液平面距坐标原点为 Z_0。为了求得任意一点 A 的压力，可取 $\mathrm{d}A\cdot h$ 这个液柱为分离体（见图(b)）。根据静压力的特性，作用于这个液柱上的力在各方向都呈平衡，现求各作用力在 Z 方向的平衡方程。微小液柱顶面上的作用力为 $p_0\mathrm{d}A$（方向向下），液柱本身的重力 $G=\gamma h\mathrm{d}A$（方向向下），液柱底面对液柱的作用力为 $p\mathrm{d}A$（方向向上），则平衡方程为：

$$p\mathrm{d}A=p_0\mathrm{d}A+\gamma h\mathrm{d}A$$

故

$$p=p_0+\gamma h \tag{1-11}$$

为了更清晰地说明静压力的分布规律，将(1-11)式按坐标 Z 变换一下，即以：$h=Z_0-Z$ 代

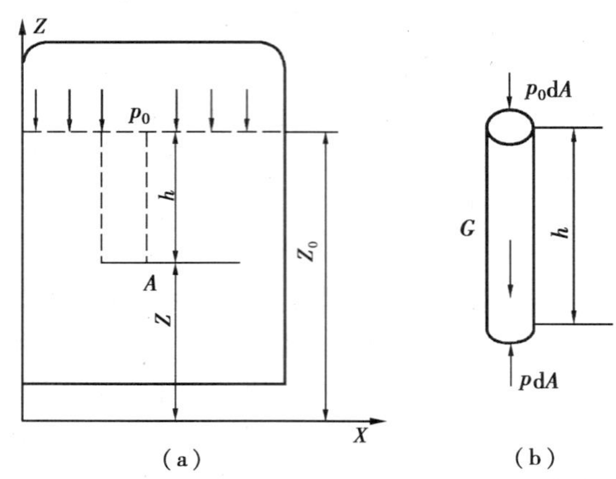

图 1-7 静压力的分布规律

入式(1-11)整理后得：

$$p+\gamma Z = p_0+\gamma Z_0 = 常量 \tag{1-12}$$

上式是液体静力学基本方程的另一种形式。其中 Z 实质上表示 A 点的单位质量液体的位能。设 A 点液体质点的质量为 m，重力为 mg，如果质点从 A 点下降到基准水平面，它的重力所做的功为 mgz。因此 A 处的液体质点具有位置势能 mgz，单位质量液体的位能就是$\frac{mgz}{mg}=Z$，Z 又常称作位置水头。而$\frac{p}{\rho g}$表示 A 点单位质量液体的压力能，常称为压力水头。由以上分析及式(1-12)可知，静止液体中任一点都有单位质量液体的位能和压力能，即具有两部分能量，而且各点的总能量之和为一常量。

分析式(1-11)可知：

(1)静止液体中任一点的压力均由两部分组成，即液面上的表面压力 p_0 和液体自重而引起的对该点的压力 γh。

(2)静止液体内的压力随液体距液面的深度变化呈线性规律分布，且在同一深度上各点的压力相等，压力相等的所有点组成的面为等压面，很显然，在重力作用下静止液体的等压面为一个平面。

(3)可通过下述三种方式使液面产生压力 p_0：

①通过固体壁面(如活塞)使液面产生压力；

②通过气体使液面产生压力；

③通过不同质的液体使液面产生压力。

三、压力的表示方法及单位

液压系统中的压力就是指压强，液体压力通常有绝对压力、相对压力(表压力)、真空度三种表示方法。因为在地球表面上，一切物体都受大气压力的作用，而且是自成平衡的，即大多数测压仪表在大气压下并不动作，这时它所表示的压力值为零，因此，它们测出的压力是高于大气压力的那部分压力。也就是说，它是相对于大气压(即以大气压为基准零值时)所测量到的一种压力，因此称它为相对压力或表压力。另一种是以绝对真空为基准零值时所测得的压力，我们称它为绝对压力。当绝对压力低于大气压时，习惯上称为出现真空。因此，某点的绝对压力比大气压小的那部分数值叫作该点的真空度。如某点的绝对压力为 4.052×10^4 Pa(0.4 大气压),则该点的真空度为 0.6078×10^4 Pa(0.6 大气压)。绝对压力、相对压力(表压力)和真空度的关系如图 1-8 所示。

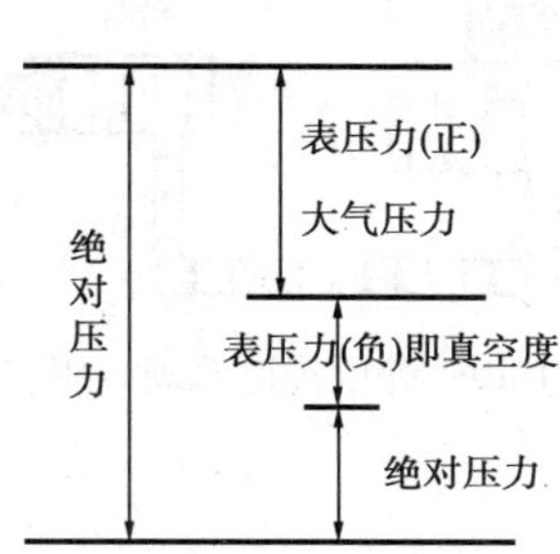

图 1-8　绝对压力与表压力的关系

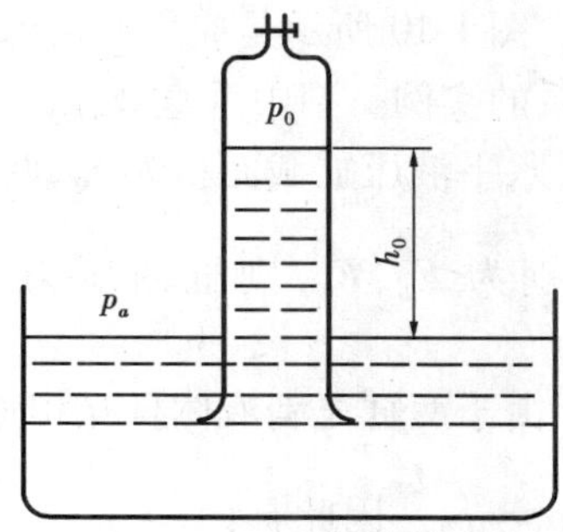

图 1-9　真空示意图

由图 1-8 可知,绝对压力总是正值,表压力则可正可负,负的表压力就是真空度,如真空度为 4.052×10^4 Pa(0.4 大气压),其表压力为 -4.052×10^4 Pa(-0.4 大气压)。我们把下端开口,上端具有阀门的玻璃管插入密度为 ρ 的液体中,如图 1-9 所示。如果在上端抽出一部分封入的空气,使管内压力低于大气压力,则在外界的大气压力 p_a 的作用下,管内液体将上升至 h_0,这时管内液面压力为 p_0,由流体静力学基本公式可知:$p_a=p_0+\rho gh_0$。显然,ρgh_0 就是管内液面压力 p_0 不足大气压力的部分,因此它就是管内液面上的真空度。由此可见,真空度的大小往往可以用液柱高度 $h_0=\dfrac{p_a-p_0}{\rho g}$ 来表示。在理论上,当 p_0 等于零时,即管中呈绝对真空时,h_0 达到最大值,设为 $(h_{0\max})r$,在标准大气压下,

$$(h_{0\max})r=\frac{p_{\text{atm}}}{\rho g}=\frac{10.1325}{9.8066\rho}=\frac{1.033}{\rho}$$

水的密度 $\rho=10^{-3}$ kg/cm^3,汞的密度为 13.6×10^{-3} kg/cm^3。

所以 $(h_{0\max})r=1.033\times10^{-3}=1\,033$ cmH$_2$O $=10.33$ mH$_2$O

或 $(h_{0\max})r=1.033\,136\times10^{-3}=76$ cmHg $=760$ mmHg

即理论上在标准大气压下的最大真空度可达 10.33 米水柱或 760 毫米汞柱。根据上述归纳如下:

①绝对压力=大气压力+表压力

②表压力=绝对压力-大气压力

③真空度=大气压力-绝对压力

压力单位为帕斯卡,简称帕,符号为 Pa,1 Pa=1 N/m^2。由于此单位很小,工程上使用不便,因此常采用兆帕,符号 MPa。1 MPa=10^6 Pa。

四、帕斯卡原理

密封容器内的静止液体,当边界上的压力 p_0 发生变化时,例如增加 Δp,则容器内任意一点的压力将增加同一数值 Δp 也就是说,在密封容器内施加于静止液体任一点的压力将以等值传到液体各点。这就是帕斯卡原理或静压传递原理。

在液压传动系统中,通常是外力产生的压力要比液体自重(γh)所产生的压力大得多。因

此认为静止液体内部各点的压力处处相等。

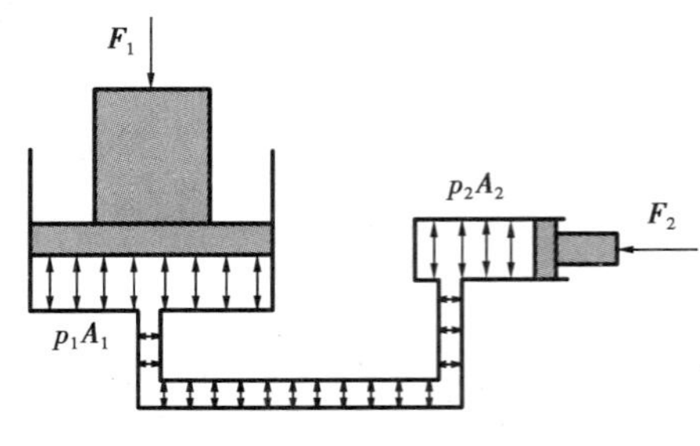

图 1-10　静压传递原理应用实例

根据帕斯卡原理和静压力的特性，液压传动不仅可以进行力的传递，而且还能将力放大和改变力的方向。图 1-10 所示是应用帕斯卡原理推导压力与负载关系的实例。图中垂直液压缸（负载缸）的截面积为 A_1，水平液压缸截面积为 A_2，两个活塞上的外作用力分别为 F_1、F_2，则缸内压力分别为 $p_1=\dfrac{F_1}{A_1}$、$p_2=\dfrac{F_2}{A_2}$。由于两缸充满液体且互相连接，根据帕斯卡原理有 $p_1=p_2$。因此有：

$$F_1=F_2\frac{A_1}{A_2} \tag{1-13}$$

上式表明，只要 A_1/A_2 足够大，用很小的力 F_1 就可产生很大的力 F_2。液压千斤顶和水压机就是按此原理制成的。

如果垂直液压缸的活塞上没有负载，即 $F_1=0$，则当略去活塞重量及其他阻力时，不论怎样推动水平液压缸的活塞也不能在液体中形成压力。这也说明液压系统中的压力是由外界负载决定的，这是液压传动的一个基本概念。

五、液压静压力对固体壁面的作用力

在液压传动中，略去液体自重产生的压力，液体中各点的静压力是均匀分布的，且垂直作用于受压表面。因此，当承受压力的表面为平面时，液体对该平面的总作用力 F 为液体的压力 p 与受压面积 A 的乘积，其方向与该平面相垂直。如压力油作用在直径为 D 的柱塞上，则有 $F=pA=p\dfrac{\pi D^2}{4}$。

当承受压力的表面为曲面时，由于压力总是垂直于承受压力的表面，所以作用在曲面上各点的力不平行但相等。要计算曲面上的总作用力，必须明确要计算哪个方向上的力。

图 1-11 所示为液压缸筒受力分析图。设缸筒半径为 r，长度为 l，求液压力作用在右壁部 x 方向的力 F_x。在缸筒上取一微小窄条，其面积为 $\mathrm{d}A=l\mathrm{d}s=lr\mathrm{d}\theta$，压力油作用在这微小面积上的

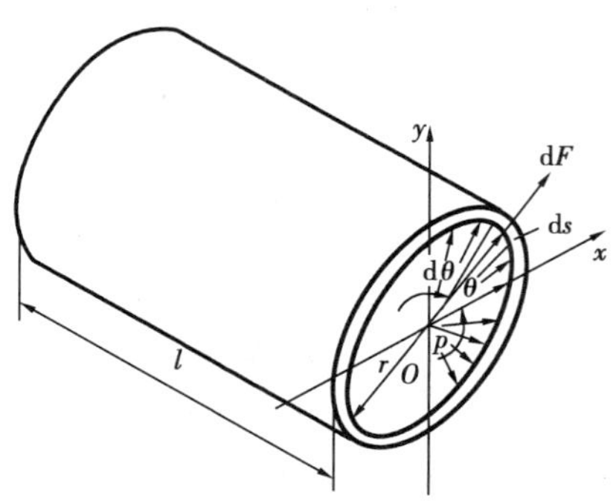

图 1-11　液体对固体壁面的作用力

力 dF 在 x 方向的投影为：

$$dF_x = dF\cos\theta = pdA\cos\theta = plr\cos\theta d\theta$$

在液压缸筒右半壁上 x 方向的总作用力为：

$$F_x = \int_{-\frac{\pi}{2}}^{\frac{\pi}{2}} plr\cos\theta d\theta = 2lrp \tag{1-14}$$

式中　$2lr$——曲面在 x 方向的投影面积。

由此可得出结论，作用在曲面上的液压力在某一方向上的分力等于静压力与曲面在该方向投影面积的乘积。这一结论对任意曲面都适用。

图1-12为球面和锥面所受液压力分析图。要计算出球面和锥面在垂直方向受力 F，只要先计算出曲面在垂直方向的投影面积 A，然后再与压力 p 相乘，即：

$$F = pA = p\frac{\pi d^2}{4} \tag{1-15}$$

式中　d——承压部分曲面投影圆的直径。

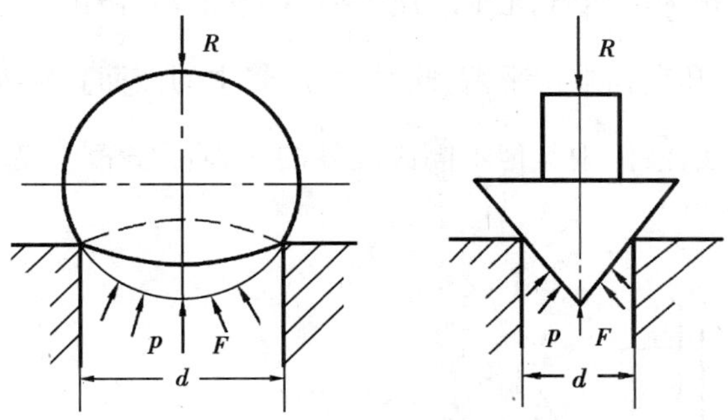

图1-12　液压力作用在曲面上的力

任务实施

在图1-6所示的液压千斤顶中，如果 $A_1 = 80\ \text{cm}^2$，$A_2 = 3\ 200\ \text{cm}^2$，$F = 50\ \text{N}$，$a:b = 19$，那么该液压千斤顶能够举升重物的重量 G 是多少？

解　小活塞的面积为 A_1，其上的作用力是 F_1，则液体所受压力为

$$p_1 = \frac{F_1}{A_1}$$

大活塞的面积为 A_2，其上作用的压力是 p_2，由帕斯卡原理可知，$p_2 = p_1$，则大活塞底面上的液压作用力为：

$$p = p_2 \cdot A_2 = \frac{F_1}{A_1} \cdot A_2$$

因为 $F_1 = \frac{a+b}{b}F$，则有：

$$p = \frac{A_2}{A_1} \cdot F_1 = \frac{A_2}{A_1} \cdot \frac{a+b}{b} \cdot F = \frac{3\ 200}{80} \times 20 \times 50 = 40\ 000 \quad (\text{N})$$

即该千斤顶的液压输出力是 40 000 N,能将重 40 000 N 的重物举升。

知识拓展

液柱式测压计

测量流体的压力是工程上极其普遍的要求,如锅炉、压缩机、水泵、风机、鼓风机等均装有压力计及真空计。常用的有弹簧金属式、电测式和液柱式三种。由于液柱式测压计直观、方便和经济,因而在工程上得到广泛的应用。

一、测压管

测压管是利用液柱高度可表示压强的原理制成的简单的测量压强装置,如图 1-13 所示。当需要量测容器中 A 点的压强时,在过 A 点的平面容器的侧壁开一小孔,外接一直径为 5 ~ 10 mm 上部开口的玻璃管,称为测压管,管内的液体与容器的液体相通。在 A 点的压强 p_A 的作用下,测压管中的液面上升直到维持平衡,此时,测压管中的液面高度 $h_A=\frac{p_A}{\gamma}$。需要指出的是,测压管只能测出 A 点压强,液体中其他不同深度处的压强可按静止液体压强的分布规律和等压面的原理求得。

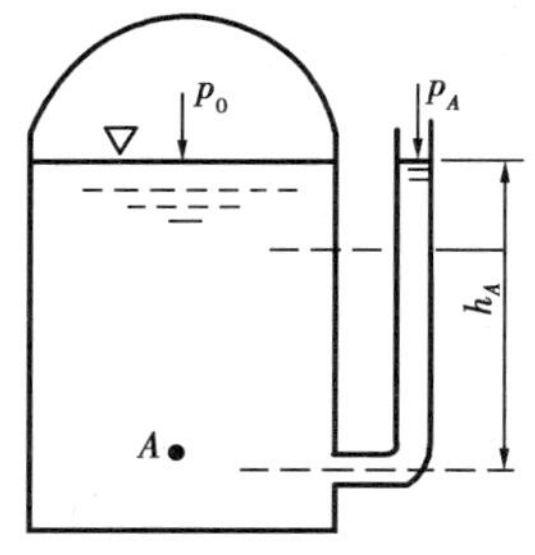

图 1-13 测压管

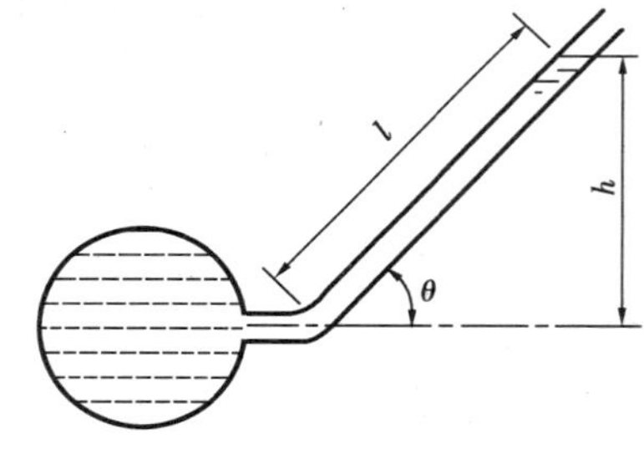

图 1-14 倾斜测压管

有时为了提高测量精度,可将测压管倾斜放置,如图 1-14 所示。此时测压管读数为 l,而压强水头为 h,因为 $p=\gamma h=\gamma l\sin\theta$,$\theta$ 不同,l 与 h 的比值也不相同。θ 常取 10° ~30°。

以上的测压装置所测的压力较小,精度较高,故常在实验室中应用。当需要量测的压强大于 1/5 工程大气压时,如果工作液体为水,则需 2 m 以上的测压管,使用上将会很不方便,为此,在测压管中常采用容重较大而又不与施测处液体相混的液体作为工作液体。

二、U 形测压计

如图 1-15 所示,管内装有水银,它的一端与施测点 A 相连,另一端与大气相通。在 A 点的压强使用下,水银面将产生一高差 h_m,由于 U 形管底部充满水银,N—N 面为等压面。

若容器内的液体为水,则在 N—N 面上:

U 形管的左边 $\quad p_N=p_0+\gamma(h_1+h_2)$

U 形管的右边 $\quad p_N=\gamma_m h_m$

所以
$$p_0+\gamma(h_1+h_2)=\gamma_m h_m$$
$$p_0=\gamma_m h_m-\gamma(h_1+h_2)$$
$$p_A=p_0+\gamma h_1=\gamma_m h_m-\gamma(h_1+h_2)+\gamma h_1=\gamma_m h_m-\gamma h_2 \quad (1\text{-}16)$$

当测出 h_1、h_2、h_m 时，即可算出 p_0 和 p_A。

三、压差计

在实际工程中，有时并不需要具体知道某点压强的大小，而是要了解某两点的压力差，量测两点压差的装置称为压差计（或称比压计）。当量测较小的压差时用空气压差计或倾斜压差计；如果要量测较大的压差，则用水银压差计。

图1-16为一水银压差计示意图。A、B 两点为施测点，用U形管与之相连，U形管底部装水银。在 A、B 两点压力差的作用下，水银面产生一高差 Δh，A、B 两点的压差与水银面高差分析如下：

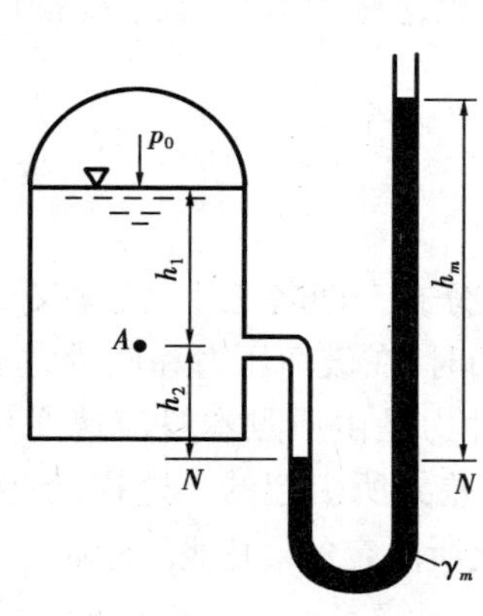

图1-15　U形测压计

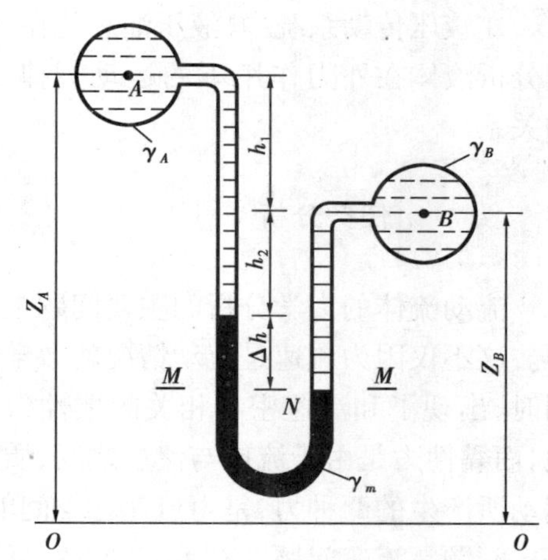

图1-16　压差计

A 点和 $M—M$ 面的压强关系为
$$p_M=p_A+\gamma_A(h_1+h_2)+\gamma_m\Delta h$$
B、N 两点的压强关系为
$$p_N=p_B+\gamma_B(h_2+\Delta h)$$
$M—M$ 为等压面　$p_M=p_N$

所以
$$p_A+\gamma_A(h_1+h_2)+\gamma_m\Delta h=p_B+\gamma_B(h_2+\Delta h)$$
$$p_B-p_A=\gamma_A(h_1+h_2)+\gamma_m\Delta h-\gamma_B(h_2+\Delta h) \quad (1\text{-}17)$$

任务4　流动液体的力学分析

知识目标：★掌握流动液体的力学性质
★掌握液压冲击和气穴现象

能力目标：★能计算液体管道中流体的压力损失

任务导入

在液压传动系统中，液压油总是在不断的流动中，因此要正确合理的构建液压系统，就必须分析液体在外力作用下的运动规律及作用在流体上的力及这些力和流体运动特性之间的关系。

任务分析

流动流体的力学分析的主要问题是流速和压力在空间的分布。两者之中，流速又更加重要。这不仅因为流速是流动情况的数学描述，还因为流体流动时，在破坏压力和质量力平衡的同时，出现了和流速密切相关的惯性力和黏性力。其中，惯性力是由质点本身流速变化所产生，而黏性力是由于流层与流层之间，质点与质点存在着流速差异所引起的。这样，流体由静到动所产生的两种力，是由流速在空间的分布和随时间的变化所决定的。因此，流体动力学的基本问题是流速问题。有关流动的一系列概念和分类，也都是围绕着流速而提出的。下面学习流动流体的力学分析。

相关知识

对液压流体力学我们只关心和研究平均作用力和运动之间的关系。下面主要讨论两个基本方程式，即液流的连续性方程、伯努力方程。它们是刚体力学中的质量守恒、能量守恒在流体力学中的具体应用。这两个方程描述了压力、流速与流量之间的关系，以及液体能量相互间的变换关系。液体是有黏性的，并在流动中表现出来，因此，在研究液体运动规律时，不但要考虑质量力和压力，还要考虑黏性摩擦力的影响。此外，液体的流动状态还与温度、密度、压力等参数有关。为了分析，可以简化条件，从理想液体着手，所谓理想液体是指没有黏性的液体，同时，一般都视为在等温的条件下把黏度、密度视作常量来讨论液体的运动规律。然后在通过实验对产生的偏差加以补充和修正，使之符合实际情况。

一、基本概念

1. 理想液体与定常流动

液体具有黏性,并在流动时表现出来,因此研究流动液体时就要考虑其黏性,而液体的黏性阻力是一个很复杂的问题,这就使我们对流动液体的研究变得复杂。因此,我们引入理想液体的概念,理想液体就是指没有黏性、不可压缩的液体。首先对理想液体进行研究,然后再通过实验验证的方法对所得的结论进行补充和修正。这样,不仅使问题简单化,而且得到的结论在实际应用中仍具有足够的精确性。我们把既具有黏性又可压缩的液体称为实际液体。

当液体流动时,可以将流动液体中空间任一点上质点的运动参数,例如压力 p、流速 v 及密度 ρ 表示为空间坐标和时间的函数,例如:

压力 $p=p(x,y,z,t)$

速度 $v=v(x,y,z,t)$

密度 $\rho=\rho(x,y,z,t)$

如果空间上的运动参数 p、v 及 ρ 在不同的时间内都有确定的值,即它们只随空间点坐标的变化而变化,不随时间 t 变化,对液体的这种运动称为定常流动或恒定流动。但只要有一个运动参数随时间而变化,则就是非定常流动或非恒定流动。

如果空间点上的运动参数 p、v 及 ρ 在不同的时间内都有确定的值,即它们只随空间点坐标的变化而变化,不随时间 t 变化,对液体的这种运动称为定常流动或恒定流动。定常流动时,

$$\frac{\partial p}{\partial t}=0,\quad \frac{\partial v}{\partial t}=0,\quad \frac{\partial \rho}{\partial t}=0$$

在流体的运动参数中,只要有一个运动参数随时间而变化,液体的运动就是非定常流动或非恒定流动。

在图 1-17(a)中,我们对容器出流的流量给予补偿,使其液面高度不变,这样,容器中各点的液体运动参数 p、v、ρ 都不随时间而变,这就是定常流动。在图 1-17(b)中,我们不对容器的出流给予流量补偿,则容器中各点的液体运动参数将随时间而改变,例如随着时间的消逝,液面高度逐渐减低,因此,这种流动为非定常流动。

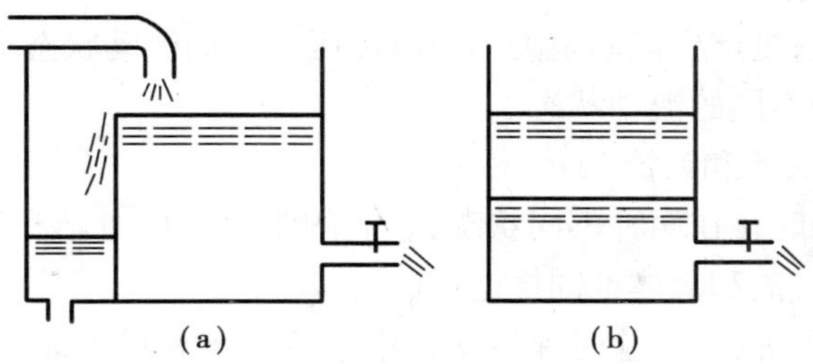

图 1-17　恒定出流与非恒定出流

(a)恒定出流　(b)非恒定出流

2. 迹线、流线、流束和过流截面

(1)迹线:迹线是流场中液体质点在一段时间内运动的轨迹线。

(2)流线:流线是流场中液体质点在某一瞬间运动状态的一条空间曲线(如图 1-18(a))。

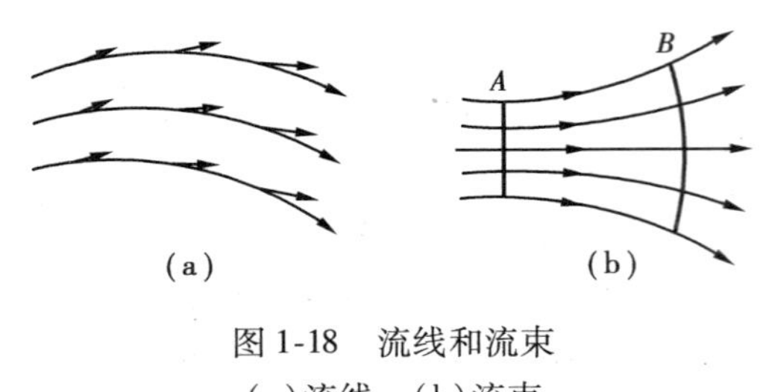

图 1-18　流线和流束

(a)流线　(b)流束

在该线上各点的液体质点的速度方向与曲线在该点的切线方向重合。在非定常流动时,因为各质点的速度可能随时间改变,所以流线形状也随时间改变。在定常流动时,因流线形状不随时间而改变,所以流线与迹线重合。由于液体中每一点只能有一个速度,所以流线之间不能相交也不能折转。

(3)流管:某一瞬时 t 在流场中画一封闭曲线,经过曲线的每一点作流线,由这些流线组成的表面称流管。

(4)流束:充满在流管内的流线的总体,称为流束(如图 1-18(b))。

(5)过流截面:垂直于流束的截面称为过流截面。

3. 流量和平均流速

(1)流量:单位时间内通过通流截面的液体的体积称为流量,用 q 表示,流量的常用单位为:m^3/s、L/min。

对微小流束,通过 dA 上的流量为 dq,其表达式为:

$$dq = u dA \tag{1-18}$$

$$q = \int_A u dA$$

当已知通流截面上的流速 u 的变化规律时,可以由上式求出实际流量。

(2)平均流速:在实际液体流动中,由于黏性摩擦力的作用,通流截面上流速 u 的分布规律难以确定,因此引入平均流速的概念,即认为通流截面上各点的流速均为平均流速,用 v 来表示,则通过通流截面的流量就等于平均流速乘以通流截面积。令此流量与上述实际流量相等,得:

$$q = \int_A u dA = vA \tag{1-19}$$

则平均流速为:

$$v = q/A \tag{1-20}$$

4. 流动状态与雷诺数

实际液体具有黏性,是产生流动阻力的根本原因。然而流动状态不同,则阻力大小也是不同的。所以先研究两种不同的流动状态。

(1)流动状态——层流和紊流

液体在管道中流动时存在两种不同状态,它们的阻力性质也不相同。虽然这是在管道液流中发生的现象,却对气流和潜体也同样适用。

试验装置如图 1-19 所示,试验时保持水箱中水位恒定和尽可能平静,然后将阀门 A 微微开启,使少量水流流经玻璃管,即玻璃管内平均流速 v 很小。这时,如将颜色水容器的阀门 B 也微微开启,使颜色水也流入玻璃管内,我们可以在玻璃管内看到一条细直而鲜明的颜色流束,而且不论颜色水放在玻璃管内的任何位置,它都能呈直线状,这说明管中水流都是安定地沿轴向运动,液体质点没有垂直于主流方向的横向运动,所以颜色水和周围的液体没有混杂。如果把 A 阀缓慢开大,管中流量和它的平均流速 v 也将逐渐增大,直至平均流速增加至某一数值，颜色流束开始弯曲颤动，这说明玻璃管内液体质点不再保持安定，开始发生脉动，不仅具有横向的脉动速度，而且也具有纵向脉动速度。如果 A 阀继续开大，脉动加剧，颜色水就完全与周围液体混杂而不再维持流束状态。

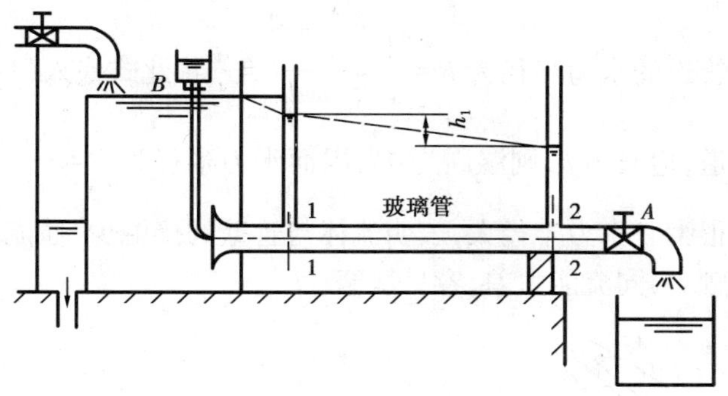

图1-19　雷诺试验

层流：在液体运动时，如果质点没有横向脉动，不引起液体质点混杂，而是层次分明，能够维持安定的流束状态，这种流动称为层流。

紊流：如果液体流动时质点具有脉动速度，引起流层间质点相互错杂交换，这种流动称为紊流或湍流。

(2)雷诺数

液体流动时究竟是层流还是紊流，须用雷诺数来判别。

实验证明，液体在圆管中的流动状态不仅与管内的平均流速 v 有关，还和管径 d、液体的运动黏度 ν 有关。但是，真正决定液流状态的，却是这三个参数所组成的一个称为雷诺数 Re 的无量纲纯数：

$$Re=\frac{\rho vd}{\mu} \tag{1-21}$$

由式(1-21)可知，液流的雷诺数如相同，它的流动状态也相同。当液流的雷诺数 Re 小于临界雷诺数时，液流为层流；反之，液流大多为紊流。常见的液流管道的临界雷诺数由实验求得，示于表1-8中。

表1-8　常见液流管道的临界雷诺数

管道的材料与形状	Re_{cr}	管道的材料与形状	Re_{cr}
光滑的金属圆管	2 000 ~ 2 320	带槽装的同心环状缝隙	700
橡胶软管	1 600 ~ 2 000	带槽装的偏心环状缝隙	400
光滑的同心环状缝隙	1 100	圆柱形滑阀阀口	260
光滑的偏心环状缝隙	1 000	锥状阀口	20 ~ 100

对于非阀截面的管道来说，Re 可用式(1-22)计算：

$$Re=4\frac{\rho vR}{\mu} \tag{1-22}$$

式中　R——过流截面的水力半径，它等于液流的有效截面积 A 和它的湿周(有效截面的周界

长度)x 之比,即:

$$R=\frac{A}{x} \tag{1-23}$$

直径为 d 的圆柱截面管道的水力半径为 $R=\frac{A}{x}=\frac{\frac{1}{4}\pi d^2}{\pi d}=\frac{d}{4}$将此式代入(1-22),可得式(1-21)。

又如正方形的管道,边长为 b,则湿周为 $4b$,因而水力半径为 $R=\frac{b}{4}$。水力半径的大小,对管道的通流能力影响很大。水力半径大,表明流体与管壁的接触少,通流能力强;水力半径小,表明流体与管壁的接触多,同流能力差,容易堵塞。

二、连续性方程

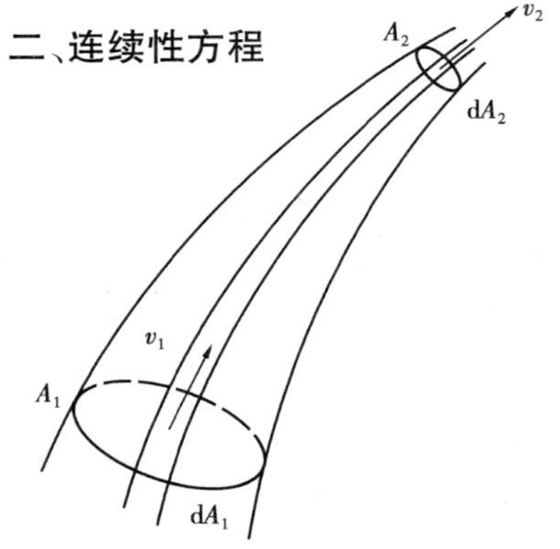

图 1-20　液体的连续性流动示意图

质量守恒是自然界的客观规律,不可压缩液体的流动过程也遵守能量守恒定律。在流体力学中这个规律用称为连续性方程的数学形式来表达的。

如图 1-20 所示,其中不可压缩流体作定常流动的连续性方程为:

$$v_1A_1=v_2A_2 \tag{1-24}$$

由于通流截面是任意取的,则有:

$$q=v_1A_1=v_2A_2=v_3A_3=\cdots=v_nA_n=\text{常数} \tag{1-25}$$

式中　v_1、v_2——流管通流截面 A_1 及 A_2 上的平均流速。

式(1-25)表明通过流管内任一通流截面上的流量相等,当流量一定时,任一通流截面上的通流面积与流速成反比。则有任一通流断面上的平均流速为:

$$v_i=\frac{q}{A_i}$$

三、伯努利方程

能量守恒是自然界的客观规律,流动液体也遵守能量守恒定律,这个规律是用伯努利方程的数学形式来表达的。伯努利方程是一个能量方程,掌握这一物理意义是十分重要的。

1. 理想液体微小流束的伯努利方程

为研究的方便,一般将液体作为没有黏性摩擦力的理想液体来处理。

如图 1-21 所示,在理想流体稳定流动的流场中选取一微小流束。在微小流束上沿流向选取 1—1、2—2 两断面,两断面的高程和面积分别为 Z_1、Z_2 和 dA_1、dA_2,两断面的流速和动压力分别为 u_1、u_2 和 p_1、p_2。

在 dt 时间内该流段从 1—2 移至 1′—2′时应满足动能定理。

(1)动能的变化量

$$\Delta E_{12-1'2'}=(E_{1'-2}+E_{2-2'})-(E_{1-1'}+E_{1'-2})=E_{2-2'}-E_{1-1'}$$

对于不可压缩流体做连续流动时:$V_{1-1'}=V_{2-2'}=V$

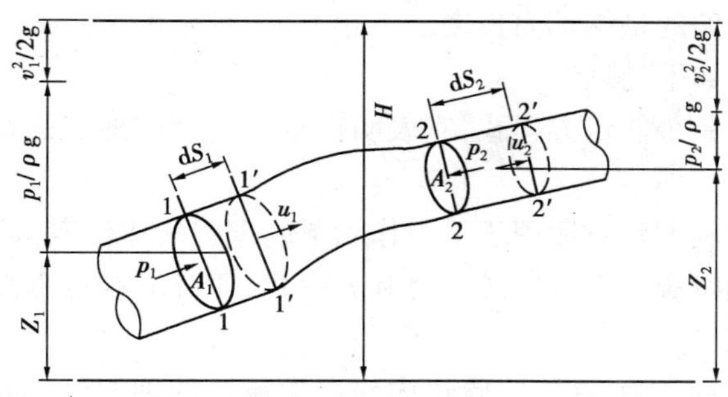

图1-21　液流能量方程关系转换图

其质量为
$$m=\frac{G}{g}=\frac{\gamma V}{g}$$

因此,动能增量为

$$\Delta E=\frac{mu_2^2}{2}-\frac{mu_1^2}{2}=\frac{\gamma V}{2g}u_2^2-\frac{\gamma V}{2g}u_1^2$$

(2)所有外力对流束段作功的总和 $\sum W$

作用在流束段1—2上的外力:重力、动压力、摩擦阻力。对于理想流体,摩擦阻力可以不考虑。

①重力所做的功 W_1。只考虑1—1′间的流体移至2—2′时重力所做的功

$$W_1=\gamma V(z_1-z_2)$$

②动压力所做的功 W_2 动压力作功包括断面1所受压力 p_1dA_1,所做的正功 $p_1dA_1dS_1$ 和断面2所受压力 p_2dA_2,所做的负功 $p_2dA_2dS_2$。(做功的正或负,根据压力方向和位移方向是否相同或相反。)微小流束侧面压力和流段正交,不产生位移,不做功。所以动压力做功为

$$W_2=p_1dA_1dS_1-p_2dA_2dS_2$$

因为 $dA_1dS_1=V=dA_2dS_2$

所以 $W_2=p_1V-p_2V$

由动能定理可知:

$\Delta E=W_1+W_2$

所以 $\frac{\gamma V}{2g}u_2^2-\frac{\gamma V}{2g}u_1^2=\gamma V(z_1-z_2)+(p_1V-p_2V)$

整理得: $z_1+\frac{p_1}{\gamma}+\frac{u_1^2}{2g}=z_2+\frac{p_2}{\gamma}+\frac{u_2^2}{2g}$　(1-26)

因为断面1—1和断面2—2是任意选取的,因此

$$z+\frac{p}{\gamma}+\frac{u^2}{2g}=常数$$

上式即为理想流体微小流束的伯努利方程式。

式中 $\frac{p}{r}$ 为单位重量液体所具有的压力能,称为比压能,也叫做压力水头。Z 为单位重量液体所具有的势能,称为比位能,也叫作位置水头。$\frac{u^2}{2g}$ 为单位重量液体所具有的动能,称为比动

能，也叫作速度水头，它们的量纲都为长度。

对伯努利方程可作如下的理解：

①伯努利方程式是一个能量方程式，它表明在空间各相应通流断面处流通液体的能量守恒规律。

②理想液体的伯努利方程只适用于重力作用下的理想液体作定常活动的情况。

③任一微小流束都对应一个确定的伯努利方程式，即对于不同的微小流束，它们的常量值不同。

伯努利方程的物理意义为：在密封管道内作定常流动的理想液体在任意一个通流断面上具有三种形成的能量，即压力能、势能和动能。三种能量的总和是一个恒定的常量，而且三种能量之间是可以相互转换的，即在不同的通流断面上，同一种能量的值会是不同的，但各断面上的总能量值都是相同的。

2. 实际液体微小流束的伯努利方程

由于液体存在着黏性，其黏性力在起作用，并表示为对液体流动的阻力，实际液体的流动要克服这些阻力，表示为机械能的消耗和损失，因此，当液体流动时，液流的总能量或总比能在不断地减少。所以，实际液体微小流束的伯努力方程为

$$\frac{p_1}{\gamma}+Z_1+\frac{u_1^2}{2g}=\frac{p_2}{\gamma}+Z_2+\frac{u_2^2}{2g}+h_\omega \tag{1-27}$$

上式即为实际流体微小流束的能量方程式。该式说明对于实际微小流束来说，其前一断面的总能量，等于后一断面的总能量与前后两断面间损失比能之和。

3. 实际液体总流的伯努利方程

$$\frac{p_1}{\gamma}+Z_1+\frac{\alpha_1 v_1^2}{2g}=\frac{p_2}{\gamma}+Z_2+\frac{\alpha_2 v_2^2}{2g}+h_\omega \tag{1-28}$$

式中　α——动能修正系数，它表示断面上实际的平均单位重量流体的动能与以平均流速表示的单位重量流体动能之比，α 一般大于 1。

四、液流的压力损失

按照流动的边界情况阻力可分为沿程阻力和及局部阻力，因此能量损失可分为沿程损失和局部损失。

1. 沿程损失

发生在沿流程边界形状变化不大的区域，一般在缓变流区域。主要是由于流体与壁面、流体质点与质点间存在着摩擦力，沿流程阻碍着流体流动，这种阻力称为沿程阻力，流体在流动时因克服摩擦阻力而消耗的机械能称为沿程损失。单位重量流体的沿程损失用符号 h_f 表示。沿程损失与流道的水力直径、流道长度等因数有关。

直管中的能量损失主要是沿程损失，其计算式如下：

$$h_f=\lambda\frac{L}{d}\frac{v^2}{2g} \tag{1-29}$$

式中　λ——沿程阻力系数（与流态有关）。

层流　$\lambda=\frac{64}{Re}$

对于油　$\lambda=\frac{75}{Re}$（金属管）　$\lambda=\frac{75\sim85)}{Re}$（软管）　$\lambda=\frac{108}{Re}$（软弯管）

紊流状态：

（1）布拉修斯公式　$\lambda=\frac{0.3164}{d^{0.25}}$　适用于 $4\times10^3<Re<10^5$ 的情况。

（2）谢维列夫公式　$\lambda=\frac{0.021}{d^{0.3}}$　适用于管内平均流速 $v\geqslant1.2$ m/s 的情况。

（3）粗略计算　在实际管道中，流体若处于紊流状态，一般可取 $\lambda=0.02\sim0.03$。

2. 局部损失

发生在流道边界形状急剧变化的地方，一般在急变流区域（例如流道弯曲、过流断面突然扩大或缩小、设置闸门等处），流体经过这些局部区域时，流速大小或方向被迫剧烈地改变，因而发生撞击、漩涡等现象，此时由于黏性作用，质点间发生剧烈地摩擦和动量交换，因而阻碍着流体运动，这种阻碍称为局部阻力，流体为了克服局部阻力而消耗的机械能，称为局部损失。单位重量流体的局部损失用符号 h_j 表示。局部损失与局部区域形状和流速有关。

$$h_j=\zeta\frac{v^2}{2g} \tag{1-30}$$

3. 流体流动的总能量损失

$$h_\omega=\sum h_f+\sum h_j$$

五、液压冲击和气穴现象

1. 液压冲击

在液压系统中，由于某种原因而引起液体的压力在瞬间急剧升高，产生很高的压力峰值，这种现象称为液压冲击。液压冲击的压力峰值往往比正常工作压力高好几倍。

（1）液压冲击产生的原因及其危害性

①当液流通道迅速关闭或液流迅速换向使液流速度的大小或方向发生突然变化时于液流的惯性引起的液压冲击。

②液压系统中的运动工作部件突然制动或换向时，因工作部件的惯性引起的液压冲击。

③当液压系统中的某些元件反应不灵敏时，也可能造成液压冲击。如溢流阀不能在系统压力升高达到其调定压力时及时打开；限压式变量泵不能在油压升高时自动减少输油量等，都会出现压力超调现象而引起液压冲击。

液压冲击会引起振动和噪声，导致密封装置，管路等液压元件的损坏，有时还会使某些元件，如压力继电器、顺序阀等产生误动作，影响系统的正常工作。因此必须采取有效措施来减轻或防止液压冲击。

（2）减小液压冲击的措施

①延长阀门关闭和运动部件制动换向的时间。

②限制管路中液流速度及运动部件的速度。

③尽量缩短管道长度，适当加大管道直径，以降低流速和减小压力冲击波传播速度。

④在冲击源处设置蓄能器，以吸收冲击的能量，也可以在易出现液压冲击的地方，装限制

压力升高的安全阀。

⑤在液压元件中设置缓冲装置(如节流孔)或采用橡胶软管,以增加系统的弹性。

2. 气穴现象

(1)气蚀现象的机理及危害

在液压系统中,由于流速突然变大,供油不足等原因,压力会迅速下降至低于空气分离压时,使原溶于油液中的空气游离出来,导致液体中出现大量气泡的现象称为气穴现象。

当液压系统中产生穴气现象时,大量的气泡破坏了油液的连续性,造成流量和压力脉动,当气泡随油液流进高压区时又急剧破灭,引起局部液压冲击,使系统产生强烈的噪声和振动。当附着在金属表面上的气泡破灭时,它所产生的局部高温和高压作用,以及油液中逸出的气体的氧化作用,会使金属表面剥蚀或出现海绵状的小洞穴。这种因空穴造成的腐蚀作用称为气蚀。气蚀会导致元件寿命的缩短,严重时会造成故障。

气穴多发生在阀口和液压泵的进口处,由于阀口的通道狭窄,流速增大,该处的压力大幅度下降,以致产生气穴。当泵的安装高度过大,吸油管直径太小,吸油阻力大,过滤器阻塞、油液黏度等因素的影响,造成泵进口处的真空度过大,亦会产生气穴。

(2)减少气穴现象的措施

①减小小孔或缝隙处的压力降,一般希望小孔或缝隙前后的压力比为$\frac{p_1}{p_2}<3.5$。

②降低液压泵的吸油高度,适当加大吸油管内径,限制吸油管的流速,及时清洗过滤器。对高压泵可采用辅助泵供油。

③管路要有良好的密封,防止空气的进入。

④对容易产生气蚀的元件,如泵的配流盘等,要采用抗腐蚀能力强的金属材料,增强元件的机械强度。

任务实施

在分析流动流体的流速和压力时,伯努利方程式的有决定性的作用,它和连续性方程联立,能全面地解决一元流动的断面流速和压力的计算。

一般来讲,实际工程问题,无外乎三种类型:一是求流速;二是求压力;三是求流速和压力。求流速是主要的,求压力必须在求流速的基础上,或在流速已知的基础上进行。其他问题,例如流量问题、水头问题、动量问题等,都是和流速、压力相关联的。

求流速的一般步骤是:分析流动、取研究断面、选择基准面、写出方程、最后解出方程。

(1)分析流动　要明确流动总体。就是要把需要研究的局部流动和流动总体联系起来。

(2)取研究断面　是在分析流动的基础上进行。两断面应选取在压力已知或压差已知的缓变流流段上,应使我们所需要的未知量出现在方程中。

(3)选择基准面　基准面作为写方程中 z 值的依据。基准面原则上可任意选择。一般通过总流的最低点。或通过两断面中较低一断面的形心。这样就使一个断面的 z 值为零,而另一断面的 z 值保持正值。

(4)写出方程　就是选择适当的方程式,并将各已知数代入。如果方程中出现两个流速项,则应用连续性方程式联立。能量方程式要根据问题的要求来选择,是考虑损失还是不考虑损失。

(5)最后解出方程　求出流速和压力。一般是先求出流速水头和压力水头。这是因为，水头值本身就有它自己的力学意义。另一方面，由于水头损失一般表示为流速水头的倍数，求出流速水头，就易于计算各段损失。

注意：若断面取在管流出口以后，流体便不受固体边壁的约束。流动由有压流转变为整个断面都处于大气中的射流。根据射流的周边直接和大气相接的边界条件，断面上各点压力可假设均匀分布，并且都等于外界大气压力。

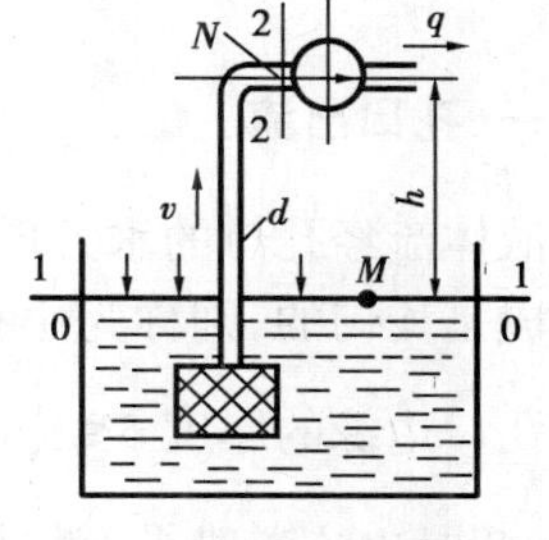

图 1-22　液压泵吸油示意图

例　如图 1-22 所示为某一液压泵从油箱中吸油的示意图。若金属吸油管直径 $d=60$ mm，流量 $q=100$ L/min，油液的运动黏度 $v=30\ \mathrm{mm^2/s}$，$\rho=900\ \mathrm{kg/m^3}$，弯头处的局部损失系数 $\zeta=0.2$，吸油管路过滤器上的压力损失 $\Delta h_w=0.02$ MPa。若要求液压泵吸油口处的真空度 $p_v\leqslant 0.025$ MPa，液压泵的安装（吸油）高度 h（吸油管插入油液部分的沿程损失可忽略不计）应低于多少？

解

(1)选取计算断面 1—1（液面）和 2—2（吸液口）；在计算断面 1—1 和 2—2 上选取计算点 M、N；选取液面作为基准面 0—0。

(2)列出伯努利方程

$$\frac{p_M}{\gamma}+\frac{\alpha_M v_1^2}{2}+h_M=\frac{p_N}{\gamma}+\frac{\alpha_N v_2^2}{2}+h_N+h_w$$

式中，$p_M=0$，$h_M=0$，$v_1=0$；$p_N=-p_v=-0.025\times10^6$ Pa；取 $\alpha_1=\alpha_2=1$。下面求 $h_N=h=?$

$$v_2=v=\frac{4q}{\pi d^2}=\frac{4\times100\times\dfrac{1}{6\times10^4}}{\pi\times0.06^2}=0.589\qquad(\mathrm{m/s})$$

$$h_w=\lambda\cdot\frac{h}{d}\cdot\frac{v^2}{2g}+\left(\zeta\cdot\frac{v^2}{2g}+\frac{\Delta h_w}{\gamma}\right)$$

在吸油管中，$Re=\dfrac{vd}{\nu}=\dfrac{0.589\times0.06}{30\times10^{-6}}=1\ 178<2\ 300$，流态为层流，则有：

$$\lambda=\frac{75}{Re}=\frac{75}{1\ 178}=0.063\ 7$$

$$h_w=0.063\ 7\times\frac{h}{0.06}\cdot\frac{0.589^2}{2\times10}+\left(0.2\cdot\frac{0.589^2}{2\times10}+\frac{0.02\times10^6}{900\times10}\right)$$

$$=0.018h+2.23$$

将它们代入伯努利方程得：

$$0+0+0=\frac{-0.025\times10^6}{9\ 000}+\frac{0.589^2}{2}+h+0.018h+2.23$$

解之得　　$h=0.535$ m

知识拓展

孔口和缝隙出流

一、孔口出流

液体流经孔口的水力现象称为孔口出流。孔口出流时，如果孔口过流断面上各点的流速可看成是均匀的，则称为小孔口。反之，如孔口断面上各点的流速相差较大，则称为大孔口。如果孔口边缘的厚度 $\delta\leqslant\frac{1}{2}d$（$d$ 为孔径），则孔口边缘厚度的变化对于孔口的出流情况不发生影响，此时出流流股表面与孔壁可视为环形线接触，这种孔口称为薄壁孔口。如流股表面与孔壁为面接触，孔口边缘厚度的变化对出流情况有影响，则称为厚壁孔口。（注意："薄壁"与"厚壁"的流体力学意义与通常所称容器壁面厚度的观念是不相同的。）当液体出流于大气中时，称为自由出流；如出流于液体中则称为淹没出流（液压技术中常遇到）。

工程上常见的小孔出流（即流体在小孔中的流动），主要包括薄壁小孔$\left(\frac{L}{d}<0.5\right)$、短孔$\left(0.5<\frac{L}{d}<4\right)$、细长孔$\left(\frac{L}{d}>4\right)$。

1. 薄壁小孔流量计算

薄壁小孔是指小孔的长度与直径之比小于 0.5 的孔，孔口具有尖锐的边缘，流体流经孔口时，流动不受孔壁厚度的影响。

小孔出流的特征：小孔口出流时，流体微团大约在小孔上游$\frac{d}{2}$处明显加速，从四周各方流向孔口，贴近壁面的液体微团，由于流动的惯性，不能直角拐弯而冲向孔口的中心，从而使流股断面逐渐收缩，直到出口下游约$\frac{d}{2}$处，其断面积收缩到最小，此断面称为收缩断面。在收缩断面上流线相互平行，符合缓变流条件。薄壁小孔出流的能量损失只有局部损失。

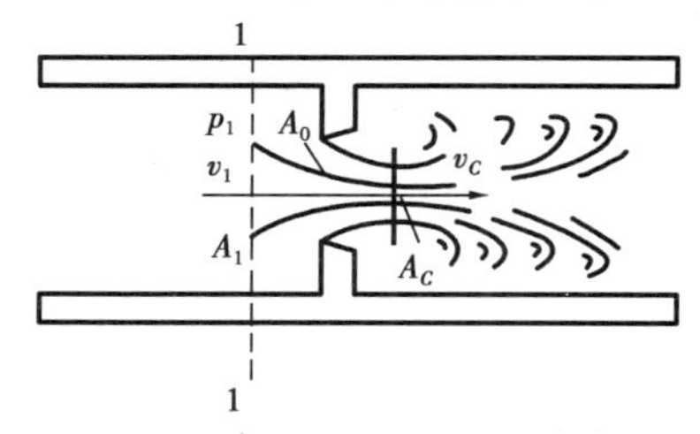

图 1-23　通过薄壁小孔的液流

收缩断面的面积一般用 A_C 表示，它与小孔面积 A 之比称为断面收缩系数，用符号 ε 来表示，即 $\varepsilon=\frac{A_C}{A}$。

在液压技术中常遇到图 1-23 所示的稳定淹没出流。液体出流后，流股先收缩后扩散。

对孔口上游断面 1—1 及收缩断面 c—c 列能量方程。由于液压系统中压力一般都很大，所以可忽略重力影响，从而断面上各点的压力可视为相等。同时因收缩断面面积 A_C 比上游断面积 A_1 小很多，所以 $v_1\approx0$，则有：

$$\frac{p_1}{\gamma}=\frac{p_c}{\gamma}+\frac{\alpha_c v_c^2}{2g}+\zeta_c\frac{v_c^2}{2g}$$

对于小孔来说，收缩断面处流速是均匀的，可取 $\alpha_c=1$，于是由上式得：

$$v_c=\frac{1}{\sqrt{1+\zeta_c}}\sqrt{2g\frac{p_1-p_c}{\gamma}}=\varphi\sqrt{\frac{2g}{\gamma}\Delta p}$$

通过小孔的流量为

$$q=v_cA_c=\varepsilon A\varphi\sqrt{\frac{2g}{\gamma}\Delta p}=CA\sqrt{\frac{2g}{\gamma}\Delta p} \tag{1-31}$$

式中　C——流量系数，$C=\varepsilon\varphi$，一般取 $C=0.62\sim0.63$。

2. 细长孔的流量计算

细长孔是指小孔的长度与直径之比大于4的小孔。

工程上遇到较多的细长孔出流是油液在细长孔中的流动，一般油液在细长孔内的流动多属于层流状态。细长孔出流时其能量损失只有沿程损失。

取细长孔的入口（设为1）和出口（设为2）的断面为研究断面，列能量方程，则

$$\frac{p_1}{\gamma}+\frac{\alpha_1v_1^2}{2g}=\frac{p_2}{\gamma}+\frac{\alpha_2v_2^2}{2g}+\lambda\ \frac{d}{L}\ \frac{v^2}{2g}$$

因为 $A_1=A_2$，所以 $v_1=v_2=v$，$\alpha_1=\alpha_2$，且 $\lambda=\dfrac{64}{Re}=\dfrac{64}{\dfrac{\rho vd}{\mu}}=\dfrac{64\mu}{\rho vd}$

所以 $v=\dfrac{(p_1-p_2)d^2}{32\mu L}=\dfrac{d^2}{32\mu L}\Delta p$

所以 $q=Av=\dfrac{\pi d^2}{4}\cdot\dfrac{d^2}{32\mu L}\Delta p=\dfrac{\pi d^4}{128\mu L}\Delta p$　　(1-32)

二、缝隙中的流量计算

工程中较多的是液体在缝隙中的流动，缝隙一般是由两固体壁面所夹成的间隙。由于间隙的高度比宽度和长度小很多，故称为缝隙流动（图1-24）。这种流动一般受固体壁面的影响很大，属层流流动。在机械工程中，常会遇到缝隙流动的问题。

缝隙流动有两种状况：一种是由缝隙两端的压力差造成的流动，称为压差流动；另一种是形成缝隙的两壁面作相对运动所造成的流动称为剪切流动。这两种流动经常会同时存在。

1. 平行平板缝隙的流量

在一般情况下，相对运动平行平板缝隙小既有压差流动，又有剪切流动。因此，流过相对运动平板缝隙的流量为压差流量和剪切流量两者的代数和，即

$$q=\frac{bh^3}{12\mu l}\Delta p\pm\frac{bh}{2}u_0 \tag{1-33}$$

式中　b——缝隙宽度，m；

h——缝隙高度，m；

Δp——缝隙前后压力差，Pa；

μ——油液的动力黏度，Pa·s；

l——缝隙长度，m；

u_0——相对运动速度，m/s。

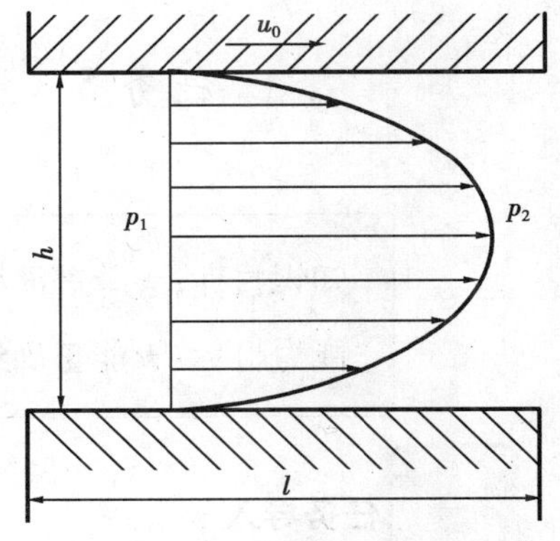

图1-24　平行平板缝隙流动

“±”号的确定方法如下：当长平板相对短平板移动的方向和压差相同时取“+” 号，方向相反时取“-” 号。

2. 圆环缝隙的流量

(1)同心环状缝隙(图 1-25)

$$q=\frac{\pi dh^3}{12\mu L}\Delta p\pm\frac{\pi dh}{2}u_0 \tag{1-34}$$

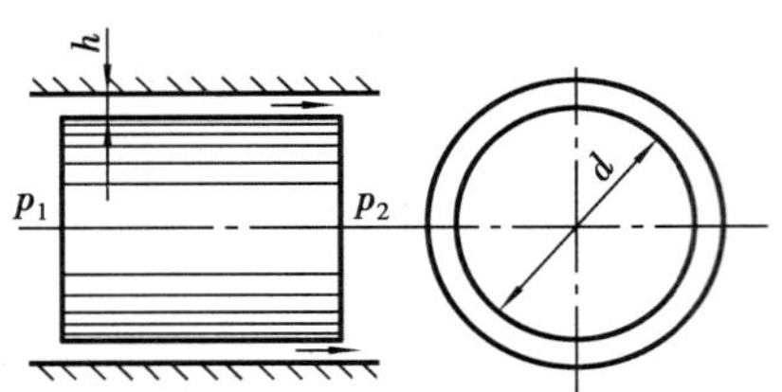

图 1-25　同心环状缝隙流动

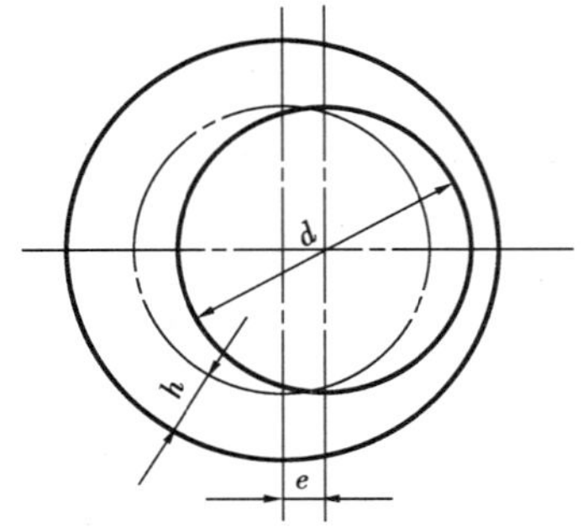

图 1-26　偏心环状缝隙流动

式中　d——环状缝隙的直径，m。

其他参数同前。

(2)偏心环状缝隙(图 1-26)

$$q=\frac{\pi d\delta^3\Delta p}{12\mu l}(1+1.5\varepsilon^2)\pm\frac{\pi d\delta}{2}u_0 \tag{1-35}$$

式中　ε——缝隙的相对偏心率，是指内圆柱中心与外圆心的距 e 对缝隙高度 h 的比值，即

$$\varepsilon=\frac{e}{h}$$

其他参数同前。

偏心环状缝隙流量公式中，等号右边第二项为剪切流量，与同心环状缝隙相同。右边第一项随 ε 而变。当 $\varepsilon=0$ 时，与同心环状缝隙相同；当 $\varepsilon=1$ 时，偏心距 e 达到最大值，流量也最大，q_{max} 等于同心环状缝隙流量的 2.5 倍。由此可见，保持元件配合的同轴度非常重要。

任务 5　液压千斤顶液压系统的组建

知识目标：★掌握液压千斤顶组装的程序和方法

能力目标：★能正确组装液压千斤顶

任务导入

液压千斤顶举升重物是靠其液压缸驱动，其液压系统的正确组装是液压千斤顶能否正常

可靠运行的一个重要环节,那么该如何正确组装液压千斤顶呢?

任务分析

在液压千斤顶的组装过程中,如组装工艺不合理,或出现组装错误,将会造成液压千斤顶无法正常工作,给生产带来巨大的经济损失,甚至造成重大安全事故。因此,我们在进行液压千斤顶的组装之前,必须了解液压千斤顶的组装方法和步骤等知识。

相关知识

一、液压元件的拆装与清洗

新的液压件组装前,旧的液压件受到污染后都必须经过清洗方可使用,清洗过程中应做到以下几点。

(1)液压件拆装、清洗应在符合国家标准的净化室中进行,如有条件操作室最好能充压,使室内压力高于室外,塑料膜防止大气灰尘污染。若受条件限制,也应将操作间单独隔离,一般不允许液压件的装配间和机械加工间或钳工间处于同一室内,绝对禁止在露天、棚子、杂物间或仓库中分解和装配液压件。

拆装液压件时,操作人员应穿戴纤维不易脱落的工作服、工作帽,以防纤维、灰尘、头发、皮屑等散落入液压系统造成人为污染。严禁在操作间内吸烟、进食。

(2)液压件清洗应在专用清洗台上进行,若受条件限制,也要确保临时工作台的清洁度。

(3)清洗液允许使用煤油、汽油以及和液压系统工作用油牌号相同的液压油。

(4)清洗后的零件不准用棉、麻、丝和化纤织品擦拭,防止脱落的纤维污染系统。也不准用皮老虎向零件鼓风(皮老虎内部带有灰尘颗粒),必要时可以用洁净干燥的压缩空气吹干零件。

(5)清洗后的零件不准直接放在土地、水泥地、地板、钳工台和装配工作台上,而应该放入带盖子的容器内,并注入液压油。

(6)已清洗过但暂不装配的零件应放入防锈油中保存,潮湿的地区和季节尤其要注意防锈。

二、液压件装配中的污染控制

(1)液压件装配应采用“干装配”法,即清洗后的零件,为了不使清洗液留在零件表面而影响装配质量,应在零件表面干燥后再进行装配。

(2)液压件装配时,如需打击,禁止使用铁制榔头敲打,可以使用木锤、橡皮锤、铜锤和铜棒。

(3)装配时不准戴手套,不准用纤维织品擦拭安装面,防止纤维类脏物侵入元件内。

(4)已装配完的液压元件、组件暂不进行组装时,应将它们的所有油口用塑料塞子堵住。

三、单向阀的安装

对于螺纹连接的直通式、直角式单向阀,在阀体上有进、出油的方向标志,不连接错就可以。板式安装的直角式单向阀，在底面有两个孔，安装时，能看到阀芯的孔是进油孔，看不到阀芯的是出油孔。

法兰安装式的大流量直角式单向阀，在阀体外边有进、出油标志，底下是进油口，侧边是出油口。

四、液压缸的安装

液压缸的安装应牢固可靠，配管连接不得有松弛现象，缸的安装面与活塞的滑动面应保持足够平行度和垂直度。

(1)对于脚座固定式的移动缸的中心轴线，应与负载作用力的中线同心，以免引起侧向力，侧向力容易使密封件磨损及活塞损坏。对于移动物体的液压缸安装时，使缸与移动物体在导轨面上的运动方向保持平行，其不平行度一般不大于 0.05 mm/m。

(2)安装液压缸体的密封压盖螺钉，其拧紧程度以保证活塞在全行程上移动灵活，螺钉拧得过紧，会增加阻力，加速磨损；螺钉拧得过松，会引起漏油。

任务实施

在液压实训室组装图 1-27 所示的立式液压千斤顶。

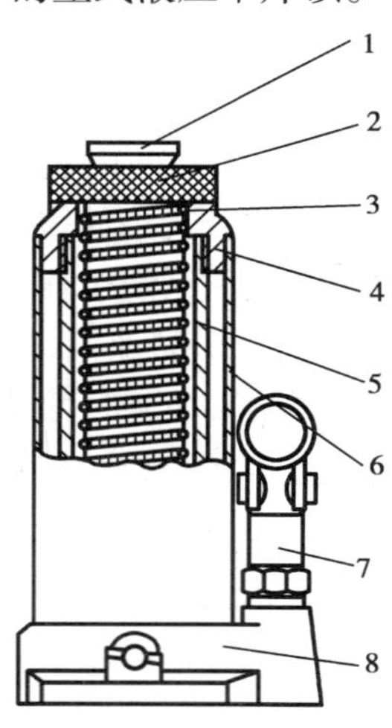

图 1-27　立式液压千斤顶

1—调节螺杆；2—保险螺圈；3—螺杆活塞；4—顶帽；
5—活塞缸体；6—壳体；7—手动泵组件；8—底座

一、组装前的准备工作

(1)研究和熟悉装配图，了解液压千斤顶的结构，零件的作用以及相互的连接关系。

(2)确定装配的方法、顺序和准备所需的工具。

(3)对零件进行清理和清洗。

(4)对某些零件有时要进行修配、密封性试验或平衡工作等。

二、组装步骤

(1)组装手动泵组件。
(2)安装单向阀和截止阀。
(3)安装活塞缸体。
(4)安装顶帽。
(5)安装螺杆活塞。
(6)安装保险螺圈。
(7)安装调节螺杆。
(8)安装手动泵组件。

组装液压千斤顶时,须注意下列几点:

(1)将零件上的锈蚀、伤痕、毛刺及附着污物等彻底清洗干净。

(2)组装前涂上工作油。

(3)对柱塞等滑动件,不要强行装入。根据配合要求,装入要用于转动到认为能正常工作为止。

(4)紧固螺栓时,应按照对角顺序平均拧紧。不要过紧,过紧会使主体变形或密封损坏失效。

(5)装配完毕,应仔细校核检查有无遗忘零件(如弹簧、密封圈等)。

知识拓展

其他常用液压千斤顶

一、自锁式千斤顶

自锁式千斤顶(图1-28)主要用于需长时间支撑重物的地方,它可在除去油压时仍可支持重物,而且安全可靠。可用于水下,单作用,负载回缩,螺母自锁使负载更安全,特别在大型工程中,是易操作控制和液压千斤顶,设计有安全保压装置,内置卸压阀防止过载,以保护千斤顶以利于安全操作。该装置的连接,采用的是高压胶管和螺纹接头连接,具有使用快捷,并克服快速传统接头漏油缺点主要用于电力、建筑、机械制造、矿山、铁路桥梁、造船等多种行业的设备安装起顶拆卸作业。

二、电动分离式千斤顶

电动分离式千斤顶(电动液压千斤顶)又称为电动千斤顶(图1-29):具有输出力大、重量轻、远距离操作的特点,电动液压千斤顶配超高压油泵站,可实现顶、推、拉、挤压等多种形式的作业,电动液压千斤顶广泛应用于交通、铁路、桥梁、造船等各行各业,近年来又在基础沉降试验及静力压桩中得到了广泛的应用。

电动高压泵站是一种阀式配流轴向柱塞泵。泵站由电机、油泵、综合阀、换向阀(配单作用机具用泵站不带此阀)、油箱等组成。

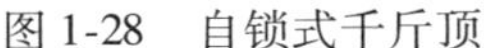

图 1-28　自锁式千斤顶

图 1-29　电动分离式千斤顶

泵体部分：该泵为球阀配流，双联斜盘轴向柱塞定量油泵，电机直接带动偏心压轴旋转，由于斜盘的作用。柱塞沿柱塞套作往返运动，使油分别从高低压进油阀吸入，后从高低压出油阀压出，分别进入综合阀体的高压油路和低压油路。

综合阀体：阀体的高压油路由高压单向阀、高压安全阀组成，低压油路由低压单向阀、低压安全阀、减功阀组成，高低压油路混合后，输出管引向换向阀。低压时，高压油和低压油同时输出，当压力超过 7 MPa 时，低压安全阀打开，溢流，当压力升到 9 ~ 11 MPa 时，高压油推动小活塞顶开减功阀杆，使低压油经减功阀溢流，同时低压安全阀关闭，当压力超过 63 MPa 时，高压安全阀打开溢流。

换向阀为手动操作的三位四通转阀，上面的两出油口用高压软管与油缸联接。

习题与实践操作

1-1　液压传动系统由哪几部分组成？各组成部分的作用是什么？

1-2　为你组装的液压千斤顶选择液压油。

1-3　某压力表读数为 8 MPa，其绝对压力和相对压力各是多少？

1-4　如题 1-4 图所示的液压千斤顶，小柱塞直径 $d=10$ mm，行程 $S_1=25$ mm。大柱塞直径 $D=50$ mm，重物产生的 $F_2=50\ 000$ N，手压杠杆比 $L:l=500:25$，试求：

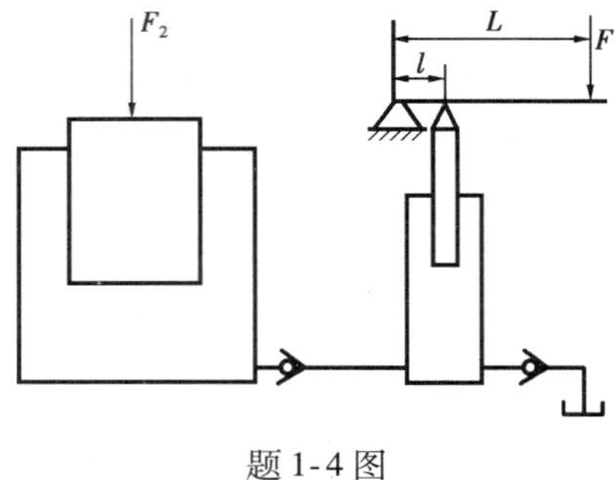

题 1-4 图

(1) 此时密封容积中的液体压力 p；

(2) 杠杆端施加力 F 为多少时，才能举起重物；

(3) 杠杆上下动作一次，重物的上升高度 S。

1-5　绘制电动分离式千斤顶的液压系统图。

学习情境 2

采煤机滚筒调高液压系统的构建

目前我国多采用滚筒式采煤机来完成采煤工作面的采煤作业，滚筒式采煤机为了适应煤层厚度的变化，滚筒高度是可调的，而无论是当前流行的液压牵引滚筒式采煤机，或则是先进的电牵引筒式采煤机，无一例外地采用了液压传动系统作为滚筒调高的传动方式，那么该如何来构建采煤机滚筒调高液压系统呢？

任务1　调高系统液压泵的选用

知识目标：★掌握液压动力元件（齿轮泵、叶片泵、柱塞泵）的工作原理及特点

★掌握液压动力元件主要性能参数

能力目标：★正确选用液压泵

任务导入

图2-1所示为滚筒式采煤机调高装置，它是依靠液动力驱动调高油缸。对滚筒式采煤机来说，滚筒高度的调节是采煤机适应煤层的厚度变化所必须具有的动作。哪种动力元件才能较好地满足滚筒高度的调节要求呢？

任务分析

滚筒调高的动力来源于液压动力元件——液压泵。滚筒式采煤机作为采煤工作面的主要设备，要求可沿工作面移动，且工作条件恶劣，对于液压动力元件，要求其结构简单、工作可靠、体积小、重量轻、自吸性好、对污染不敏感等，以保证滚筒调高液压系统动作可靠。因此，液压泵的合理选择对滚筒调高液压系统的正常工作起着十分重要的作用。

图 2-1　滚筒式采煤机调高装置

相关知识

一、液压泵的概述

液压动力元件起着向系统提供动力源的作用,是系统不可缺少的核心元件。液压系统是以液压泵作为系统提供一定的流量和压力的动力元件,液压泵将原动机(电动机或内燃机)输出的机械能转换为工作液体的压力能,是一种能量转换装置。

1. 液压泵的工作原理及特点

液压泵是液压传动系统中的能量转换元件,液压泵由原动机驱动,把输入的机械能转换为油液的压力能,再以压力、流量的形式输入到系统中去,它是液压传动的心脏,也是液压系统的动力源。

在液压系统中,液压泵是容积式的,依靠容积变化进行工作。

(1)液压泵的工作原理

液压泵都是依靠密封容积变化的原理来进行工作的,故一般称为容积式液压泵,图 2-2 所示的是一单柱塞液压泵的工作原理图,图中柱塞 2 装在缸体 3 中形成一个密封容积 a,柱塞在弹簧 4 的作用下始终压紧在偏心轮 1 上。原动机驱动偏心轮 1 旋转使柱塞 2 作往复运动,使密封容积 a 的大小发生周期性的交替变化。当 a 有小变大时就形成部分真空,使油箱中油液在大气压作用下,经吸油管顶开单向阀 6 进入油箱 a 而实现吸油;反之,当 a 由大变小时,a 腔中吸满的油液将顶开单向阀 5 流入系统而实现压油。这样液压泵就将原动机输入的机械能转换成液体的压力能,原动机驱动偏心轮不断旋转,液压泵就不断地吸油和压油。

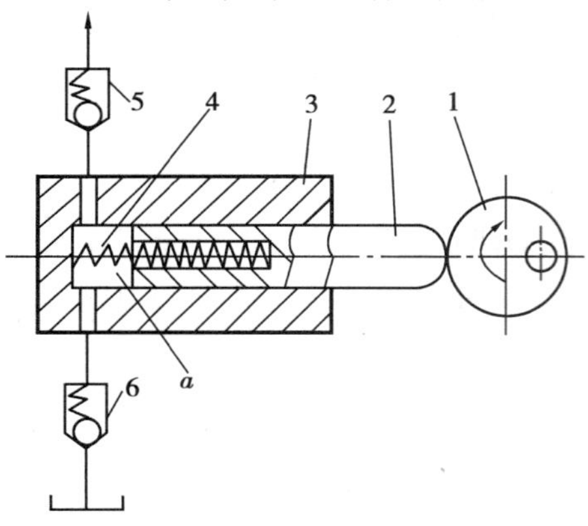

图 2-2　液压泵工作原理图

(2)液压泵的特点

单柱塞液压泵具有一切容积式液压泵的基本特点:

①具有若干个密封且又可以周期性变化空间。液压泵输出流量与此空间的容积变化量和单位时间内的变化次数成正比,与其他因素无关。这是容积式液压泵的一个重要特性。

②油箱内液体的绝对压力必须恒等于或大于大气压力。这是容积式液压泵能够吸入油液的外部条件。因此,为保证液压泵正常吸油,油箱必须与大气相通,或采用密闭的充压油箱。

③具有相应的配流机构,将吸油腔和排液腔隔开,保证液压泵有规律地、连续地吸、排液体。液压泵的结构原理不同,其配油机构也不相同。如图2-2中的单向阀5、6就是配油机构。

容积式液压泵中的油腔处于吸油时称为吸油腔。吸油腔的压力决定于吸油高度和吸油管路的阻力,吸油高度过高或吸油管路阻力太大,会使吸油腔真空度过高而影响液压泵的自吸能力;油腔处于压油时称为压油腔,压油腔的压力则取决于外负载和排油管路的压力损失,从理论上讲排油压力与液压泵的流量无关。

容积式液压泵排油的理论流量取决于液压泵的有关几何尺寸和转速,而与排油压力无关。但排油压力会影响泵的内泄露和油液的压缩量,从而影响泵的实际输出流量,所以液压泵的实际输出流量随排油压力的升高而降低。

液压泵按其在单位时间内所能输出的油液的体积是否可调节而分为定量泵和变量泵两类;按结构形式可分为齿轮式、叶片式和柱塞式三大类。

2. 液压泵的主要性能参数

(1)液压泵压力

①工作压力 液压泵实际工作时的输出压力称为工作压力。工作压力的大小取决于外负载的大小和排油管路上的压力损失,而与液压泵的流量无关。

②额定压力 液压泵在正常工作条件下,按试验标准规定连续运转的最高压力称为液压泵的额定压力。

③最高允许压力 在超过额定压力的条件下,根据试验标准规定,允许液压泵短暂运行的最高压力值,称为液压泵的最高允许压力。

(2)排量和流量

①排量 V 液压泵每转一周,由其密封容积几何尺寸变化计算而得的排出液体的体积叫液压泵的排量。排量可调节的液压泵称为变量泵;排量为常数的液压泵则称为定量泵。

②理论流量 q_1 理论流量是指在不考虑液压泵的泄漏流量的情况下,在单位时间内所排出的液体体积的平均值。显然,如果液压泵的排量为 V,其主轴转速为 n,则该液压泵的理论流量为 q_1:

$$q_1 = Vn \tag{2-1}$$

③实际流量 q 液压泵在某一具体工况下,单位时间内所排出的液体体积称为实际流量,它等于理论流量 q_1 减去泄漏流量 Δq,即:

$$q = q_1 - \Delta q \tag{2-2}$$

④额定流量 q_n 液压泵在正常工作条件下,按试验标准规定(如在额定压力和额定转速下)必须保证的流量。

(3)功率和效率

①液压泵的功率

输入功率 P_i,液压泵的输入功率是指作用在液压泵主轴上的机械功率,当输入转矩为 T_i,角速度为 ω 时,有:

$$P_i = T_i\omega \tag{2-3}$$

输出功率 P_o,液压泵的输出功率是指液压泵在工作过程中的实际吸、压油口间的压差 Δp 和输出流量 q 的乘积,即:

$$P_o = \Delta pq \tag{2-4}$$

式中 Δp——液压泵吸、压油口之间的压力差，N/m^2；

q——液压泵的实际输出流量，m^3/s；

P_o——液压泵的输出功率，N · m/s 或 W。

在实际的计算中，若油箱通大气，液压泵吸、压油的压力差往往用液压泵出口压力 p 代入。

②液压泵的功率损失

液压泵的功率损失有容积损失和机械损失两部分。

容积损失　容积损失是指液压泵流量上的损失，液压泵的实际输出流量总是小于其理论流量，其主要原因是由于液压泵内部高压腔的泄漏、油液的压缩以及在吸油过程中由于吸油阻力太大、油液黏度大以及液压泵转速高等原因而导致油液不能全部充满密封工作腔。液压泵的容积损失用容积效率来表示，它等于液压泵的实际输出流量 q 与其理论流量 q_1 之比即：

$$\eta_v = \frac{pq}{pq_1} = \frac{q}{q_1} = \frac{Vn}{V_1 n} = \frac{V}{V_1} \tag{2-5}$$

因此液压泵的实际输出流量 q 为

$$q = q_1\eta_v = V_1 n\eta_v \tag{2-6}$$

式中 V——液压泵的实际排量，m^3/r；

V_1——液压泵的理论排量，m^3/r；

n——液压泵的转速 r/s。

液压泵的容积效率随着液压泵工作压力的增大而减小，且随液压泵的结构类型不同而异，但恒小于 1。

机械损失　机械损失是指液压泵在转矩上的损失。液压泵的实际输入转矩 T_i 总是大于理论上所需要的转矩 T_1，其主要原因是由于液压泵体内相对运动部件之间因机械摩擦而引起的摩擦转矩损失以及液体的黏性而引起的摩擦损失。液压泵的机械损失用机械效率表示，它等于液压泵的理论转矩 T_1，与实际输入转矩 T_i 之比，设转矩损失为 ΔT，则液压泵的机械效率为：

$$\eta_m = \frac{T_1}{T_i} = \frac{1}{1 + \frac{\Delta T}{T_1}} \tag{2-7}$$

③液压泵的总效率

液压泵的总效率是指液压泵的实际输出功率与其输入功率的比值，即：

$$\eta = \frac{p}{p_i} = \frac{\Delta pq}{T_i\omega} = \frac{\Delta pq_i\eta_v}{\frac{T_i\omega}{\eta_m}} = \eta_v\eta_m \tag{2-8}$$

其中$\frac{\Delta pq_1}{\omega}$为理论输入转矩 T_1。

由式(2-8)可知，液压泵的总效率等于其容积效率与机械效率的乘积，所以液压泵的输入功率也可写成：

$$P_i = \frac{\Delta pq}{\eta} \tag{2-9}$$

液压泵的各个参数和压力之间的关系如图 2-3 所示。

二、齿轮泵

齿轮泵是液压系统中广泛采用的一种液压泵，其主要特点是结构简单，制造方便，价格低廉，体积小，重量轻，自吸性能好，对油液污染不敏感，工作可靠；其主要缺点是流量和压力脉动大，噪声大，排量不可调。它一般做成定量泵，按结构不同，齿轮泵分为外啮合齿轮泵和内啮合齿轮泵，而以外啮合齿轮泵应用最广。下面以外啮合齿轮泵为例来剖析齿轮泵。

1. 齿轮泵的工作原理和结构

齿轮泵的工作原理如图 2-4、图 2-5 所示，它是分离三片式结构，三片是指泵盖 4、8 和泵体 7。泵体 7 内装有一对齿数相同、宽度和泵体接近而又互相啮合的齿轮 6，这对齿轮与两端盖和泵体形成一密封腔，并由齿轮的齿顶和啮合线把密封腔划分为两部分，即吸油腔和压油腔。两齿轮分别用键固定在由滚针轴承支承的主动轴 12 和从动轴 15 上，主动轴由电动机带动旋转。

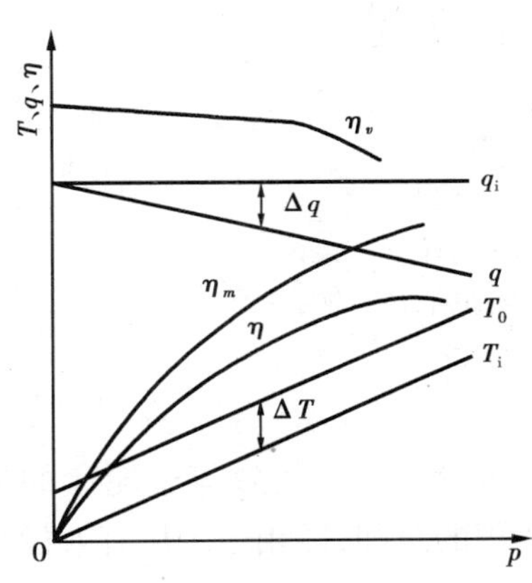

图 2-3　液压泵的特性曲线

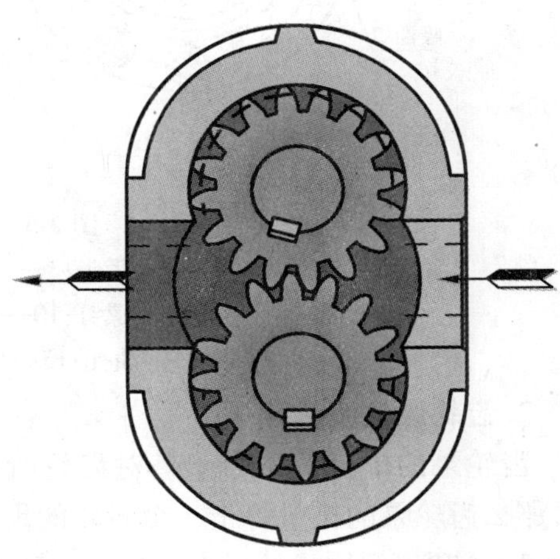

图 2-4　外啮合型齿轮泵工作原理

CB—B 齿轮泵的结构如图 2-5 所示，当泵的主动齿轮按图示箭头方向旋转时，齿轮泵右侧（吸油腔）齿轮脱开啮合，齿轮的轮齿退出齿间，使密封容积增大，形成局部真空，油箱中的油液在外界大气压的作用下，经吸油管路、吸油腔进入齿间。随着齿轮的旋转，吸入齿间的油液被带到另一侧，进入压油腔。这时轮齿进入啮合，使密封容积逐渐减小，齿轮间部分的油液被挤出，形成了齿轮泵的压油过程。齿轮啮合时齿向接触线把吸油腔和压油腔分开，起配油作用。当齿轮泵的主动齿轮由电动机带动不断旋转时，轮齿脱开啮合的一侧，由于密封容积变大则不断从油箱中吸油，轮齿进入啮合的一侧，由于密封容积减小则不断地排油，这就是齿轮泵的工作原理。泵的前后盖和泵体由两个定位销 17 定位，用 6 只螺钉固紧如图 2-5。为了保证齿轮能灵活地转动，同时又要保证泄露最小，在齿轮端面和泵盖之间应有适当间隙（轴向间隙），对小流量泵轴向间隙为 0. 025 ~0. 04 mm，大流量泵为 0. 04 ~0. 06 mm。齿顶和泵体内表面间的间隙（径向间隙），由于密封带长，同时齿顶线速度形成的剪切流动又和油液泄露方向相反，故对泄露的影响较小，这里要考虑的问题是：当齿轮受到不平衡的径向力后，应避免齿顶和泵体内壁相碰，所以径向间隙就可稍大，一般取 0. 13 ~0. 16 mm。

为了防止压力油从泵体和泵盖间泄露到泵外，并减小压紧螺钉的拉力，在泵体两侧的端面上开有油封卸荷槽 16，使渗入泵体和泵盖间的压力油引入吸油腔。在泵盖和从动轴上的小孔，其作用将泄露到轴承端部的压力油也引到泵的吸油腔去，防止油液外溢，同时也润滑了滚针轴承。

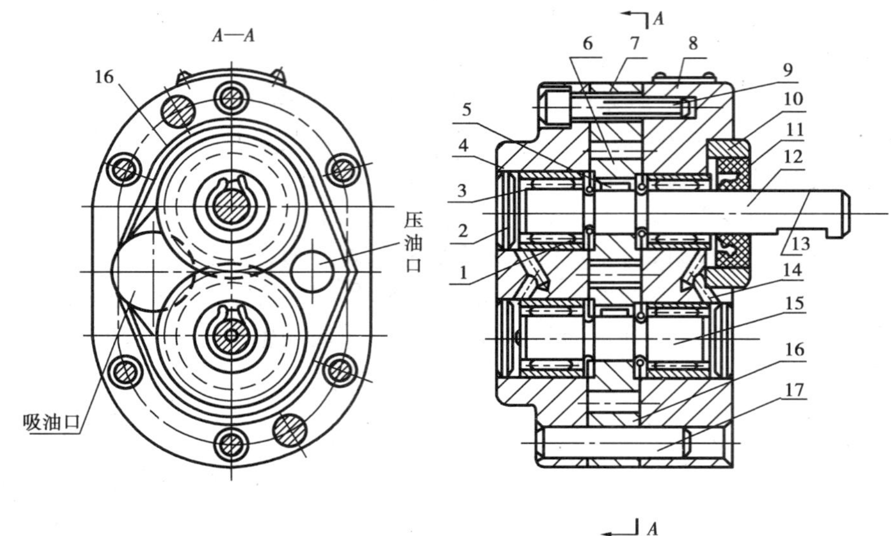

图 2-5　CB—B 齿轮泵的结构

1—轴承外环；2—堵头；3—滚子；4—后泵盖；5—键；6—齿轮；7—泵体；8—前泵盖；9—螺钉；10—压环；11—密封环；12—主动轴；13—键；14—泻油孔；15—从动轴；16—泄油槽；17—定位销

2. 齿轮泵的流量计算

齿轮泵的排量 V 相当于一对齿轮所有齿谷容积之和，假如齿谷容积大致等于轮齿的体积，那么齿轮泵的排量等于一个齿轮的齿谷容积和轮齿容积体积的总和，即相当于以有效齿高(h=2 m)和齿宽构成的平面所扫过的环形体积，即：

$$V = \pi DhB = 2\pi zm^2B \tag{2-10}$$

式中　D——齿轮分度圆直径，$D=mz$(cm)；

h——有效齿高，$h=2m$(cm)；

B——齿轮宽，cm；

m——齿轮模数，cm；

z——齿数。

实际上齿谷的容积要比轮齿的体积稍大，故上式中的 π 常以 3. 33 代替，则式(2-10)可写成：

$$V = 6.66zm^2B \tag{2-11}$$

齿轮泵的流量 q(1/min)为：

$$q = 6.66zm^2Bn\eta_v \times 10^{-3} \tag{2-12}$$

式中　n——齿轮泵转速，r/min；

η_v——齿轮泵的容积效率。

实际上齿轮泵的流油量是有脉动的，故式(2-12)所表示的是泵的平均流油量。

从上面公式可以看出流量和几个主要参数的关系为：

(1)输油量与齿轮模数 m 的平方成正比。

(2)在泵的体积一定时,齿数少,模数就大,故输油量增加,但流量脉动大;齿数增加时,模数就小,输油量减少,流量脉动也小。用于机床上的低压齿轮泵,取 $z=13\sim19$,而中高压齿轮泵,取 $z=6\sim14$,齿数 $z<14$ 时,要进行修正。

(3)输油量和齿宽 B、转速 n 成正比。一般齿宽 $B=6\sim10$ m;转速 n 为 750 r/min、1 000 r/min、1 500 r/min,转速过高,会造成吸油不足,转速过低,泵也不能正常工作。一般齿轮的最大圆周速度不应大于 5 ~6 m/s。

3. 外啮合齿轮泵在结构上存在的问题

(1)齿轮泵的困油问题

齿轮泵要能连续地供油,就要求齿轮啮合的重叠系数 ε 大于 1,也就是当一对齿轮尚未脱开啮合时,另一对齿轮已进入啮合,这样,就出现同时有两对齿轮啮合的瞬间,在两对齿轮的齿向啮合线之间形成了一个封闭容积,一部分油液也就被困在这一封闭容积中(见图 2-6(a)),齿轮连续旋转时,这一封闭容积便逐渐减小,到两啮合点处于节点两侧的对称位置时(见图 2-6(b)),封闭容积为最小,齿轮再继续转动时,封闭容积又逐渐增大,直到图 2-6(c)所示位置时,容积又变为最大。在封闭容积减小时,被困油液受到挤压,压力急剧上升,使轴承上突然受到很大的冲击载荷,使泵剧烈振动,这时高压油从一切可能泄漏的缝隙中挤出,造成功率损失,使油液发热等。当封闭容积增大时,由于没有油液补充,因此形成局部真空,使原来溶解于油液中的空气分离出来,形成了气泡,油液中产生气泡后,会引起噪声、气蚀等一系列恶果。以上情况就是齿轮泵的困油现象。这种困油现象极为严重地影响着泵的工作平稳性和使用寿命。

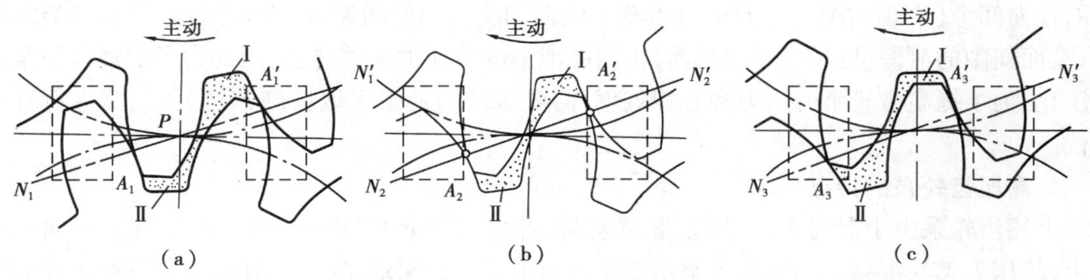

图 2-6　齿轮泵的困油现象

为了消除困油现象,在 CB—B 型齿轮泵的泵盖上铣出两个困油卸荷凹槽,其几何关系如图 2-7 所示。卸荷槽的位置应该使困油腔由大变小时,能通过卸荷槽与压油腔相通,而当困油腔由小变大时,能通过另一卸荷槽与吸油腔相通。两卸荷槽之间的距离为 a,必须保证在任何时候都不能使压油腔和吸油腔互通。

按上述对称开的卸荷槽,当困油封闭腔由大变至最小时(图 2-6),由于油液不易从即将关闭的缝隙中挤出,故封闭油压仍将高于压油腔压力;齿轮继续转动,当封闭腔和吸油腔相通的瞬间,高压油又突然和吸油腔的低压油相接触,会引起冲击和噪声。于是 CB—B 型齿轮泵将卸荷槽的位置整个向吸油腔侧平移了一个距离。这时封闭腔只有在由小变至最大时才和压油腔断开,油压没有突变,封闭腔和吸油腔接通时,封闭腔不会出现真空也没有压力冲击,这样改进后,使齿轮泵的振动和噪声得到了进一步改善。

（2）径向不平衡力

齿轮泵工作时，在齿轮和轴承上承受径向液压力的作用。如图 2-8 所示，泵的右侧为吸油腔，左侧为压油腔。在压油腔内有液压力作用于齿轮上，沿着齿顶的泄漏油，具有大小不等的压力，就是齿轮和轴承受到的径向不平衡力。液压力越高，这个不平衡力就越大，其结果不仅加速了轴承的磨损，降低了轴承的寿命，甚至使轴变形，造成齿顶和泵体内壁的摩擦等。为了解决径向力不平衡问题，在有些齿轮泵上，采用开压力平衡槽的办法来消除径向不平衡力，但这将使泄漏增大，容积效率降低等。CB—B 型齿轮泵则采用缩小压油腔，以减少液压力对齿顶部分的作用面积来减小径向不平衡力，所以泵的压油口孔径比吸油口孔径要小。

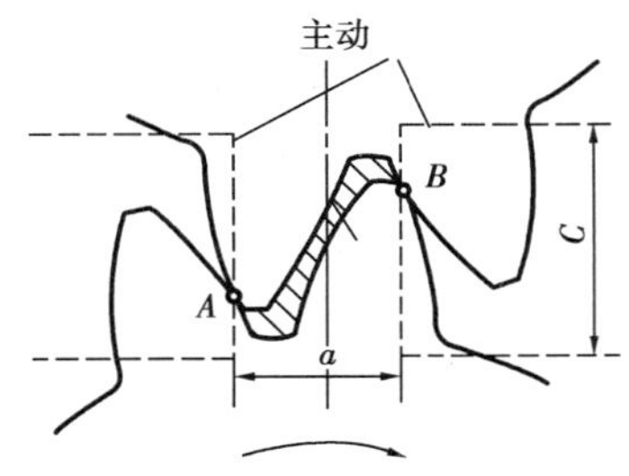

图 2-7　齿轮泵的困油卸荷槽图

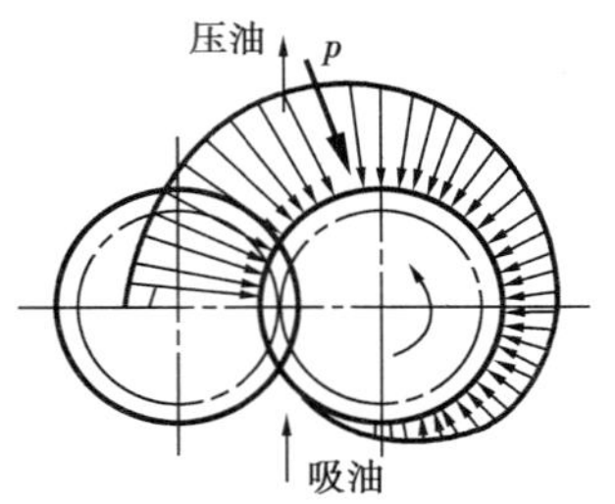

图 2-8　齿轮泵的径向不平衡力

（3）齿轮泵的泄漏

在液压泵中，运动件间是靠微小间隙密封的，这些微小间隙从运动学上开成摩擦副，而高压腔的油液通过间隙向低压腔泄漏是不可避免的；齿轮泵压油腔的压力油可通过三条途径泄漏到吸油腔去；一是通过齿轮啮合线处的间隙（齿侧间隙）；二是通过体定子环内孔和齿顶间隙的径向间隙（齿顶间隙）；三是通过齿轮两端面和侧板间的间隙（端面间隙）。在这三类间隙中，端面间隙的泄漏量最大，压力越高，由间隙泄漏的液压油液就愈多，因此为了实现齿轮泵的高压化，为了提高齿轮泵的压力和容积效率，需要从结构上来采取措施，对端面间隙进行自动补偿。

4. 高压齿轮泵的特点

上述齿轮泵由于泄漏大（主要是端面泄漏，占总泄漏量的 70% ~80%），且存在径向不平衡力，故压力不易提高。高压齿轮泵主要是针对上述问题采取了一些措施，如尽量减小径向不平衡力和提高轴与轴承的刚度；对泄漏量最大处的端面间隙，采用了自动补偿装置等。下面对端面间隙的补偿装置作简单介绍。

（1）浮动轴套式　图 2-9（a）是浮动轴套式的间隙补偿装置。它利用泵的出口压力油，引入齿轮轴上的浮动轴套 1 的外侧 *A* 腔，在液体压力作用下，使轴套紧贴齿轮 3 的侧面，因而可以消除间隙并可补偿齿轮侧面和轴套间的磨损量。在泵启动时，靠弹簧 4 来产生预紧力，保证了轴向间隙的密封。

（2）浮动侧板式　浮动侧板式补偿装置的工作原理与浮动轴套式基本相似，它也是利用泵的出口压力油引到浮动侧板 1 的背面（见图 2-9（b）），使之紧贴于齿轮 2 的端面来补偿间隙。启动时，浮动侧板靠密封圈来产生预紧力。

（3）挠性侧板式　图 2-9（c）是挠性侧板式间隙补偿装置，它是利用泵的出口压力油引到侧板的背面后，靠侧板自身的变形来补偿端面间隙的，侧板的厚度较薄，内侧面要耐磨（如烧

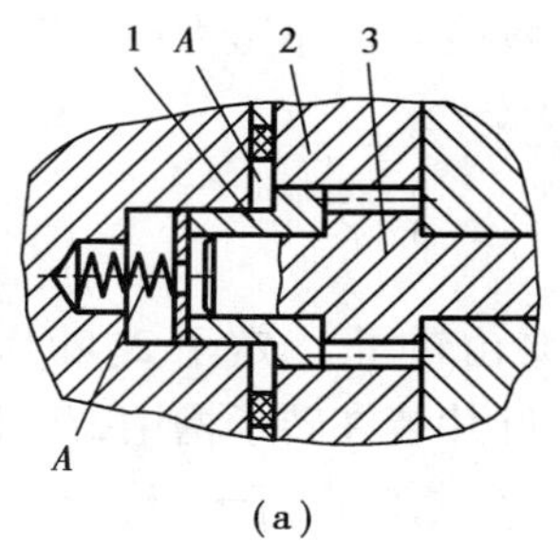

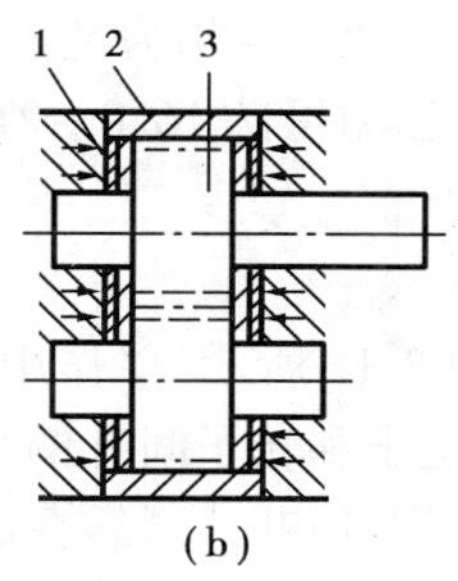

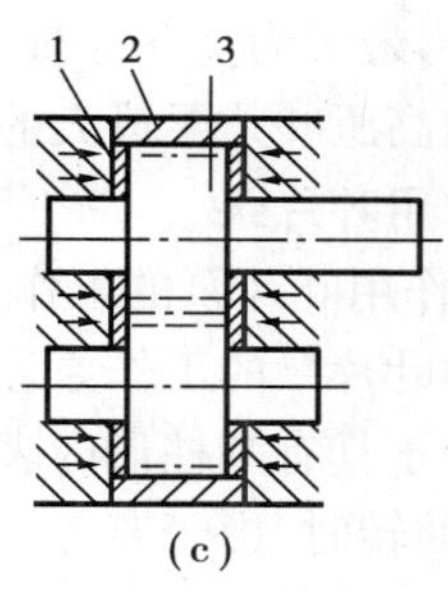

图 2-9　端面间隙补偿装置示意图

结有 0.5 ~0.7 mm 的磷青铜),这种结构采取一定措施后,易使侧板外侧面的压力分布大体上和齿轮侧面的压力分布相适应。

5. 内啮合齿轮泵

内啮合齿轮泵的工作原理也是利用齿间密封容积的变化来实现吸油压油的。图 2-10 所示是内啮合齿轮泵的工作原理图。

它是由配油盘(前、后盖)、外转子(从动轮)和偏心安置在泵体内的内转子(主动轮)等组成。内、外转子相差一齿,图中内转子为六齿,外转子为七齿,由于内外转子是多齿啮合,这就形成了若干密封容积。当内转子围绕中心 O_1 旋转时,带动外转子绕外转子中心 O_2 作同向旋转。这时,由内转子齿顶 A_1 和外转子齿谷 A_2 间形成的密封容积 C(图中阴线部分),随着转子的转动密封容积就逐渐扩大,于是就形成局部真空,油液从配油窗口 b 被吸入密封腔,至 A_1'、A_2'位置时封闭容积最大,这时吸油完毕。当转子继续旋转时,充满油液的密封容积便逐渐减小,油液受挤压,于是通过另一配油窗口 a 将油排出,至内转子的另一齿全部和外转子的齿凹 A_2 全部啮合时,压油完毕,内转子每转一周,由内转子齿顶和外转子齿谷所构成的每个密封容积,完成吸、压油各一次,当内转子连续转动时,即完成了液压泵的吸排油工作。

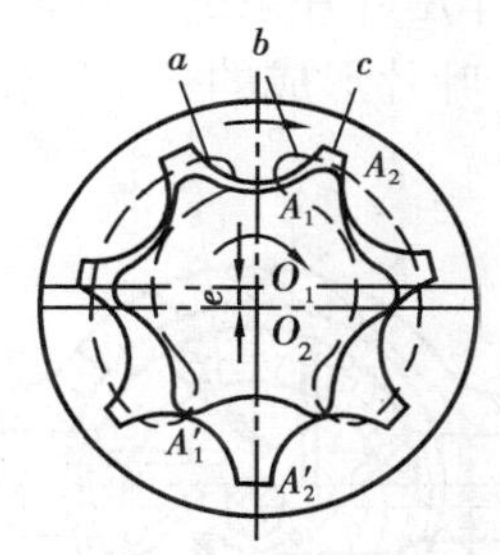

图 2-10　内啮合齿轮泵的工作原理图

内啮合齿轮泵的外转子齿形是圆弧,内转子齿形为短幅外摆线的等距线,故又称为内啮合摆线齿轮泵,也叫转子泵。

内啮合齿轮泵有许多优点,如结构紧凑,体积小,零件少,转速可高达 10 000 r/min,运动平稳,噪声低,容积效率较高等。缺点是流量脉动大,转子的制造工艺复杂等,目前已采用粉末冶金压制成型。随着工业技术的发展,摆线齿轮泵的应用将会愈来愈广泛内啮合齿轮泵可正、反转,可作液压马达用。

三、叶片泵

叶片泵的结构较齿轮泵复杂,但其工作压力较高,且流量脉动小,工作平稳,噪声较小,寿命较长。所以它被广泛应用于机械制造中的专用机床、自动线等中低液压系统中,但其结构复杂,吸油特性不太好,对油液的污染也比较敏感。

根据各密封工作容积在转子旋转一周吸、排油液次数的不同,叶片泵分为两类,即完成一次吸、排油液的单作用叶片泵和完成两次吸、排油液的双作用叶片泵。单作用叶片泵多为变量泵,工作压力最大为 7.0 MPa,双作用叶片泵均为定量泵,一般最大工作压力亦为 7.0 MPa,结构经改进的高压叶片泵最大的工作压力可达 16.0 ~ 21.0 MPa。

1. 单作用叶片泵

(1)单作用叶片泵的工作原理

单作用叶片泵的工作原理如图 2-11 所示,单作用叶片泵由转子 1、定子 2、叶片 3 和端盖等组成。定子具有圆柱形内表面,定子和转子间有偏心距。叶片装在转子槽中,并可在槽内滑动,当转子回转时,由于离心力的作用,使叶片紧靠在定子内壁,这样在钉子、转子、叶片和两侧配油盘间就形成若干个密封的工作空间,当转子按图示的方向回转时,在图的右部,叶片逐渐伸出,叶片间的工作空间逐渐增大,从吸油口吸油,这是吸油腔。在图的左部,叶片被定子内壁逐渐压进槽内,工作空间逐渐缩小,将油液从压油口压出,这是压油腔,在吸油腔和压油腔之间,有一段封油区,把吸油腔和压油腔隔开,这种叶片泵在转子每转一周,每个工作空间完成一次吸油和压油,因此称为单作用叶片泵。转子不停地旋转,泵就不断地吸油和排油。

(2)单作用叶片泵的排量和流量计算

单作用叶片泵的排量为各工作容积在主轴旋转一周时所排出的液体的总和,如图 2-12 所示,两个叶片形成的一个工作容积 V' 近似地等于扇形体积 V_1 和 V_2 之差,即:

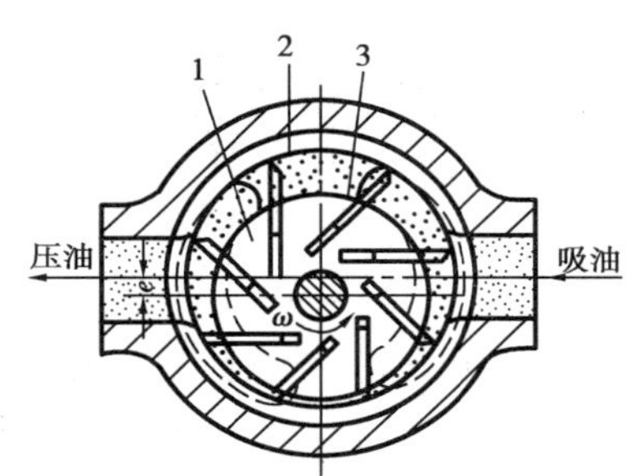

图 2-11 单作用叶片泵的工作原理

1—转子;2—定子;3—叶片

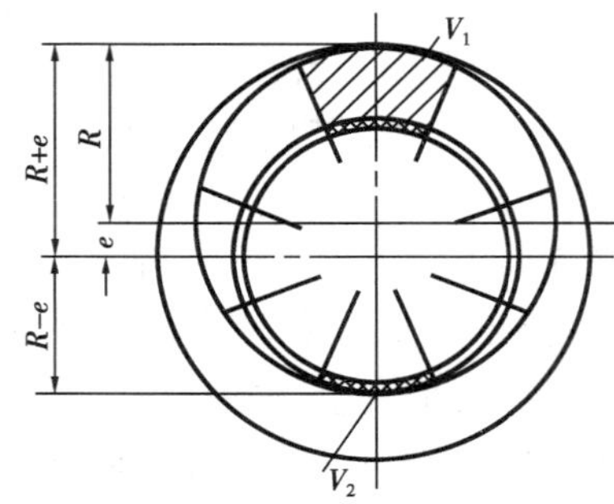

图 2-12 单作用叶片泵排量计算简图

$$V' = V_1 - V_2 = \frac{1}{2}B\beta[(R+e)^2 - (R-e)^2] = \frac{4\pi}{z}ReB \tag{2-13}$$

式中 R——定子的内径,m;

e——转子与定子之间的偏心矩,m;

B——定子的宽度,m;

β——相邻两个叶片间的夹角,$\beta = 2\pi/z$;

z——叶片的个数。

因此,单作用叶片泵的排量为:

$$V = zV' = 4\pi ReB \tag{2-14}$$

故当转速为 n,泵的容积效率为 η_v 时的泵的理论流量和实际流量分别为:

$$q_1 = Vn = 4\pi ReB \tag{2-15}$$

$$q = q_1\eta_v = 4\pi ReBn\eta_v \tag{2-16}$$

在式(2-14)至式(2-16)中的计算中并未考虑叶片的厚度以及叶片的倾角对单作用叶片泵排量和流量的影响,实际上叶片在槽中伸出和缩进时,叶片槽底部也有吸油和压油过程,一般在单作用叶片泵中，压油腔和吸油腔处的叶片的底部是分别和压油腔及吸油腔相通的，因而叶片槽底部的吸油和压油恰好补偿了叶片厚度及倾角所占据体积而引起的排量和流量的减小，这就是在计算中不考虑叶片厚度和倾角影响的缘故。

单作用叶片泵的流量也是有脉动的，理论分析表明，泵内叶片数越多，流量脉动率越小，此外，奇数叶片的泵的脉动率比偶数叶片的泵的脉动率小，所以单作用叶片泵的叶片数均为奇数，一般为13或15片。

(3)单作用叶片泵的结构特点

①改变定子和转子之间的偏心便可改变流量。偏心反向时，吸油压油方向也相反。

②处在压油腔的叶片顶部受到压力油的作用，该作用要把叶片推入转子槽内。为了使叶片顶部可靠地和定子内表面相接触，压油腔一侧的叶片底部要通过特殊的沟槽和压油腔相通。吸油腔一侧的叶片底部要和吸油腔相通，这里的叶片仅靠离心力的作用顶在定子内表面上。

③由于转子受到不平衡的径向液压作用力，所以这种泵一般不宜用于高压。

④为了更有利于叶片在惯性力作用下向外伸出，而使叶片有一个与旋转方向相反的倾斜角，称后倾角，一般为24°。

2. 双作用叶片泵

(1)双作用叶片泵的工作原理

双作用叶片泵的工作原理如图2-13所示，泵也是由定子1、转子2、叶片3和配油盘(图中未画出)等组成。转子和定子中心重合，定子内表面近似为椭圆柱形，该椭圆形由两段长半径R、两段短半径r和四段过渡曲线所组成。当转子转动时，叶片在离心力和(建压后)根部压力油的作用下，在转子槽内作径向移动而压向定子内表，由叶片、定子的内表面、转子的外表面和两侧配油盘间形成若干个密封空间，当转子按图示方向旋转时，处在小圆弧上的密封空间经过渡曲线而运动到大圆弧的过程中，叶片外伸，密封空间的容积增大，要吸入油液；再从大圆弧经过渡曲线运动到小圆弧的过程中，叶片被定子内壁逐渐压进槽内，密封空间容积变小，将油液

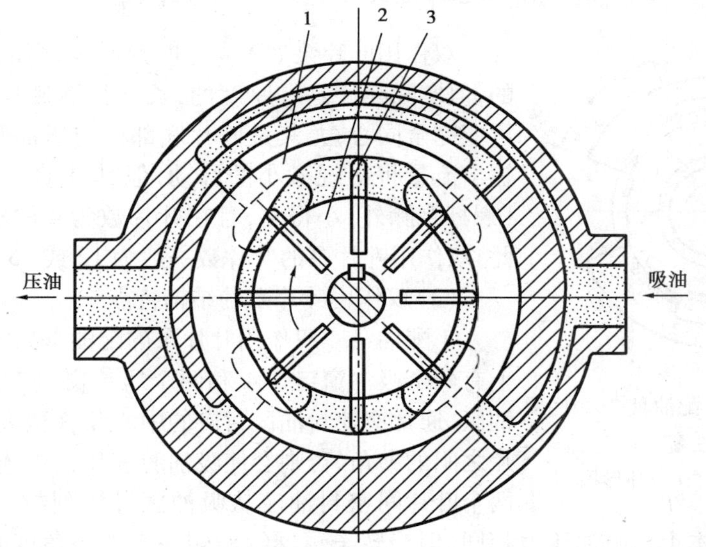

图2-13　双作用叶片泵的工作原理

1—定子；2—转子；3—叶片

从压油口压出，因而，当转子每转一周，每个工作空间要完成两次吸油和压油，所以称之为双作用叶片泵，这种叶片泵由于有两个吸油腔和两个压油腔，并且各自的中心夹角是对称的，所以作用在转子上的油液压力相互平衡，因此双作用叶片泵又称为卸荷式叶片泵，为了要使径向力完全平衡，密封空间数(即叶片数)应当是双数。

(2)双作用叶片泵的排量和流量计算

双作用叶片泵的排量计算简图如图 2-14 所示，由于转子在转一周的过程中，每个密封空间完成两次吸油和压油，所以当定子的大圆弧半径为 R，小圆弧半径为 r，定子宽度为 B，两叶片间的夹角为 $\beta=2\pi/z$ 弧度时，每个密封容积排出的油液体积为半径为 R 和 r、扇形角为 β、厚度为 B 的两扇形体积之差的两倍，因而在不考虑叶片的厚度和倾角时双作用叶片泵的排量为：

$$V' = 2z\frac{1}{2}\beta(R^2 - r^2)B = 2\pi(R^2 - r^2)B \quad (2\text{-}17)$$

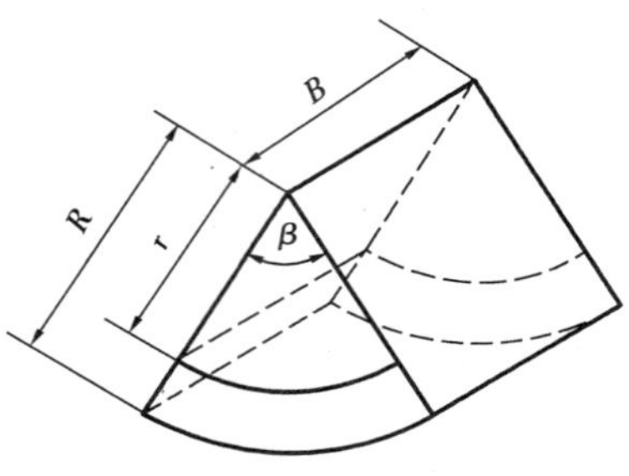

图 2-14　双作用叶片泵排量计算简图

一般在双作用叶片泵中，叶片底部全部接通压力油腔，因而叶片在槽中作往复运动时，叶片槽底部的吸油和压油不能补偿由于叶片厚度所造成的排量减小，为此双作用叶片泵当叶片厚度为 b、叶片安放的倾角为 θ 时的排量为：

$$V = 2\pi(R^2 - r^2)B - 2\frac{R\cdot r}{\cos\theta}bzB = 2B\left[\pi(R^2 - r^2) - \frac{R\cdot r}{\cos\theta}bz\right] \quad (2\text{-}18)$$

所以当双作用叶片泵的转数为 n，泵的容积效率为 η_v 时，泵的理论流量和实际输出流量分别为：

$$q_l = V_n = 2B\left[\pi(R^2 - r^2) - \frac{R\cdot r}{\cos\theta}bz\right]n \quad (2\text{-}19)$$

$$q = q_l\eta_v = 2B\left[\pi(R^2 - r^2) - \frac{R\cdot r}{\cos\theta}bz\right]n\eta_v \quad (2\text{-}20)$$

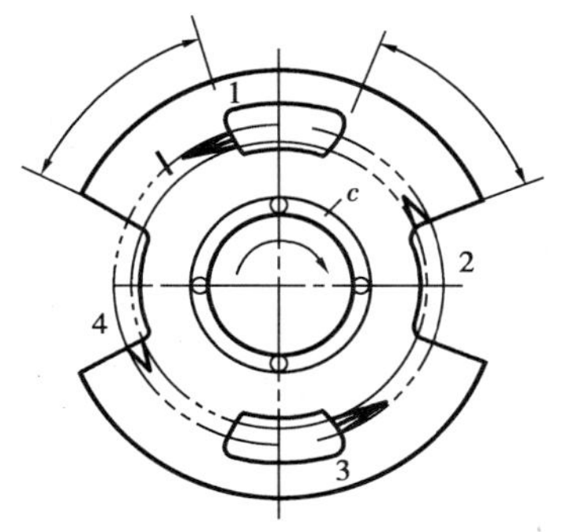

图 2-15　配油盘
1、3—压油窗口；
2、4—吸油窗口；c—环形槽

双作用叶片泵如不考虑叶片厚度，泵的输出流量是均匀的，但实际叶片是有厚度的，长半径圆弧和短半径圆弧也不可能完全同心，尤其是叶片底部槽与压油腔相通，因此泵的输出流量将出现微小的脉动，但其脉动率较其他形式的泵(螺杆泵除外)小得多，且在叶片数为 4 的整数倍时最小，为此，双作用叶片泵的叶片数一般为 12 或 16 片。

(3)双作用叶片泵的结构特点

①配油盘　双作用叶片泵的配油盘如图 2-15 所示，在盘上有两个吸油窗口 2、4 和两个压油窗口 1、3，窗口之间为封油区，通常应使封油区对应的中心角 β 稍大于或等于两个叶片之间的夹角，否则会使吸油腔和压油腔连通，造成泄漏，当两个叶片间密封油液从吸油区过渡到封油区(长半径圆弧处)时，其压力基本上与吸油压力相同，但当转子再继续旋转一个微小角度时，使该密封腔突然与压油腔相通，使其中油液压力突然升高，油液的体积突然收缩，压油腔中的油倒流进该腔，

使液压泵的瞬时流量突然减小,引起液压泵的流量脉动、压力脉动和噪声,为此在配油盘的压油窗口靠叶片从封油区进入压油区的一边开有一个截面形状为三角形的三角槽(又称眉毛槽),使两叶片之间的封闭油液在未进入压油区之前就通过该三角槽与压力油相连,其压力逐渐上升,因而缓减了流量和压力脉动,并降低了噪声。环形槽 c 与压油腔相通并与转子叶片槽底部相通,使叶片的底部作用有压力油。

②定子曲线　定子曲线是由四段圆弧和四段过渡曲线组成的。过渡曲线应保证叶片贴紧在定子内表面上,保证叶片在转子槽中径向运动时速度和加速度的变化均匀,使叶片对定子的内表面的冲击尽可能小。

过渡曲线如采用阿基米德螺旋线,则叶片泵的流量理论上没有脉动,可是叶片在大、小圆弧和过渡曲线的连接点处产生很大的径向加速度,对定子产生冲击,造成连接点处严重磨损,并发生噪声。在连接点处用小圆弧进行修正,可以改善这种情况,在较为新式的泵中采用"等加速—等减速"曲线,如图2-16(a)所示。这种曲线的极坐标方程为:

$$\rho = r + \frac{2(R-r)}{\alpha^2}\theta^2 \quad \left(0 < \theta < \frac{\alpha}{2}\right)$$

$$\rho = 2r - R + \frac{4(R-r)}{\alpha^2}\left(\theta - \frac{\theta^2}{2\alpha}\right) \quad \left(\frac{\alpha}{2} < \theta < \alpha\right) \tag{2-21}$$

式中符号见图2-16所示。

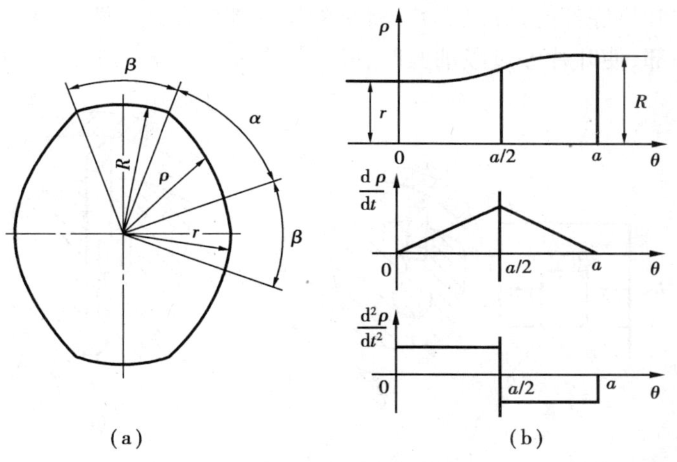

图2-16　定子的过渡曲线

由式(2-21)可求出叶片的径向速度 $\mathrm{d}\rho/\mathrm{d}t$ 和径向加速度$\frac{\mathrm{d}^2\rho}{\mathrm{d}t^2}$,可知:当$0<\theta<\frac{\alpha}{2}$时,叶片的径向加速度为等加速度,当$\frac{\alpha}{2}<\theta<\alpha$ 时等减速。由于叶片的速度变化均匀,故不会对定子内表面产生很大的冲击,但是,在 $\theta=0$、$\theta=\frac{\alpha}{2}$和 $\theta=\alpha$ 处,叶片的径向加速度仍有突变,还会产生一些冲击,如图2-16(b)所示。所以在国外有些叶片泵上采用了三次以上的高次曲线作为过渡曲线。

③叶片的倾角　叶片在工作过程中,受离心力和叶片根部压力油的作用,使叶片和定子紧密接触。当叶片转至压油区时,定子内表面迫使叶片推向转子中心,它的工作情况和凸轮相似,叶片与定子内表面接触有一压力角为 β,且大小是变化的,其变化规律与叶片径向速度变

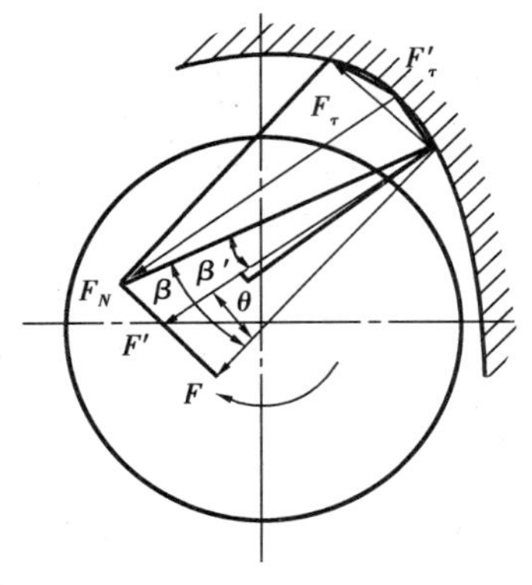

图 2-17　双作用叶片泵叶片受力分析图

化规律相同，即从零逐渐增加到最大，又从最大逐渐减小到零，因而在双作用叶片泵中，将叶片顺着转子回转方向前倾一个 θ 角，使压力角减小到 β'，这样就可以减小侧向力 F_T，使叶片在槽中移动灵活，并可减少磨损，如图 2-17 所示，根据双作用叶片泵定子内表面的几何参数，其压力角的最大值 $\beta_{max} \approx 24°$。一般取 $\theta = \frac{1}{2}\beta_{max}$，因而叶片泵叶片的倾角 θ 一般为 10°～14°。YB 型叶片泵叶片相对于转子径向连线前倾 13°。但近年的研究表明，叶片倾角并非完全必要，某些高压双作用叶片泵的转子槽是径向的，且使用情况良好。

(4)提高双作用叶片泵压力的措施

由于一般双作用叶片泵的叶片底部通压力油，就使得处于吸油区的叶片顶部和底部的液压作用力不平衡，叶片顶部以很大的压紧力抵在定子吸油区的内表面上，使磨损加剧，影响叶片泵的使用寿命，尤其是工作压力较高时，磨损更严重，因此吸油区叶片两端压力不平衡，限制了双作用叶片泵工作压力的提高。所以在高压叶片泵的结构上必须采取措施，使叶片压向定子的作用力减小。常用的措施有：

①减小作用在叶片底部的油液压力　将泵的压油腔的油通过阻尼槽或内装式小减压阀通到吸油区的叶片底部，使叶片经过吸油腔时，叶片压向定子内表面的作用力不致过大。

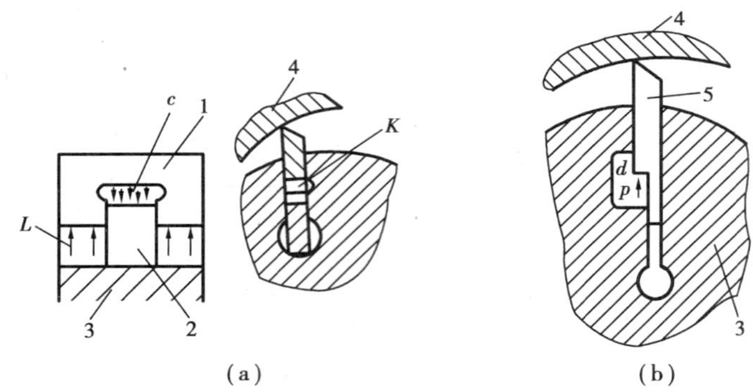

图 2-18　减小叶片作用面积的高压叶片泵叶片结构

1—母叶片；2—子叶片；3—转子；4—定子；5—叶片

②减小叶片底部承受压力油作用的面积　叶片底部受压面积为叶片的宽度和叶片厚度的乘积，因此减小叶片的实际受力宽度和厚度，就可减小叶片受压面积。

减小叶片实际受力宽度结构如图 2-18(a)所示，这种结构中采用了复合式叶片(亦称子母叶片)，叶片分成母叶片 1 与子叶片 2 两部分。通过配油盘使 K 腔总是接通压力油，引入母子叶片间的小腔 c 内，而母叶片底部 L 腔，则借助于虚线所示的油孔，始终与顶部油液压力相同。这样，无论叶片处在吸油区还是压油区，母叶片顶部和底部的压力油总是相等的，当叶片处在吸油腔时，只有 c 腔的高压油作用而压向定子内表面，减小了叶片和定子内表面间的作用力。图 2-18(b)所示的为阶梯片结构，在这里，阶梯叶片和阶梯叶片槽之间的油室 d 始终和压力油相通，而叶片的底部和所在腔相通。这样，叶片在 d 室内油液压力作用下压向定子表面，由于作用面积减小，使其作用力不致太大，但这种结构的工艺性较差。

③使叶片顶端和底部的液压作用力平衡　图2-19(a)所示的泵采用双叶片结构，叶片槽中有两个可以作相对滑动的叶片1和2，每个叶片都有一棱边与定子内表面接触，在叶片的顶部形成一个油腔 a，叶片底部油腔 b 始终与压油腔相通，并通过两叶片间的小孔 c 与油腔 a 相连通，因而使叶片顶端和底部的液压作用力得到平衡。适当选择叶片顶部棱边的宽度，可以使叶片对定子表面既有一定的压紧力，又不致使该力过大。为了使叶片运动灵活，对零件的制造精度将提出较高的要求。

图2-19(b)所示为叶片装弹簧的结构，这种结构叶片1较厚，顶部与底部有孔相通，叶片底部的油液是由叶片顶部经叶片的孔引入的，因此叶片上下油腔油液的作用力基本平衡，为使叶片紧贴定子内表面，保证密封，在叶片根部装有弹簧。

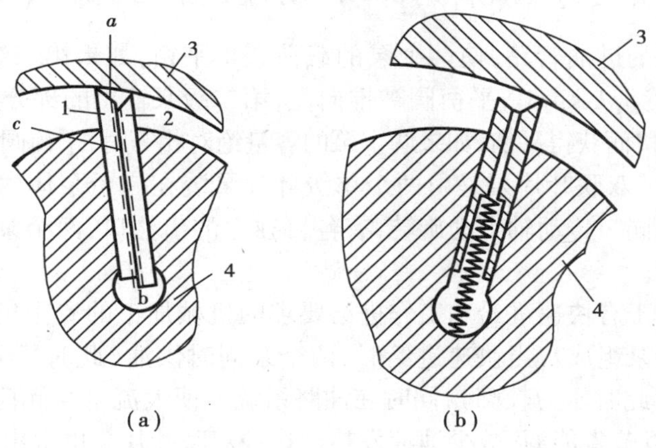

图2-19　叶片液压力平衡的高压叶片泵叶片结构

1、2—叶片；3—定子；4—转子

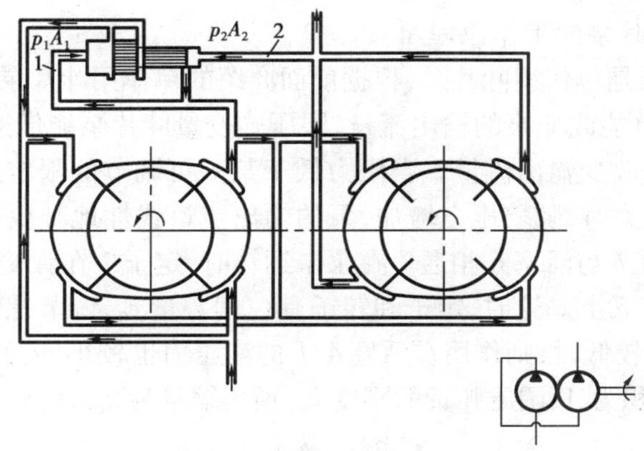

图2-20　双级叶片泵的工作原理

1、2—管路

3. 双级叶片泵和双联叶片泵

(1)双级叶片泵　为了要得到较高的工作压力，也可以不用高压叶片泵，而用双级叶片泵，双级叶片泵是由两个普通压力的单级叶片泵装在一个泵体内在油路上串接而成的，如果单级泵的压力可达7.0 MPa，双级泵的工作压力就可达14.0 MPa。

双级叶片泵的工作原理如图 2-20 所示，两个单级叶片泵的转子装在同一根传动轴上，当传动轴回转时就带动两个转子一起转动。第一级泵经吸油管从油箱吸油，输出的油液就送入第二级泵的吸油口，第二级泵的输出油液经管路送往工作系统。设第一级泵输出压力为 p_1，第二级泵输出压力为 p_2。正常工作时 $p_2=2p_1$。但是由于两个泵的定子内壁曲线和宽度等不可能做得完全一样，两个单级泵每转一周的容量就不可能完全相等。如查第二级泵每转一周的容量大于第一级泵，第二级泵的吸油压力（也就是第一级泵的输出压力）就要降低，第二级泵前后压力差就加大，因此载荷就增大，反之，第一级泵的载荷就增大，为了平衡两个泵的载荷，在泵体内设有载荷平衡阀。第一级泵和第二级泵的输出油路分别经管路 1 和 2 通到平衡阀的大滑阀和小滑阀的端面，两滑阀的面积比 $A_1/A_2=2$。如第一级泵的流量大于第二级时，油液压力 p_1 就增大，使 $p_1>\frac{1}{2}p_2$，因此 $p_1A_1>p_2A_2$，平衡阀被推向右，第一级泵的多余油液从管路 1 经阀口流回第一级泵的进油管路，使两个泵的载荷获得平衡，如果第二级泵流量大于第一级时，油压 p_1 就降低，使 $p_1A_1<p_2A_2$，平衡阀被推向左，第二级泵输出的部分油液从管路 2 经阀口流回第二级泵的进油口而获得平衡，如果两个泵的容量绝对相等时，平衡阀两边的阀口都封闭。

（2）双联叶片泵　双联叶片泵是由两个单级叶片泵装在一个泵体内在油路上并联组成。两个叶片泵的转子由同一传动轴带动旋转，有各自独立的出油口，两个泵可以是相等流量的，也可以是不等流量的。

双联叶片泵常用于有快速进给和工作进给要求的机械加工的专用机床中，这时双联泵由一小流量和一大流量泵组成。当快速进给时，两个泵同时供油（此时压力较低），当工作进给时，由小流量泵供油（此时压力较高），同时在油路系统上使大流量泵卸荷，这与采用一个高压大流量的泵相比，可以节省能源，减少油液发热。这种双联叶片泵也常用于机床液压系统中需要两个互不影响的独立油路中。

4. 限压式变量叶片泵

（1）限压式变量叶片泵的工作原理

限压式变量叶片泵是单作用叶片泵，根据前面介绍的单作用叶片泵的工作原理，改变定子和转子间的偏心距 e，就能改变泵的输出流量，限压式变量叶片泵能借助输出压力的大小自动改变偏心距 e 的大小来改变输出流量。当压力低于某一可调节的限定压力时，泵的输出流量最大；压力高于限定压力时，随着压力增加，泵的输出流量线性地减少，其工作原理如图 2-21 所示。泵的出口经通道 7 与活塞 6 相通。在泵未运转时，定子 2 在弹簧 9 的作用下，紧靠活塞 4，并使活塞 4 靠在螺钉 5 上。这时，定子和转子有一偏心量 e_0，调节螺钉 5 的位置，便可改变 e_0。当泵的出口压力 p 较低时，则作用在活塞 4 上的液压力也较小，若此液压力小于上端的弹簧作用力，当活塞的面积为 A、调压弹簧的刚度 k_s、预压缩量为 x_0 时，有：

$$pA < k_s x_0 \tag{2-22}$$

此时，定子相对于转子的偏心量最大，输出流量最大。随着外负载的增大，液压泵的出口压力 p 也将随之提高，当压力升至与弹簧力相平衡的控制压力 p_B 时，有：

$$p_B A = k_s x_0 \tag{2-23}$$

当压力进一步升高，使 $pA>k_s x_0$，这时，若不考虑定子移动时的摩擦力，液压作用力就要克服弹簧力推动定子向上移动，随之泵的偏心量减小，泵的输出流量也减小。p_B 称为泵的限定压力，即泵处于最大流量时所能达到的最高压力，调节调压螺钉 10，可改变弹簧的预压缩量 x_0 即可

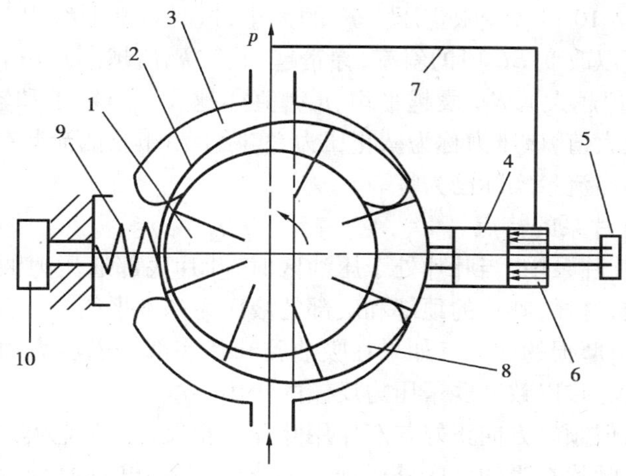

图 2-21　限压式变量叶片泵的工作原理

1—转子;2—定子;3—吸油窗口;4—活塞;5—螺钉;6—活塞腔;
7—通道;8—压油窗口;9—调压弹簧;10—调压螺钉

改变 p_B 的大小。

设定子的最大偏心量为 e_0,偏心量减小时,弹簧的附加压缩量为 x,则定子移动后的偏心量 e 为:

$$e = e_0 - x \tag{2-24}$$

这时,定子上的受力平衡方程式为:

$$pA = k_s(x_0 + x) \tag{2-25}$$

将式(2-23)、式(2-25)代入式(2-24)可得:

$$e = e_0 - A(p - p_B)/k_s(p \geqslant p_B) \tag{2-26}$$

式(2-26)表示了泵的工作压力与偏心量的关系,由式可以看出,泵的工作压力愈高,偏心量就愈小,泵的输出流量也就愈小,且当 $p=ks(e_0+x_0)/A$ 时,泵的输出流量为零,控制定子移动的作用力是将液压泵出口的压力油引到柱塞上,然后再加到定子上去,这种控制方式称为外反馈式。

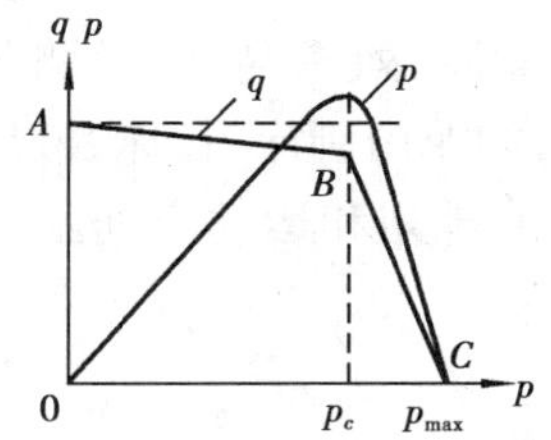

图 2-22　限压式变量叶片泵的特性曲线

(2)限压式变量叶片泵的特性曲线

限压式变量叶片泵在工作过程中,当工作压力 p 小于预先调定的限定压力 p_c 时,液压作用力不能克服弹簧的预紧力,这时定子的偏心距保持最大不变,因此泵的输出流量 q_A 不变,但由于供油压力增大时,泵的泄漏流量 p_l 也增加,所以泵的实际输出流量 q 也略有减少,如图 2-22 限压式变量叶片泵的特性曲线中的 AB 段所示。

调节流量调节螺钉 5(见图 2-21)可调节最大偏心量(初始偏心量)的大小。从而改变泵的最大输出流量 q_A,特性曲线 AB 段上下平移,当泵的供油压力 p 超过预先调整的压力 p_B 时,液压作用力大于弹簧的预紧力,此时弹簧受压缩定子向偏心量减小的方向移动,使泵的输出流量减小,压力愈高,弹簧压缩量愈大,偏心量愈小,输出流量愈小,其变化规律如特性曲线 BC

段所示。调节调压弹簧 10 可改变限定压力 p_c 的大小，这时特性曲线 BC 段左右平移，而改变调压弹簧的刚度时，可以改变 BC 段的斜率，弹簧越“软”（k_s 值越小），BC 段越陡，p_{max} 值越小；反之，弹簧越“硬”（k_s 值越大），BC 段越平坦，p_{max} 值亦越大。当定子和转子之间的偏心量为零时，系统压力达到最大值，该压力称为截止压力，实际上由于泵的泄漏存在，当偏心量尚未达到零时，泵向系统的输出流量实际已为零。

（3）限压式变量叶片泵的特点

①在限压式变量叶片泵中，当叶片处于压油区时，叶片底部通压力油，当叶片处于吸油区时，叶片底部通吸油腔，这样，叶片的顶部和底部的液压力基本平衡，这就避免了定量叶片泵在吸油区定子内表面严重磨损的问题。如果在吸油腔叶片底部仍通压力油，叶片顶部就会给定子内表面以较大的摩擦力，以致减弱了压力反馈的作用。

②叶片也有倾角，但倾斜方向正好与双作用叶片泵相反，这是因为限压式变量叶片泵的叶片上下压力是平衡的，叶片在吸油区向外运动主要依靠其旋转时的离心惯性作用。根据力学分析，这样的倾斜方向更有利于叶片在离心惯性作用下向外伸出。

③限压式变量叶片泵结构复杂，轮廓尺寸大，相对运动的机件多，泄漏较大，轴上承受不平衡的径向液压力，噪声较大，容积效率和机械效率都没有定量叶片泵高；但是，它能按负载压力自动调节流量，在功率使用上较为合理，可减少油液发热。

限压式变量叶片泵对既要实现快速行程，又要实现工作进给（慢速移动）的执行元件来说是一种合适的油源：快速行程需要大的流量，负载压力较低，正好使用特性曲线的 AB 段，工作进给时负载压力升高，需要流量减少，正好使用其特性曲线的 BC 段，因而合理调整拐点压力 p_B 是使用该泵的关键。目前这种泵被广泛用于要求执行元件有快速、慢速和保压阶段的中低压系统中，有利于节能和简化回路。

四、柱塞泵

柱塞泵是靠柱塞在缸体中作往复运动造成密封容积的变化来实现吸油与压油的液压泵，与齿轮泵和叶片泵相比，这种泵有许多优点。首先，构成密封容积的零件为圆柱形的柱塞和缸孔，加工方便，可得到较高的配合精度，密封性能好，在高压工作仍有较高的容积效率；第二，只需改变柱塞的工作行程就能改变流量，易于实现变量；第三，柱塞泵中的主要零件均受压应力作用，材料强度性能可得到充分利用。由于柱塞泵压力高，结构紧凑，效率高，流量调节方便，故在需要高压、大流量、大功率的系统中和流量需要调节的场合，如龙门刨床、拉床、液压机、工程机械、矿山冶金机械、船舶上得到广泛的应用。柱塞泵按柱塞的排列和运动方向不同，可分为径向柱塞泵和轴向柱塞泵两大类。

1. 径向柱塞泵

（1）径向柱塞泵的工作原理

径向柱塞泵的工作原理如图 2-23 所示，柱塞 1 径向排列装在缸体 2 中，缸体由原动机带动连同柱塞 1 一起旋转，所以缸体 2 一般称为转子，柱塞 1 在离心力的（或在低压油）作用下抵紧定子 4 的内壁，当转子按图示方向回转时，由于定子和转子之间有偏心距 e，柱塞绕经上半周时向外伸出，柱塞底部的容积逐渐增大，形成部分真空，因此便经过衬套 3（衬套 3 是压紧在转子内，并和转子一起回转）上的油孔从配油孔 5 和吸油口 b 吸油；当柱塞转到下半周时，定子内壁将柱塞向里推，柱塞底部的容积逐渐减小，向配油轴的压油口 c 压油，当转子回转一周时，每个柱塞底部的密封容积完成一次吸压油，转子连续运转，即完成压吸油工作。配油轴固定不动，油液从配油轴上半部的两个孔 a 流入，从下半部两个油孔 d 压出，为了进行配油，配油轴在和衬套 3 接触的一段加工出上下两个缺口，形成吸油口 b 和压油口 c，留下的部分形成封油区。封油区的宽度应能封住衬套上的吸压油孔，以防吸油口和压油口相连通，但尺寸也不能大得太多，以免产生困油现象。

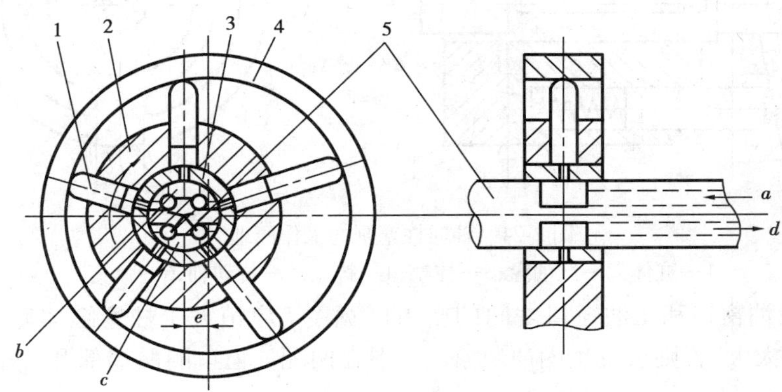

图 2-23　径向柱塞泵的工作原理

1—柱塞；2—缸体；3—衬套；4—定子；5—配油轴

(2)径向柱塞泵的排量和流量计算

当转子和定子之间的偏心距为 e 时，柱塞在缸体孔中的行程为 $2e$，设柱塞个数为 z，直径为 d 时，泵的排量为：

$$V = \frac{\pi}{4}d^2 2ez \tag{2-27}$$

设泵的转数为 n，容积效率为 η_V，则泵的实际输出流量为：

$$q = \frac{\pi}{4}d^2 2ezn\eta_V = \frac{\pi}{2}d^2 \cdot ezn\eta_V \tag{2-28}$$

2. 轴向柱塞泵

轴向柱塞泵是将多个柱塞配置在一个共同缸体的圆周上，并使柱塞中心线和缸体中心线平行的一种泵。轴向柱塞泵有两种形式，直轴式(斜盘式)和斜轴式(摆缸式)。

(1)直轴式轴向柱塞泵

①直轴式轴向柱塞泵工作原理

如图 2-24 所示为直轴式轴向柱塞泵的工作原理，这种泵主体由缸体 1、配油盘 2、柱塞 3 和斜盘 4 组成。柱塞沿圆周均匀分布在缸体内。斜盘轴线与缸体轴线倾斜一角度，柱塞靠机械装置或在低压油作用下压紧在斜盘上(图中为弹簧)，配油盘 2 和斜盘 4 固定不转，当原动机通过传动轴使缸体转动时，由于斜盘的作用，迫使柱塞在缸体内作往复运动，并通过配油盘的配油窗口进行吸油和压油。如图 2-24 中所示回转方向，当缸体转角在 $\pi \sim 2\pi$ 范围内，柱塞向外伸出，柱塞底部缸孔的密封工作容积增大，通过配油盘的吸油窗口吸油；在 $0 \sim \pi$ 范围内，柱塞被斜盘推入缸体，使缸孔容积减小，通过配油盘的压油窗口压油。缸体每转一周，每个柱塞各完成吸、压油一次，如改变斜盘倾角 γ，就能改变柱塞行程的长度，即改变液压泵的排量，改变斜盘倾角方向，就能改变吸油和压油的方向，即成为双向变量泵。

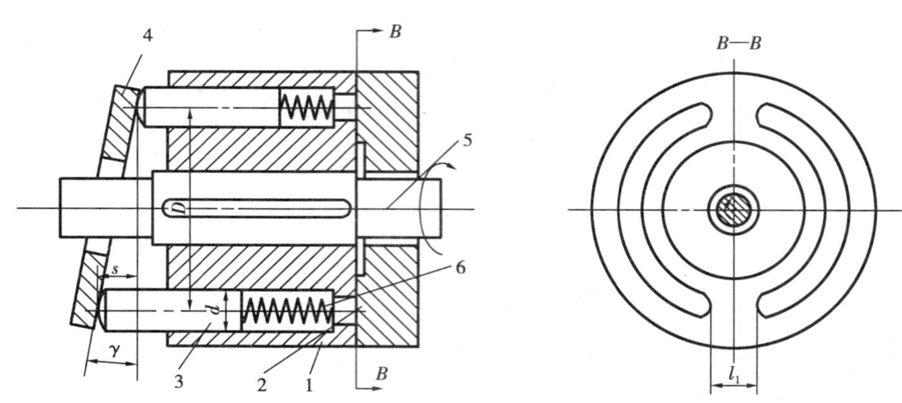

图 2-24 轴向柱塞泵的工作原理

1—缸体;2—配油盘;3—柱塞;4—斜盘;5—传动轴;6—弹簧

配油盘上吸油窗口和压油窗口之间的密封区宽度 l 应稍大于柱塞缸体底部通油孔宽度 $l1$。但不能相差太大,否则会发生困油现象。一般在两配油窗口的两端部开有小三角槽,以减小冲击和噪声。

斜轴式轴向柱塞泵的缸体轴线相对传动轴轴线成一倾角,传动轴端部用万向铰链、连杆与缸体中的每个柱塞相联结,当传动轴转动时,通过万向铰链、连杆使柱塞和缸体一起转动,并迫使柱塞在缸体中作往复运动,借助配油盘进行吸油和压油。这类泵的优点是变量范围大,泵的强度较高,但和上述直轴式相比,其结构较复杂,外形尺寸和重量均较大。

轴向柱塞泵的优点是:结构紧凑、径向尺寸小,惯性小,容积效率高,目前最高压力可达 40.0 MPa,甚至更高,一般用于工程机械、压力机等高压系统中,但其轴向尺寸较大,轴向作用力也较大,结构比较复杂。

②轴向柱塞泵的排量和流量计算

见图 2-24,柱塞的直径为 d,柱塞分布圆直径为 D,斜盘倾角为 γ 时,柱塞的行程为 $s=D\tan\gamma$,所以当柱塞数为 z 时,轴向柱塞泵的排量为:

$$V=\pi d^2 D\tan\gamma z/4 \tag{2-29}$$

设泵的转数为 n,容积效率为 η_V 则泵的实际输出流量为:

$$q=\pi d^2 D\tan\gamma zn\eta_V/4 \tag{2-30}$$

实际上,由于柱塞在缸体孔中运动的速度不是恒速的,因而输出流量是有脉动的,当柱塞数为奇数时,脉动较小,且柱塞数多脉动也较小,因而一般常用的柱塞泵的柱塞个数为 7、9 或 11。

③直轴式轴向柱塞泵的典型结构

图 2-25 所示为一种直轴式轴向柱塞泵的结构。柱塞的球状头部装在滑履 4 内,以缸体作为支撑的弹簧 9 通过钢球推压回程盘 3,回程盘和柱塞滑履一同转动。在排油过程中借助斜盘 2 推动柱塞作轴向运动;在吸油时依靠回程盘、钢球和弹簧组成的回程装置将滑履紧紧压在斜盘表面上滑动,弹簧 9 一般称之为回程弹簧,这样的泵具有自吸能力。在滑履与斜盘相接触的部分有一油室,它通过柱塞中间的小孔与缸体中的工作腔相连,压力油进入油室后在滑履与斜盘的接触面间形成了一层油膜,起着静压支承的作用,使滑履作用在斜盘上的力大大减小,因而磨损也减小。传动轴 8 通过左边的花键带动缸体 6 旋转,由于滑履 4 贴紧在斜盘表面上,柱塞在随缸体旋转的同时在缸体中作往复运动。缸体中柱塞底部的密封工作容积是通过配油

盘7与泵的进出口相通的。随着传动轴的转动,液压泵就连续地吸油和排油。

由式(2-30)可知,若要改变轴向柱塞泵的输出流量,只要改变斜盘的倾角,即可改变轴向柱塞泵的排量和输出流量,下面介绍常用的轴向柱塞泵的手动变量和伺服变量机构的工作原理。

手动变量机构　如图2-25所示,转动手轮1,使丝杠12转动,带动变量活塞11作轴向移动(因导向键的作用,变量活塞只能作轴向移动,不能转动)。通过轴销10使斜盘2绕变量机构壳体上的圆弧导轨面的中心(即钢球中心)旋转。从而使斜盘倾角改变,达到变量的目的。当流量达到要求时,可用锁紧螺母13锁紧。这种变量机构结构简单,但操纵不轻便,且不能在工作过程中变量。

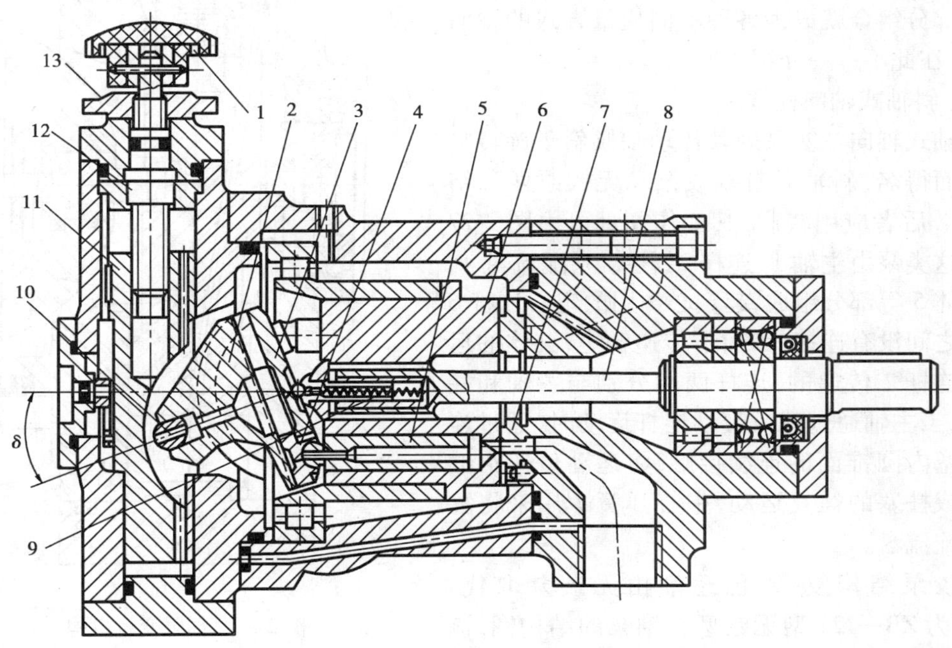

图2-25　直轴式向柱塞泵结构

1—转动手轮;2—斜盘;3—回程盘;4—滑履;5—柱塞;6—缸体;7—配油盘;8—传动轴
9—弹簧;10—轴销;11—变量活塞;12—丝杠;13—锁紧螺母

伺服变量机构　图2-26所示为轴向柱塞泵的伺服变量机构,以此机构代替图2-24所示轴向柱塞泵中的手动变量机构,就成为手动伺服变量泵。其工作原理为:泵输出的压力油由通道经单向阀 α 进入变量机构壳体的下腔 d,液压力作用在变量活塞4的下端。当与伺服阀阀芯1相连结的拉杆不动时(图示状态),变量活塞4的上腔 g 处于封闭状态,变量活塞不动,斜盘3在某一相应的位置上。当使拉杆向下移动时,推动阀芯1一起向下移动,d 腔的压力油经通道 e 进入上腔 g。由于变量活塞上端的有效面积大于下端的有效面积,向下的液压力大于向上的液压,故变量活塞4也随之向下移动,直到将通道 e 的油口封闭为止。变量活塞的移动量等于拉杆的位移量、当变量活塞向下移动时,通过轴销带动斜盘3摆动,斜盘倾斜角增加,泵的输出流入随之增加;当拉杆带动伺服阀阀芯向上运动时,阀芯将通道 f 打开,上腔 g 通过卸压通道接通油箱而压,变量活塞向上移动,直到阀芯将卸压通道关闭为止。它的移动量也等于拉杆的移动量。这时斜盘也被带动作相应的摆动,使倾斜角减小,泵的流量也随之相应地减小。由上述可知，伺服变量机构是通过操作液压伺服阀动作，利用泵输出的压力油推动变量活塞来实现变量的。故加在拉杆上的力很小，控制灵敏。拉杆可用手动方式或机械方式操作，斜盘可以倾斜±18°，故在工作过程中泵的吸压油方向可以变换，因而这种泵就成为双向变量液压泵。除了以上介绍的两种变量机构以外，轴向柱塞泵还有很多种变量机构。如：恒功率变量机构、恒压变量机构、恒流量变量机构等，这些变量机构与轴向柱塞泵的泵体部分组合就成为各种不同变量方式的轴向柱塞泵，在此不一一介绍。

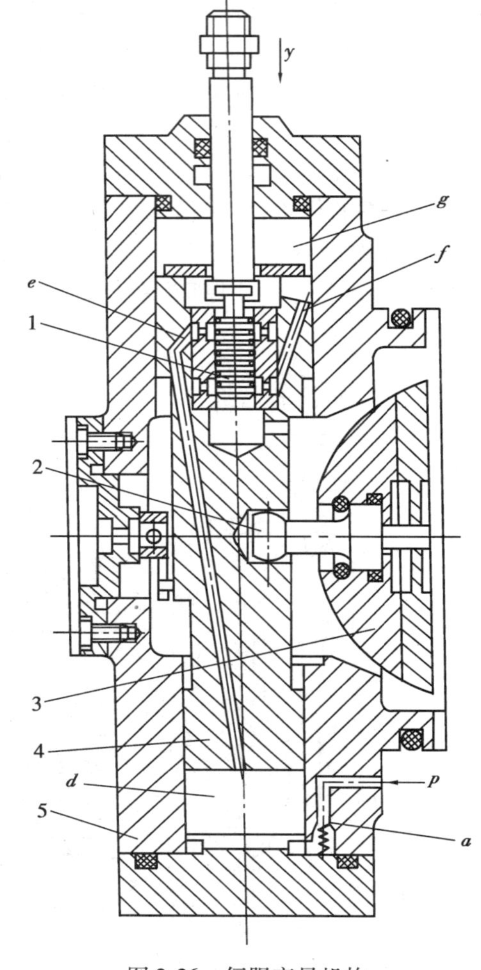

图 2-26　伺服变量机构
1—阀芯；2—铰链；3—斜盘
4—活塞；5—壳体

（2）斜轴式轴向柱塞泵

斜轴式轴向柱塞泵因其传动轴倾斜于旋转缸体轴线而得名，斜轴泵有双铰泵和无铰泵两种结构形式。后者应用较广，其工作原理可由图 2-27 说明。这类泵由主轴 1、连杆 2、柱塞 3、配流盘 4、旋转缸体 5 等部分组成，起定心作用的定心连杆 6 和缸体之间没有连接，因而不传递转矩，缸体的运动是由连杆 2 传递的，连杆两端分别与主轴和柱塞铰接，当主轴通过球铰带动连杆运动时，通过连杆和柱塞内圆锥面的连续接触，将运动传递给缸体以造成柱塞的往复运动，中心弹簧 7 用来将缸体压向配流盘。

双铰泵结构复杂，已逐渐由无铰泵取代。图 2-28 为 ZB—125 型无铰型斜轴泵的结构图，该类泵用于 MXA—300 和 MG—300 型采煤机牵引部。

主轴 1 由装在轴承座中的轴承支承，主轴一端的圆盘端面上均布七个球铰窝，连杆 2 通过其端头的球头铰接在球窝中，中心销轴 5 的球头铰接在主轴圆盘中心的球窝中，而其左端则支承在后盖 7 的滚针轴承上，旋转缸体 4 即支承在中心销轴上。由于采用了这种结构而取消了支承缸体的轴承及作为轴承座的外壳，使结构简化并减小了泵的径向尺寸。后泵体 6 上有两条通道，分别与配流盘 8 上的腰槽及进排油口相通。当推动旋转缸体绕进排油口轴线转动时，由于旋转缸体和泵轴轴线夹角 γ 的改变而使柱塞行程改变，从而达到改变油泵排量的目的，γ 角可在±25°范围内变化。

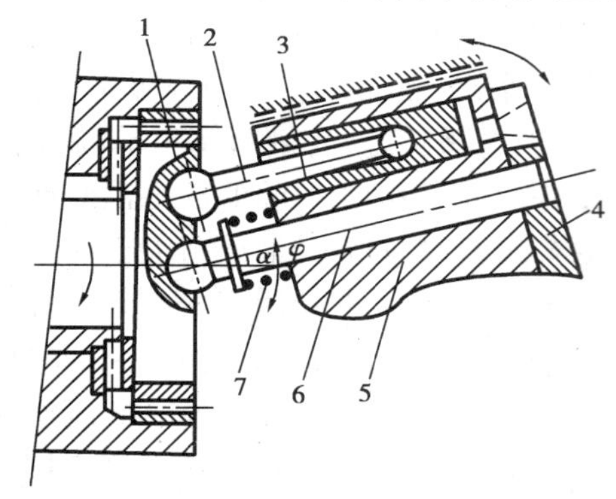

图 2-27　斜轴式轴向柱塞泵

与斜盘式轴向柱塞泵比较，斜轴式轴向往塞泵其柱塞承受侧向力小且抗冲击性能好、抗污染性能高、强度大、工作可靠且排量调节范围大，在矿山机械中得到了广泛应用。

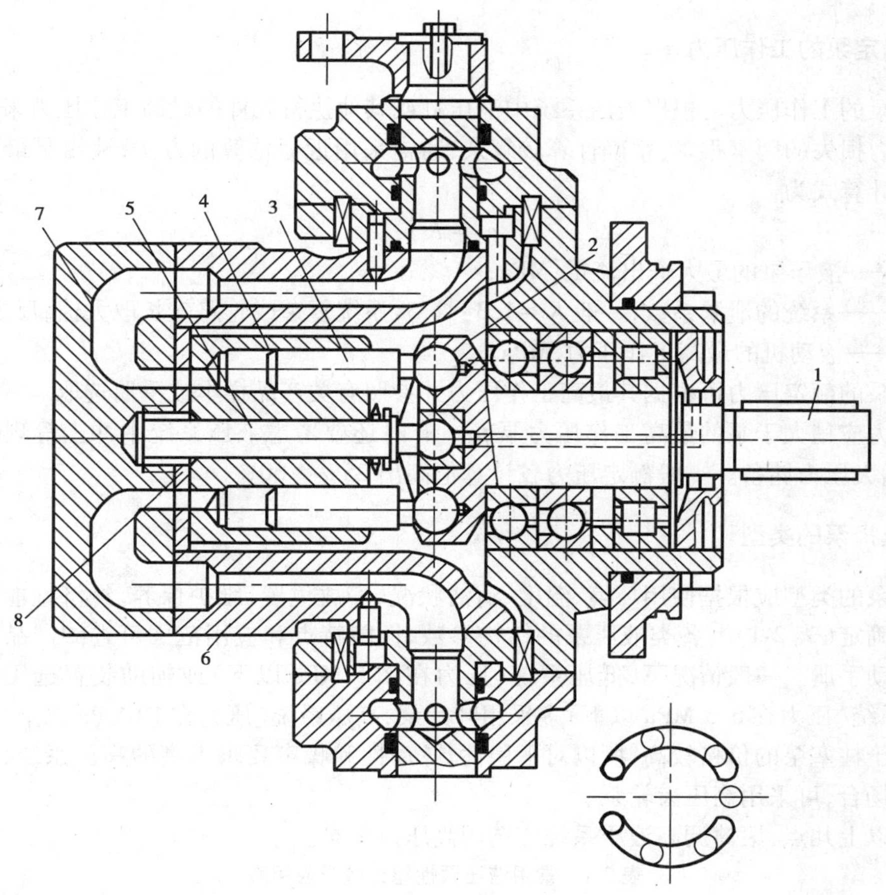

图2-28　斜轴式轴向柱塞泵的结构

1—主轴；2—连杆；3—柱塞；4—缸体；5—中心销轴；6—后泵体；7—后盖；8—配流盘

任务实施

给滚筒调高液压系统选用合适的液压泵。

选择液压泵主要是根据工况要求确定液压泵的输出流量、工作压力和结构类型。

一、确定泵的输出流量

液压泵的输出流量可根据液压系统中各回路实际所需要的最大流量和泄漏量来确定，其计算式为

$$q_b = K_l q_z \tag{2-31}$$

式中　q_b——液压泵的最大输出流量，m^3/s；

K_l——系统的泄漏系数，一般 $K_l = 1.1 \sim 1.3$，系统复杂或管路较长取大值，反之取小值；

q_z——液动机实际需要的最大流量，m^3/s。

液压泵的额定流量可根据其最大输出流量，并参照有关产品样本或手册选取。一般泵的

额定流量稍大于泵的最大输出流量 q_b。

二、确定泵的工作压力

液压泵的工作压力可根据液压系统中液压缸或其他执行元件的最高工作压力来确定。由于影响压力损失的因素很多，精确计算较复杂，通常采用近似估算的方法，液压泵最高工作压力的近似计算式为

$$p_b = K_y p_z \tag{2-32}$$

式中 p_b——液压泵的最大输出流量，MPa；

K_y——系统的泄漏系数，一般 $K_l = 1.3 \sim 1.5$，系统复杂或管路较长取大值，反之取小值；

p_z——液动机的最高工作压力，MPa。

液压泵的额定压力可根据其最高工作压力并参照有关产品样本或手册选取。一般泵的额定工作压力应稍大于泵的最高工作压力泵 p_b。有时还要考虑液压系统中冲击等现象产生的附加力，增大压力储备。一般额定压力较计算值高出 25% ~60% 。

三、选择泵的类型

液压泵的类型应根据使用环境、温度、清洁状况、安放位置、维护保养、经济性能等方面进行比较后确定(表 2-1)。各类液压泵的结构参数、性能特点和应用范围可查阅产品样本或有关液压传动手册。一般情况下，低压系统(压力在 2.5 MPa 以下)或辅助装置选用低压齿轮泵，中压系统(压力在 6.3 MPa 以下)多采用叶片泵，高压系统(压力在 10 MPa 以上)多选用柱塞泵。由于柱塞泵的价格较高，所以对平稳性、脉动性和噪声要求不高的高压系统，或工作环境较差的场合，可采用高压齿轮泵。

依据以上几点，滚筒调高液压系统应选用高压齿轮泵。

表 2-1　常用液压泵性能比较及应用表

性能 \ 类型	外啮合齿轮泵	双作用叶片泵	限压式变量叶片泵	轴向柱塞泵	径向柱塞泵	螺杆泵
工作压力/MPa	<20	6.3 ~ 21	≤7	20 ~ 35	10 ~ 20	<10
转速范围/($r \cdot min^{-1}$)	300 ~ 7 000	500 ~ 4 000	500 ~ 2 000	600 ~ 6 000	700 ~ 1 800	1 000 ~ 18 000
容积效率	0.70 ~ 0.95	0.80 ~ 0.95	0.80 ~ 0.90	0.90 ~ 0.98	0.85 ~ 0.95	0.75 ~ 0.95
总效率	0.60 ~ 0.85	0.75 ~ 0.85	0.70 ~ 0.85	0.85 ~ 0.95	0.75 ~ 0.92	0.70 ~ 0.85
功率质量比	中等	中等	小	大	小	中等
流量脉动率	大	小	中等	中等	中等	很小
自吸特性	好	较差	较差	较差	差	好
对油污染敏感性	不敏感	敏感	敏感	敏感	敏感	不敏感
噪声	大	小	较大	大	大	小
寿命	较短	较长	较短	长	长	很长
单位功率造价	最低	中等	较高	高	高	较高

续表

性能＼类型	外啮合齿轮泵	双作用叶片泵	限压式变量叶片泵	轴向柱塞泵	径向柱塞泵	螺杆泵
应用范围	机床、工程机械、农机、航空、船舶、一般机械	机床、注塑机、液压机、起重运输机、工程机械、飞机	机床、注塑机	工程机械、锻压机械、起重机械、矿山机械、冶金机械、船舶、飞机	机床、液压机、船舶机械	精密机床、精密机械、食品、化工、石油、纺织等机械

知识拓展

一、液压泵的噪声

噪声对人们的健康十分有害，随着工业生产的发展，工业噪声对人们的影响越来越严重，已引起人们的关注。目前液压技术向着高压、大流量和高功率的方向发展，产生的噪声也随之增加，而在液压系统中的噪声，液压泵的噪声占有很大的比重。因此，研究减小液压系统的噪声，特别是液压泵的噪声，已引起液压界广大工程技术人员、专家学者的重视。

液压泵的噪声大小和液压泵的种类、结构、大小、转速以及工作压力等很多因素有关。

1. 产生噪声的原因

(1)泵的流量脉动和压力脉动，造成泵构件的振动。这种振动有时还可产生谐振。谐振频率可以是流量脉动频率的2倍、3倍或更大，泵的基本频率及其谐振频率若和机械的或液压的自然频率相一致，则噪声便大大增加。研究结果表明，转速增加对噪声的影响一般比压力增加还要大。

(2)泵的工作腔从吸油腔突然和压油腔相通，或从压油腔突然和吸油腔相通时，产生的油液流量和压力突变，对噪声的影响甚大。

(3)气穴现象。当泵吸油腔中的压力小于油液所在温度下的空气分离压时，溶解在油液中的空气要析出而变成气泡，这种带有气泡的油液进入高压腔时，气泡被击破，形成局部的高频压力冲击，从而引起噪声。

(4)泵内流道具有截面突然扩大和收缩、急拐弯，通道截面过小而导致液体紊流、旋涡及喷流，使噪声加大。

(5)由于机械原因，如转动部分不平衡、轴承不良、泵轴的弯曲等机械振动引起的机械噪声。

2. 降低噪声的措施

(1)消除液压泵内部油液压力的急剧变化。

(2)为吸收液压泵流量及压力脉动，可在液压泵的出口装置消音器。

(3)装在油箱上的泵应使用橡胶垫减振。

(4)压油管的一段用橡胶软管，对泵和管路的连接进行隔振。

(5)防止泵产生空穴现象,可采用直径较大的吸油管,减小管道局部阻力;采用大容量的吸油滤油器,防止油液中混入空气;合理设计液压泵,提高零件刚度。

二、液压泵使用注意事项

影响液压泵的使用寿命因素很多,除了泵的自身设计、制造因素外,还和一些与泵使用相关元件(如联轴器)的选用、试车运行过程中的操作等也有关。

液压泵传动轴不能承受径向力和轴向力,因此不允许在轴端直接安装带轮、齿轮、链轮,通常用联轴器联接驱动轴和泵传动轴。如因制造原因,泵与联轴器同轴度超标,装配时又存在偏差,则随着泵的转速提高离心力加大联轴器变形,变形大使离心力加大,造成恶性循环,其结果产生振动噪声,从而影响泵的使用寿命。此外,还有如联轴器柱销松动未及时紧固、橡胶圈磨损未及时更换等影响因素。刚性联轴器两轴的同轴度误差≤0.05 mm;弹性联轴器两轴的同轴度误差≤0.1 mm;两轴的角度误差<1。

运行中的操作要求:

1. 运行前

(1)液压泵安装是否准确可靠,螺钉是否拧紧,联轴器安装是否符合要求;

(2)泵体内是否灌满油液;

(3)泵的转向是否与进出油口相符;

(4)液压系统的安全阀是否调到规定压力值。

2. 运行中

启动时不可急剧全速启动,应在系统卸荷状态下点动原动机开关数次后才能连续空载运转,目的是将管道中的空气尽可能排除干净,空载运转 1 ~2 min 无异常现象后逐渐加载,加载过程中应无异常振动、噪声和泄漏,否则立即停机检查分析、排除故障。

3. 运行结束后

若泵长期不用应将泵内油液放出,再灌满含酸值较低的油液,外露加工面涂防锈油,各油口用螺堵头封好,以防污物进入。

任务2　液压缸的选用

知识目标:★掌握液压缸的工作原理及特点。
★掌握液压缸主要性能参数。

能力目标:★正确选用液压缸。

任务导入

滚筒式采煤机调高装置中,滚筒高度的调节是依靠调高液压缸来完成的。对滚筒式采煤机来说,滚筒高度的调节是采煤机适应煤层的厚度变化所必须具有的动作。如何选择合适的液压执行元件,保证滚筒高度的调节呢?

任务分析

滚筒式采煤机滚筒高度的调节需要使用液压缸。液压缸将液体的压力能转换为滚筒高度调节所需的机械能，完成滚筒的高度调节。在滚筒式采煤机中，什么样的液压执行元件能够满足需要呢？调高液压缸的合理选择对滚筒调高液压系统的正常工作起着十分重要的作用。

相关知识

液压缸又称为油缸，它是液压系统中的一种执行元件，其功能就是将液压能转变成直线往复式的机械运动。

1. 液压缸的类型和特点

液压缸的种类很多，其详细分类可见表2-2。

表2-2 常见液压缸的种类及特点

分 类	名 称	符 号	说 明
单作用液压缸	柱塞式液压缸		柱塞仅单向运动，返回行程是利用自重或负荷将柱塞推回
	单活塞杆液压缸		活塞仅单向运动，返回行程是利用自重或负荷将活塞推回
	双活塞杆液压缸		活塞的两侧都装有活塞杆，只能向活塞一侧供给压力油，返回行程通常利用弹簧力、重力或外力
	伸缩液压缸		它以短缸获得长行程。用液压油由大到小逐节推出，靠外力由小到大逐节缩回
双作用液压缸	单活塞杆液压缸		单边有杆，两向液压驱动，两向推力和速度不等
	双活塞杆液压缸		双向有杆，双向液压驱动，可实现等速往复运动
	伸缩液压缸		双向液压驱动，伸出由大到小逐步推出，由小到大逐节缩回
组合液压缸	弹簧复位液压缸		单向液压驱动，由弹簧力复位
	串联液压缸		用于缸的直径受限制，而长度不受限制处，获得大的推力
	增压缸（增压器）		由低压力室 A 缸驱动，使 B 室获得高压油源
	齿条传动液压缸		活塞往复运动经装在一起的齿条驱动齿轮获得往复回转运动
摆动液压缸			输出轴直接输出扭矩，其往复回转的角度小于360°。也称摆动马达

下面分别介绍几种常用的液压缸。

（1）活塞式液压缸

活塞式液压缸根据其使用要求不同可分为双杆式和单杆式两种。

①双杆式活塞缸

活塞两端都有一根直径相等的活塞杆伸出的液压缸称为双杆式活塞缸，它一般由缸体、缸盖、活塞、活塞杆和密封件等零件构成。根据安装方式不同可分为缸筒固定式和活塞杆固定式两种。

如图2-29(a)所示的为缸筒固定式的双杆活塞缸。它的进、出口布置在缸筒两端，活塞通过活塞杆带动工作台移动，当活塞的有效行程为 l 时，整个工作台的运动范围为 $3l$，所以机床占地面积大，一般适用于小型机床，当工作台行程要求较长时，可采用图2-29(b)所示的活塞杆固定的形式，这时，缸体与工作台相连，活塞杆通过支架固定在机床上，动力由缸体传出。这种安装形式中，工作台的移动范围只等于液压缸有效行程 l 的两倍($2l$)，因此占地面积小。进出油口可以设置在固定不动的空心的活塞杆的两端，但必须使用软管连接。

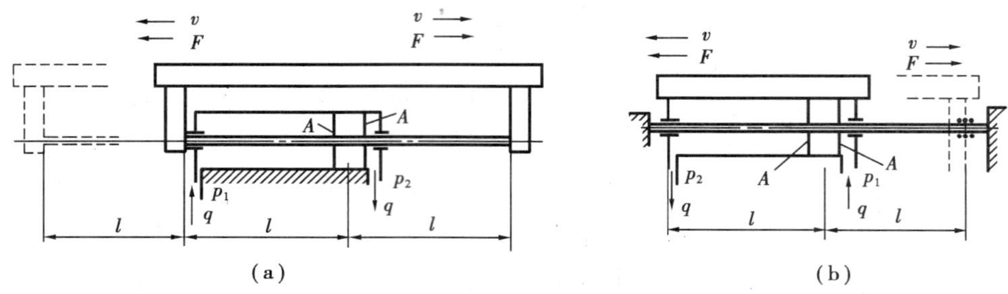

图2-29　双杆活塞缸

由于双杆活塞缸两端的活塞杆直径通常是相等的，因此它左、右两腔的有效面积也相等，当分别向左、右腔输入相同压力和相同流量的油液时，液压缸左、右两个方向的推力和速度相等。当活塞的直径为 D，活塞杆的直径为 d，液压缸进、出油腔的压力为 p_1 和 p_2，输入流量为 q 时，双杆活塞缸的推力 F 和速度 v 为：

$$F = A(p_1 - p_2) = \frac{\pi}{4}(D^2 - d^2)(p_1 - p_2) \tag{2-33}$$

$$v = q/A = 4q/\pi(D^2 - d^2) \tag{2-34}$$

式中　A——活塞的有效工作面积。

双杆活塞缸在工作时，设计成一个活塞杆是受拉的，而另一个活塞杆不受力，因此这种液压缸的活塞杆可以做得细些。

②单杆式活塞缸

如图2-30所示，活塞只有一端带活塞杆，单杆液压缸也有缸体固定和活塞杆固定两种形式，但它们的工作台移动范围都是活塞有效行程的两倍。

由于液压缸两腔的有效工作面积不等，因此它在两个方向上的输出推力和速度也不等，其值分别为：

$$F_1 = (p_1A_1 - p_2A_2) = \frac{\pi}{4}[(p_1 - p_2)D^2 + p_2d^2] \tag{2-35}$$

$$F_2 = (p_1A_2 - p_2A_1) = \frac{\pi}{4}[(p_1 - p_2)D^2 - p_1d^2] \tag{2-36}$$

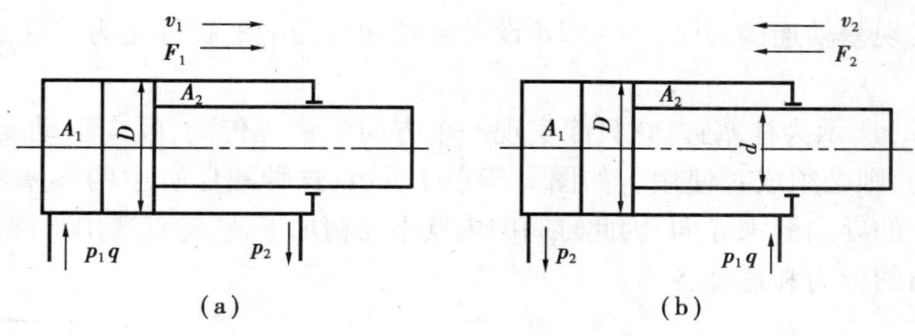

图 2-30　单杆式活塞缸

$$v_1 = \frac{q}{A_1} = \frac{4q}{\pi D^2} \tag{2-37}$$

$$v_2 = \frac{q}{A_2} = \frac{4q}{\pi(D^2 - d^2)} \tag{2-38}$$

由式(2-35)~式(2-38)可知,由于 $A_1>A_2$,所以 $F_1>F_2$,$v_1<v_2$。如把两个方向上的输出速度 v_2 和 v_1 的比值称为速度比,记作 λ_v,则 $\lambda_v=\frac{v_2}{v_1}=\frac{1}{1-\left(\frac{d}{D}\right)^2}$。因此,$d=D\sqrt{\frac{\lambda_v-1}{\lambda_v}}$。在已知 D 和 λ_v 时,可确定 d 值。

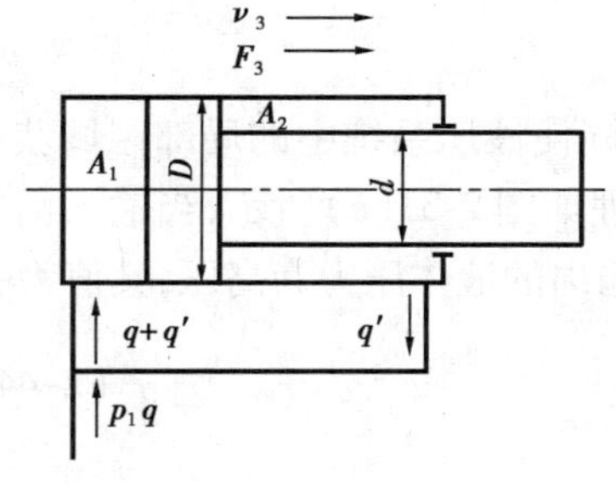

图 2-31　差动缸

③差动油缸

单杆活塞缸在其左右两腔都接通高压油时称为:“差动连接”,如图 2-31 所示。差动连接缸左右两腔的油液压力相同,但是由于左腔(无杆腔)的有效面积大于右腔(有杆腔)的有效面积,故活塞向右运动,同时使右腔中排出的油液(流量为 q')也进入左腔,加大了流入左腔的流量($q+q'$),从而也加快了活塞移动的速度。实际上活塞在运动时,由于差动连接时两腔间的管路中有压力损失,所以右腔中油液的压力稍大于左腔油液压力,而这个差值一般都较小,可以忽略不计,则差动连接时活塞推力 F_3 和运动速度 v_3 为:

$$F_3 = p_1(A_1 - A_2) = \frac{\pi d^2}{4} p_1 \tag{2-39}$$

进入无杆腔的流量 $q_1=v_3\frac{\pi D^2}{4}=q+v_3\frac{\pi(D^2-d^2)}{4}$

$$v_3 = \frac{4q}{\pi d^2} \tag{2-40}$$

由式(2-39)、式(2-40)可知,差动连接时液压缸的推力比非差动连接时小,速度比非差动连接时大,正好利用这一点,可使在不加大油源流量的情况下得到较快的运动速度,这种连接方式被广泛应用于组合机床的液压动力系统和其他机械设备的快速运动中。如果要求机床往返快速相等时,则由式(2-38)和式(2-40)得:

$$\frac{4q}{\pi(D^2 - d^2)} = \frac{4q}{\pi d^2} \quad 即:D = \sqrt{2}\,d \tag{2-41}$$

把单杆活塞缸实现差动连接，并按 $D=\sqrt{2}d$ 设计缸径和杆径的油缸称之为差动液压缸。

(2)柱塞缸

如图 2-32(a)所示为柱塞缸，它只能实现一个方向的液压传动，反向运动要靠外力。若需要实现双向运动，则必须成对使用。如图 2-32(b)所示，这种液压缸中的柱塞和缸筒不接触，运动时由缸盖上的导向套来导向，因此缸筒的内壁不需精加工，它特别适用于行程较长的场合。

柱塞缸输出的推力和速度各为：

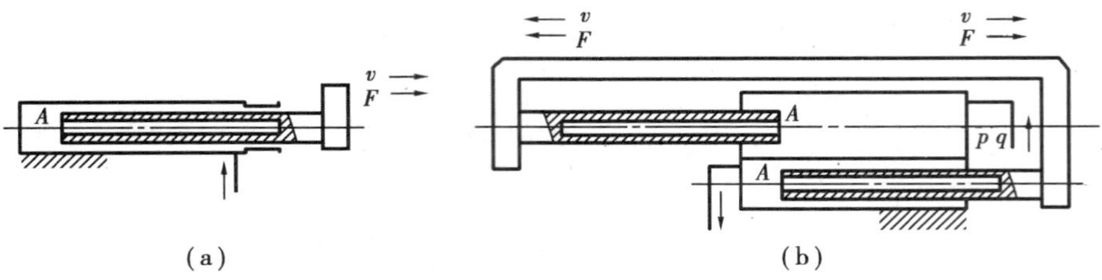

图 2-32 柱塞缸

$$F = pA = \frac{\pi d^2}{4}p \tag{2-42}$$

$$v = \frac{q}{A} = \frac{4q}{\pi d^2} \tag{2-43}$$

(3)其他液压缸

①增压液压缸

增压液压缸又称增压器，它利用活塞和柱塞有效面积的不同使液压系统中的局部区域获得高压。它有单作用和双作用两种形式，单作用增压缸的工作原理如图 2-33(a)所示，当输入活塞缸的液体压力为 p_1，活塞直径为 D，柱塞直径为 d 时，柱塞缸中输出的液体压力为高压，其值为：

$$p_2 = p_1\left(\frac{D}{d}\right)^2 = Kp_1 \tag{2-44}$$

式中 $K=\frac{D^2}{d^2}$，称为增压比，它代表其增压程度。

显然增压能力是在降低有效能量的基础上得到的，也就是说增压缸仅仅是增大输出的压力，并不能增大输出的能量。

单作用增压缸在柱塞运动到终点时，不能再输出高压液体，需要将活塞退回到左端位置，再向右行时才又输出高压液体，为了克服这一缺点，可采用双作用增压缸，如图 2-33(b)所示，由两个高压端连续向系统供油。

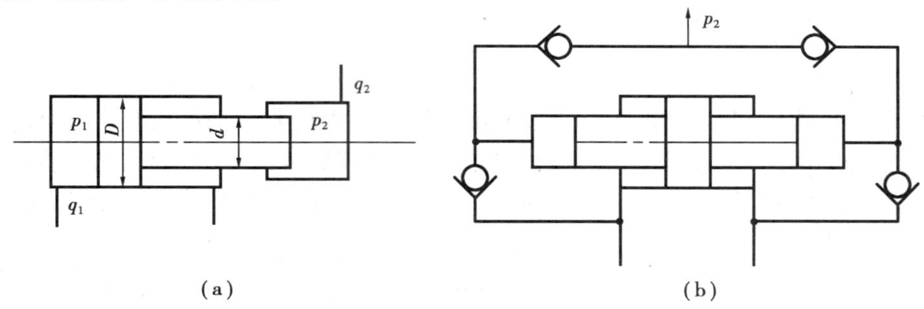

图 2-33 增压缸

②伸缩缸

伸缩缸由两个或多个活塞缸套装而成，前一级活塞缸的活塞杆内孔是后一级活塞缸的缸筒，伸出时可获得很长的工作行程，缩回时可保持很小的结构尺寸，伸缩缸被广泛用于起重运输车辆上。

伸缩缸可以是如图 2-34(a)所示的单作用式，也可以是如图 2-34(b)所示的双作用式，前者靠外力回程，后者靠液压回程。

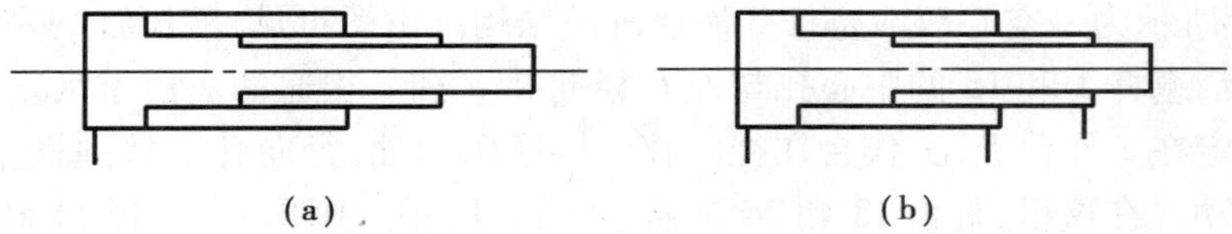

图 2-34　伸缩缸

伸缩缸的外伸动作是逐级进行的。首先是最大直径的缸筒以最低的油液压力开始外伸，当到达行程终点后，稍小直径的缸筒开始外伸，直径最小的末级最后伸出。随着工作级数变大，外伸缸筒直径越来越小，工作油液压力随之升高，工作速度变快。其值为：

$$F_i = p_1 \frac{\pi}{4} D_i^2 \tag{2-45}$$

$$v_i = \frac{q}{A} = \frac{4q}{\pi D_i^2} \tag{2-46}$$

式中　i——i 级活塞缸。

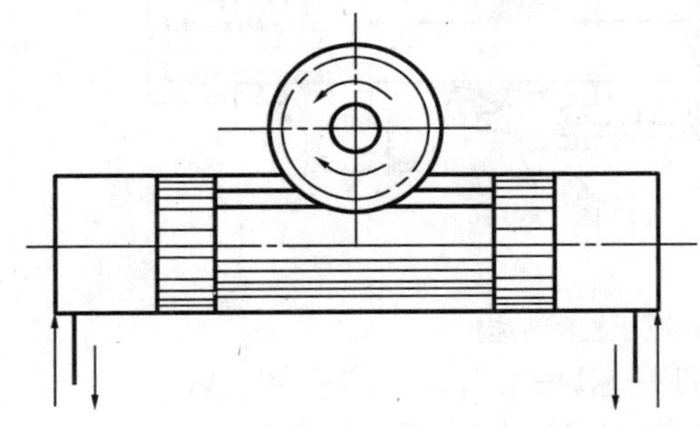

图 2-35　齿轮缸

③齿轮缸。它由两个柱塞缸和一套齿条传动装置组成，如图 2-35 所示。柱塞的移动经齿轮齿条传动装置变成齿轮的传动，用于实现工作部件的往复摆动或间歇进给运动。

2. 液压缸的典型结构和组成

(1)液压缸的典型结构举例

图 2-36 所示的是一个较常用的双作用单活塞杆液压缸。它是由缸底 20、缸筒 10、缸盖兼导向套 9、活塞 11 和活塞杆 18 组成。缸筒一端与缸底焊接，另一端缸盖(导向套)与缸筒用卡键 6、套 5 和弹簧挡圈 4 固定，以便拆装检修，两端

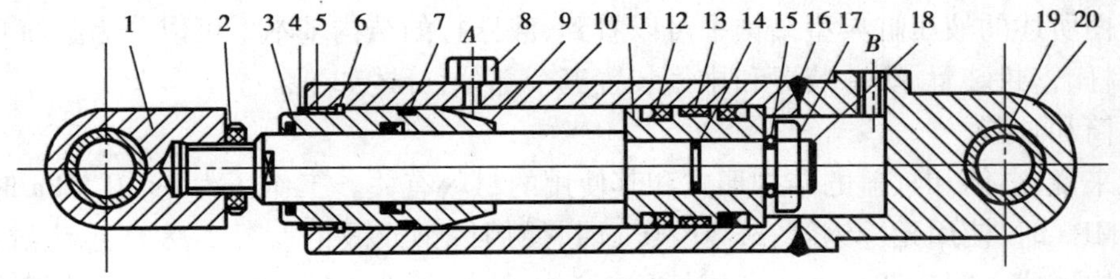

图 2-36　双作用单活塞杆液压缸

1—耳环；2—螺母；3—防尘圈；4、17—弹簧挡圈；5—套；6、15—卡键；7、14—O 形密封圈；8、12—Y 形密封圈；9—缸盖兼导向套；10—缸筒；11—活塞；13—耐磨环；16—卡键帽；18—活塞杆；19—衬套；20—缸底

设有油口 A 和 B。活塞 11 与活塞杆 18 利用卡键 15、卡键帽 16 和弹簧挡圈 17 连在一起。活塞与缸孔的密封采用的是一对 Y 形聚氨酯密封圈 12，由于活塞与缸孔有一定间隙，采用由尼龙制成的耐磨环（又叫支承环）13 定心导向。杆 18 和活塞 11 的内孔由密封圈 14 密封。较长的导向套 9 则可保证活塞杆不偏离中心，导向套外径由 O 形圈 7 密封，而其内孔则由 Y 形密封圈 8 和防尘圈 3 分别防止油外漏和灰尘带入缸内。缸与杆端销孔与外界连接，销孔内有尼龙衬套抗磨。

如图 2-37 所示为一空心双活塞杆式液压缸的结构。由图可见，液压缸的左右两腔是通过油口 b 和 d 经活塞杆 1 和 15 的中心孔与左右径向孔 a 和 c 相通的。由于活塞杆固定在床身上，缸体 10 固定在工作台上，工作台在径向孔 c 接通压力油，径向孔 a 接通回油时向右移动；反之则向左移动。在这里，缸盖 18 和 24 是通过螺钉（图中未画出）与压板 11 和 20 相连，并经钢丝环 12 相连，左缸盖 24 空套在托架 3 孔内，可以自由伸缩。空心活塞杆的一端用堵头 2 堵死，并通过锥销 9 和 22 与活塞 8 相连。缸筒相对于活塞运动由左右两个导向套 6 和 19 导向。活塞与缸筒之间、缸盖与活塞杆之间以及缸盖与缸筒之间分别用 O 形圈 7、V 形圈 4 和 17 和纸垫 13 和 23 进行密封，以防止油液的内、外泄漏。缸筒在接近行程的左右终端时，径向孔 a 和 c 的开口逐渐减小，对移动部件起制动缓冲作用。为了排除液压缸中剩留的空气，缸盖上设置有排气孔 5 和 14，经导向套环槽的侧面孔道（图中未画出）引出与排气阀相连。

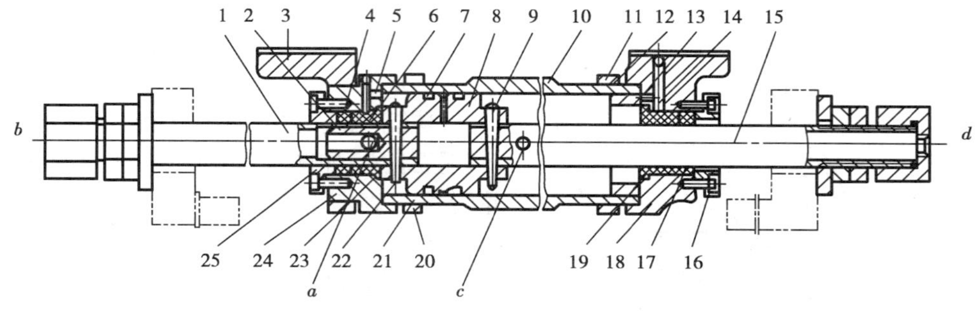

图 2-37　空心双活塞杆式液压缸的结构

1—活塞杆；2—堵头；3—托架；4、17—V 形密封圈；5、14—排气孔；6、19—导向套；7—O 形密封圈；8—活塞；9、22—锥销；10—缸体；11、20—压板；12、21—钢丝环；13、23—纸垫；15—活塞杆；16、25—压盖；18、24—缸盖

（2）液压缸的组成

从上面所述的液压缸典型结构中可以看到，液压缸的结构基本上可以分为缸筒和缸盖、活塞和活塞杆、密封装置、缓冲装置和排气装置五个部分，分述如下。

①缸筒和缸盖

一般来说，缸筒和缸盖的结构形式和其使用的材料有关。工作压力 $p<10$ MPa 时，使用铸铁；$p<20$ MPa 时，使用无缝钢管；$p>20$ MPa 时，使用铸钢或锻钢。图 2-38 所示为缸筒和缸盖的常见结构形式。图 2-38（a）所示为法兰连接式，结构简单，容易加工，也容易装拆，但外形尺寸和重量都较大，常用于铸铁制的缸筒上。图 2-38（b）所示为半环连接式，它的缸筒壁部因开了环形槽而削弱了强度，为此有时要加厚缸壁，它容易加工和装拆，重量较轻，常用于无缝钢管或锻钢制的缸筒上。图 2-38（c）所示为螺纹连接式，它的缸筒端部结构复杂，外径加工时要求保证内外径同心，装拆要使用专用工具，它的外形尺寸和重量都较小，常用于无缝钢管或铸钢制的缸筒上。图2-38(d)所示为拉杆连接式,结构的通用性大,容易加工和装拆,但外形尺寸较大,且较重。图2-38(e)所示为焊接连接式,结构简单,尺寸小,但缸底处内径不易加工,且可能引起变形。

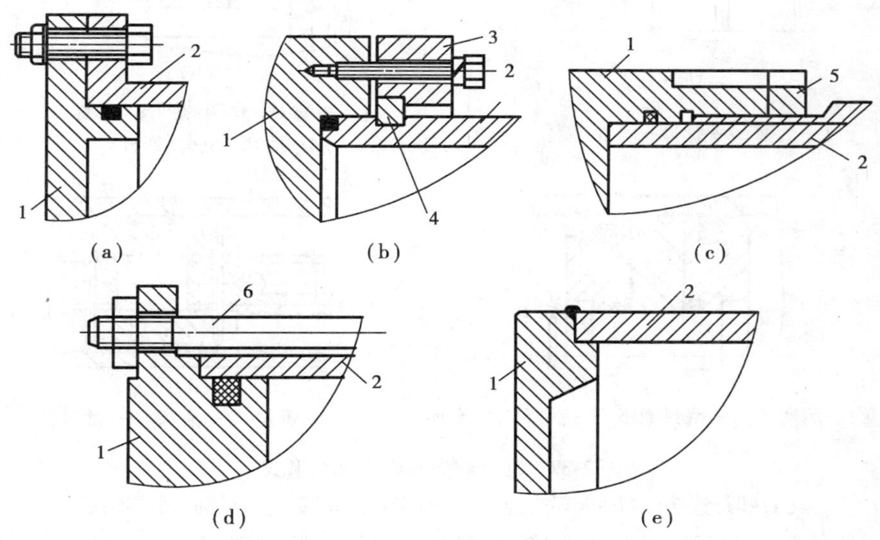

图2-38　缸筒和缸盖结构

(a)法兰连接式　(b)半环连接式　(c)螺纹连接式　(d)拉杆连接式　(e)焊接连接式

1—缸盖;2—缸筒;3—压板;4—半环;5—防松螺帽;6—拉杆

②活塞与活塞杆

可以把短行程的液压缸的活塞杆与活塞做成一体,这是最简单的形式。但当行程较长时,这种整体式活塞组件的加工较费事,所以常把活塞与活塞杆分开制造,然后再连接成一体。图2-39所示为几种常见的活塞与活塞杆的连接形式。

图2-39(a)所示为活塞与活塞杆之间采用螺母连接,它适用负载较小,受力无冲击的液压缸中。螺纹连接虽然结构简单,安装方便可靠,但在活塞杆上车螺纹将削弱其强度。图2-39(b)和(c)所示为卡环式连接方式。图2-39(b)中活塞杆5上开有一个环形槽,槽内装有两个半圆环3以夹紧活塞4,半环3由轴套2套住,而轴套2的轴向位置用弹簧卡圈1来固定。图2-39(c)中的活塞杆,使用了两个半圆环4,它们分别由两个密封圈座2套住,半圆形的活塞3安放在密封圈座的中间。图2-39(d)所示是一种径向销式连接结构,用锥销1把活塞2固连在活塞杆3上。这种连接方式特别适用于双出杆式活塞。

③密封装置

液压缸中常见的密封装置如图2-40所示。图2-40(a)所示为间隙密封,它依靠运动间的微小间隙来防止泄漏。为了提高这种装置的密封能力,常在活塞的表面上制出几条细小的环形槽,以增大油液通过间隙时的阻力。它的结构简单,摩擦阻力小,可耐高温,但泄漏大,加工要求高,磨损后无法恢复原有能力,只有在尺寸较小、压力较低、相对运动速度较高的缸筒和活塞间使用。图2-40(b)所示为摩擦环密封,它依靠套在活塞上的摩擦环(尼龙或其他高分子材料制成)在O形密封圈弹力作用下贴紧缸壁而防止泄漏。这种材料效果较好,摩擦阻力较小且稳定,可耐高温,磨损后有自动补偿能力,但加工要求高,装拆较不便,适用于缸筒和活塞之间的密封。图2-40(c)、图2-40(d)所示为密封圈(O形圈、V形圈等)密封,它利用橡胶或塑

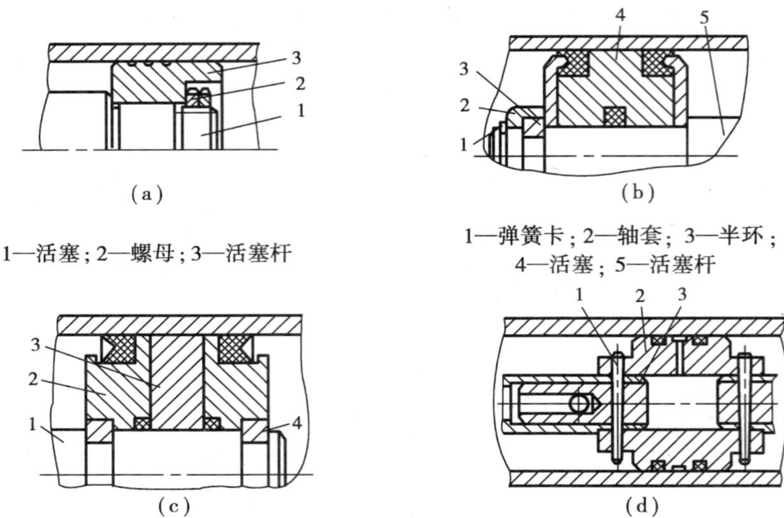

图 2-39　常见的活塞组件结构形式

(a)螺母连接　(b)卡环式连接　(c)卡环式连接　(d)径向销式连接

料的弹性使各种截面的环形圈贴紧在静、动配合面之间来防止泄漏。它结构简单，制造方便，磨损后有自动补偿能力，性能可靠，在缸筒和活塞之间、缸盖和活塞杆之间、活塞和活塞杆之间、缸筒和缸盖之间都能使用。

对于活塞杆外伸部分来说，由于它很容易把脏物带入液压缸，使油液受污染，使密封件磨损，因此常需在活塞杆密封处增添防尘圈，并放在向着活塞杆外伸的一端。

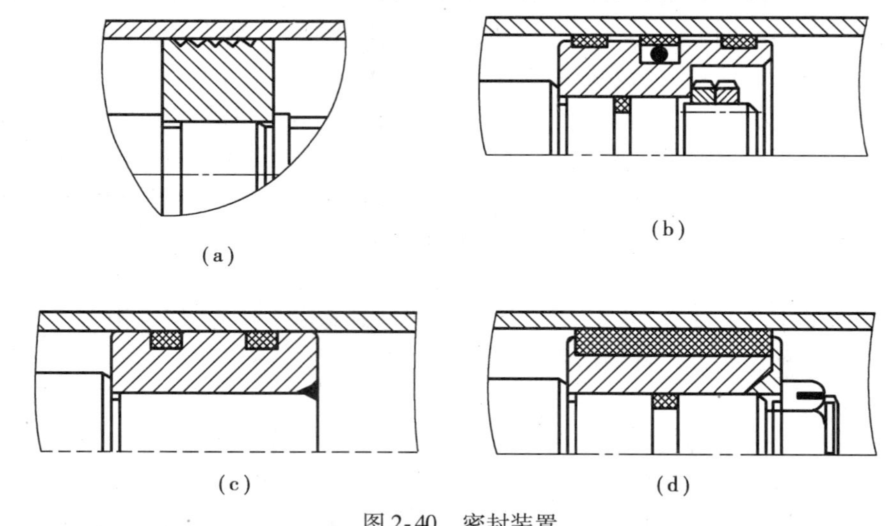

图 2-40　密封装置

(a)间隙密封　(b)摩擦环密封　(c)O 形圈密封　(d)V 形圈密封

④缓冲装置

液压缸一般都设置缓冲装置，特别是对大型、高速或要求高的液压缸，为了防止活塞在行程终点时和缸盖相互撞击，引起噪声、冲击，则必须设置缓冲装置。

缓冲装置的工作原理是利用活塞或缸筒在其走向行程终端时封住活塞和缸盖之间的部分

油液,强迫它从小孔或细缝中挤出,以产生很大的阻力,使工作部件受到制动,逐渐减慢运动速度,达到避免活塞和缸盖相互撞击的目的。

如图2-41(a)所示,当缓冲柱塞进入与其相配的缸盖上的内孔时,孔中的液压油只能通过间隙δ排出,使活塞速度降低。由于配合间隙不变,故随着活塞运动速度的降低,起缓冲作用。当缓冲柱塞进入配合孔之后,油腔中的油只能经节流阀1排出,如图2-41(b)所示。由于节流阀1是可调的,因此缓冲作用也可调节,但仍不能解决速度减低后缓冲作用减弱的缺点。如图2-41(c)所示,在缓冲柱塞上开有三角槽,随着柱塞逐渐进入配合孔中,其节流面积越来越小,解决了在行程最后阶段缓冲作用过弱的问题。

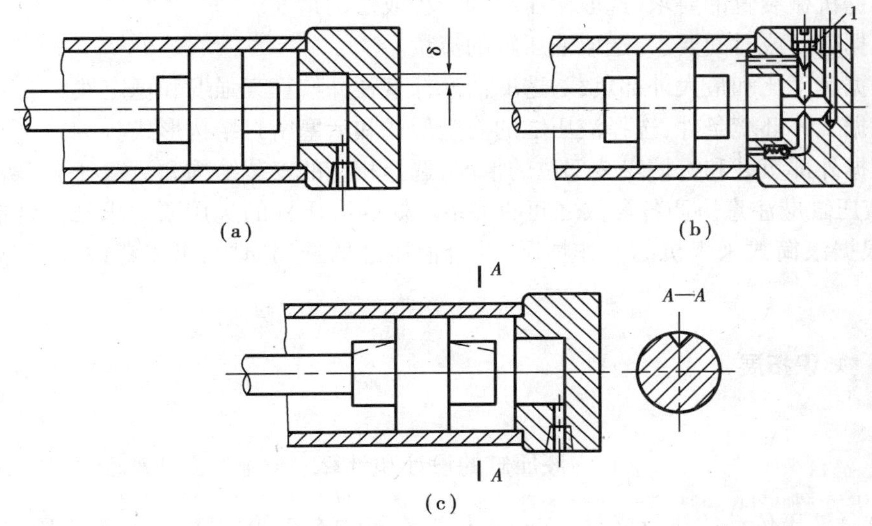

图2-41　液压缸的缓冲装置

1—节流阀

⑤排气装置

液压缸在安装过程中或长时间停放重新工作时,液压缸里和管道系统中会渗入空气,为了防止执行元件出现爬行,噪声和发热等不正常现象,需把缸中和系统中的空气排出。一般可在液压缸的最高处设置进出油口把气带走,也可在最高处设置如图2-42(a)所示的放气孔或专门的放气阀〔见图2-42(b)、(c)〕。

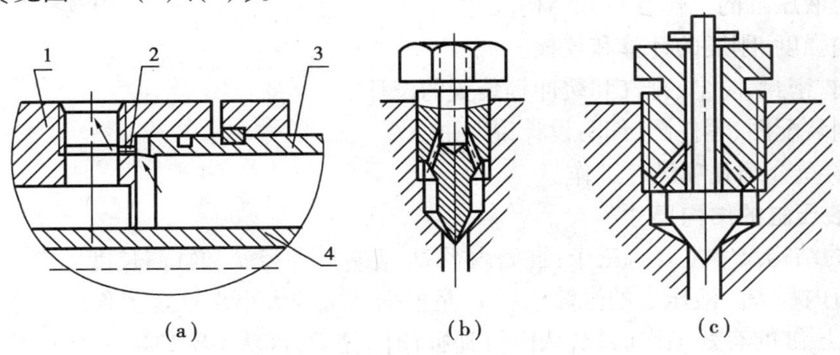

图2-42　放气装置

1—缸盖;2—放气小孔;3—缸体;4—活塞杆

任务实施

通过以上学习,我们了解了各种液压缸的工作原理和特点。液压缸作为液压系统的执行元件,在选用时需要考虑以下几个方面:

(1)根据机械装置的作用和动作要求,按照空间的大小,选用合适的液压缸类型和外形尺寸。

(2)根据最大外部负载,选取液压缸的工作压力、活塞直径或摆动缸叶片的面积和数量。

(3)根据机械装置的要求,选取液压缸的行程或摆动角度。

(4)根据速度或时间要求,选取液压缸的流量。

(5)根据速度比和最大外部负载,选取活塞杆直径并核算其强度和稳定性。

(6)根据工作环境条件,选择液压缸的防尘形式和活塞密封结构形式。

(7)根据外部负载和机械安装部位的情况,选择相应的安装结构和活塞杆头部结构形式。

选择液压缸应注意协调各参数之间的关系。标准液压缸的选用要力求技术性能先进、经济合理。根据滚筒式采煤机的工作情况,结合液压缸的选用原则,可以考虑使用单活塞杆液压缸。

知识拓展

液压缸的设计和计算

液压缸是液压传动的执行元件,它和主机工作机构有直接的联系,对于不同的机种和机构,液压缸具有不同的用途和工作要求。因此,在设计液压缸之前,必须对整个液压系统进行工况分析,编制负载图,选定系统的工作压力(详见第九章),然后根据使用要求选择结构类型,按负载情况、运动要求、最大行程等确定其主要工作尺寸,进行强度、稳定性和缓冲验算,最后再进行结构设计。

1. 液压缸的设计内容和步骤

(1)选择液压缸的类型和各部分结构形式。

(2)确定液压缸的工作参数和结构尺寸。

(3)结构强度、刚度的计算和校核。

(4)导向、密封、防尘、排气和缓冲等装置的设计。

(5)绘制装配图、零件图、编写设计说明书。

下面只着重介绍几项设计工作。

2. 计算液压缸的结构尺寸

液压缸的结构尺寸主要有三个:缸筒内径 D、活塞杆外径 d 和缸筒长度 L。

(1)缸筒内径 D。液压缸的缸筒内径 D 是根据负载的大小来选定工作压力或往返运动速度比,求得液压缸的有效工作面积,从而得到缸筒内径 D,再从 GB 2348—80 标准中选取最近的标准值作为所设计的缸筒内径。

根据负载和工作压力的大小确定 D:

①以无杆腔作工作腔时

$$D = \sqrt{\frac{4F_{max}}{\pi p_I}} \quad (2\text{-}47)$$

②以有杆腔作工作腔时

$$D = \sqrt{\frac{4F_{max}}{\pi p_I} + d^2} \quad (2\text{-}48)$$

式中 p_I——缸工作腔的工作压力,可根据机床类型或负载的大小来确定;

F_{max}——最大作用负载。

(2)活塞杆外径 d。活塞杆外径 d 通常先从满足速度或速度比的要求来选择,然后再校核其结构强度和稳定性。若速度比为 λ_v,则该处应有一个带根号的式子:

$$D = \sqrt{\frac{\lambda_v - 1}{\lambda_v}} \quad (2\text{-}49)$$

也可根据活塞杆受力状况来确定,一般为受拉力作用时,$d=0.3\sim0.5D$。

受压力作用时:

$$p_I < 5\ \text{MPa} 时, d = 0.5 \sim 0.55D$$
$$5\ \text{MPa} < p_I < 7\ \text{MPa} 时, d = 0.6 \sim 0.7D$$
$$p_I > 7\ \text{MPa} 时, d = 0.7D$$

(3)缸筒长度 L。缸筒长度 L 由最大工作行程长度加上各种结构需要来确定,即:

$$L = l + B + A + M + C$$

式中 l——活塞的最大工作行程;

B——活塞宽度,一般为$(0.6\sim1)D$;

A——活塞杆导向长度,取$(0.6\sim1.5)D$;

M——活塞杆密封长度,由密封方式定;

C——其他长度。

一般缸筒的长度最好不超过内径的20倍。

另外,液压缸的结构尺寸还有最小导向长度 H。

(4)最小导向长度的确定。当活塞杆全部外伸时,从活塞支承面中点到导向套滑动面中点的距离称为最小导向长度 H(如图2-43所示)。如果导向长度过小,将使液压缸的初始挠度

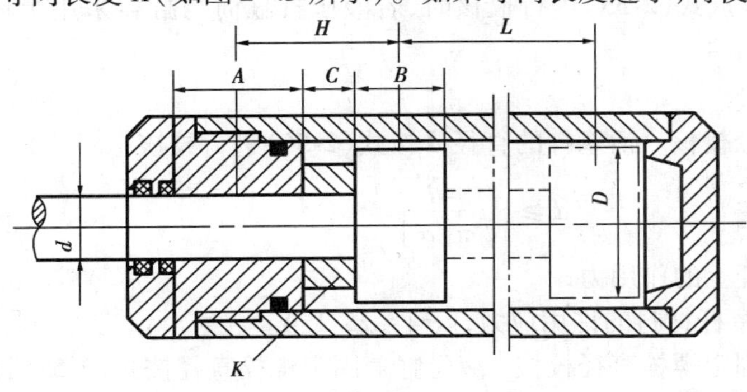

图2-43 油缸的导向长度

K—隔套

(间隙引起的挠度)增大,影响液压缸的稳定性,因此设计时必须保证有一最小导向长度。

对于一般的液压缸,其最小导向长度应满足下式:

$$H \geqslant \frac{L}{20} + \frac{D}{2} \tag{2-50}$$

式中 L——液压缸最大工作行程,m;

D——缸筒内径,m。

一般导向套滑动面的长度 A,在 D<80 mm 时取 $A=(0.6\sim1.0)D$,在 D>80 mm 时取 $A=(0.6\sim1.0)d$;活塞的宽度 B 则取 $B=(0.6\sim1.0)D$。为保证最小导向长度,过分增大 A 和 B 都是不适宜的,最好在导向套与活塞之间装一隔套 K,隔套宽度 C 由所需的最小导向长度决定,即:

$$C = H - \frac{A+B}{2} \tag{2-51}$$

采用隔套不仅能保证最小导向长度,还可以改善导向套及活塞的通用性。

3. 强度校核

对液压缸的缸筒壁厚 δ、活塞杆直径 d 和缸盖固定螺栓的直径,在高压系统中必须进行强度校核。

(1)缸筒壁厚校核。缸筒壁厚校核时分薄壁和厚壁两种情况,当$\frac{D}{\delta}\geqslant10$ 时为薄壁,壁厚按下式进行校核:

$$\delta >= \frac{p_t D}{2[\sigma]} \tag{2-52}$$

式中 D——缸筒内径;

p_t——缸筒试验压力,当缸的额定压力 $p_n\leqslant16$ MPa 时,取 $p_t=1.5p_n$,p_n 为缸生产时的试验压力;当 p_n>16 MPa 时,取 $p_t=1.25\,p_n$;

$[\sigma]$——缸筒材料的许用应力,$[\sigma]=\frac{\sigma_b}{n}$,$\sigma_b$ 为材料的抗拉强度,n 为安全系数,一般取 $n=5$。

当 D/σ<10 时为厚壁,壁厚按式(2-53)进行校核:

$$\delta \geqslant \frac{D}{2}\left(\sqrt{\frac{[\sigma]+0.4p_t}{[\sigma]-1.3p_t}}-1\right) \tag{2-53}$$

在使用式(2-52)、式(2-53)进行校核时,若液压缸缸筒与缸盖采用半环连接,δ 应取缸筒壁厚最小处的值。

(2)活塞杆直径校核。活塞杆的直径 d 按式(2-54)进行校核:

$$d \geqslant \sqrt{\frac{4F}{\pi[\sigma]}} \tag{2-54}$$

式中 F——活塞杆上的作用力;

$[\sigma]$——活塞杆材料的许用应力,$[\sigma]=\sigma b/1.4$。

(3)液压缸盖固定螺栓直径校核。液压缸盖固定螺栓直径按式(2-55)计算:

$$d \geqslant \sqrt{\frac{5.2kF}{\pi Z[\sigma]}} \tag{2-55}$$

式中　F——液压缸负载；

Z——固定螺栓个数；

k——螺纹拧紧系数，$k=1.12\sim1.5$，$[\sigma]=\dfrac{\sigma_s}{1.2\sim2.5}$，$\sigma_s$ 为材料的屈服极限。

4. 液压缸稳定性校核

活塞杆受轴向压缩负载时，其直径 d 一般不小于长度 L 的$\dfrac{1}{15}$。当$\dfrac{L}{d}\geqslant15$ 时，须进行稳定性校核，应使活塞杆承受的力 F 不能超过使它保持稳定工作所允许的临界负载 F_k，以免发生纵向弯曲，破坏液压缸的正常工作。F_k 的值与活塞杆材料性质、截面形状、直径和长度以及缸的安装方式等因素有关，验算可按材料力学有关公式进行。

5. 缓冲计算

液压缸的缓冲计算主要是估计缓冲时缸中出现的最大冲击压力，以便用来校核缸筒强度、制动距离是否符合要求。缓冲计算中如发现工作腔中的液压能和工作部件的动能不能全部被缓冲腔所吸收时，制动中就可能产生活塞和缸盖相碰现象。

液压缸在缓冲时，缓冲腔内产生的液压能 E_1 和工作部件产生的机械能 E_2 分别为：

$$E_1=p_cA_cl_c \tag{2-56}$$

$$E_2=p_pA_pl_c+\frac{1}{2}mV^2-F_fl_c \tag{2-57}$$

式中　p_c——缓冲腔中的平均缓冲压力；

p_p——高压腔中的油液压力；

A_c、A_p——缓冲腔、高压腔的有效工作面积；

l_c——缓冲行程长度；

m——工作部件质量；

v_0——工作部件运动速度；

F_f——摩擦力。

式(2-57)中等号右边第一项为高压腔中的液压能，第二项为工作部件的动能，第三项为摩擦能。当 $E_1=E_2$ 时，工作部件的机械能全部被缓冲腔液体所吸收，由上两式得：

$$P_c=\frac{E_2}{A_cl_c} \tag{2-58}$$

如缓冲装置为节流口可调式缓冲装置，在缓冲过程中的缓冲压力逐渐降低，假定缓冲压力线性地降低，则最大缓冲压力即冲击压力为：

$$P_{c\max}=P_c+\frac{mv_0^2}{2A_cl_c} \tag{2-59}$$

如缓冲装置为节流口变化式缓冲装置，则由于缓冲压力 P_c 始终不变，最大缓冲压力的值如式(2-56)所示。

6. 液压缸设计中应注意的问题

液压缸的设计和使用正确与否，直接影响到它的性能和易否发生故障。在这方面，经常碰到的是液压缸安装不当、活塞杆承受偏载、液压缸或活塞下垂以及活塞杆的压杆失稳等问题。所以，在设计液压缸时，必须注意以下几点：

(1)尽量使液压缸的活塞杆在受拉状态下承受最大负载,或在受压状态下具有良好的稳定性。

(2)考虑液压缸行程终了处的制动问题和液压缸的排气问题。缸内如无缓冲装置和排气装置,系统中需有相应的措施,但是并非所有的液压缸都要考虑这些问题。

(3)正确确定液压缸的安装、固定方式。如承受弯曲的活塞杆不能用螺纹连接,要用止口连接。液压缸不能在两端用键或销定位。只能在一端定位,为的是不致阻碍它在受热时的膨胀。如冲击载荷使活塞杆压缩。定位件须设置在活塞杆端,如为拉伸则设置在缸盖端。

(4)液压缸各部分的结构需根据推荐的结构形式和设计标准进行设计,尽可能做到结构简单、紧凑、加工、装配和维修方便。

(5)在保证能满足运动行程和负载力的条件下,应尽可能地缩小液压缸的轮廓尺寸。

(6)要保证密封可靠,防尘良好。液压缸可靠的密封是其正常工作的重要因素。如泄漏严重,不仅降低液压缸的工作效率,甚至会使其不能正常工作(如满足不了负载力和运动速度要求等)。良好的防尘措施,有助于提高液压缸的工作寿命。

总之,液压缸的设计内容不是一成不变的,根据具体的情况有些设计内容可不做或少做,也可增大一些新的内容。设计步骤可能要经过多次反复修改,才能得到正确、合理的设计结果。在设计液压缸时,正确选择液压缸的类型是所有设计计算的前提。在选择液压缸的类型时,要从机器设备的动作特点、行程长短、运动性能等要求出发,同时还要考虑到主机的结构特征给液压缸提供的安装空间和具体位置。

如:机器的往复直线运动直接采用液压缸来实现是最简单又方便的。对于要求往返运动速度一致的场合,可采用双活塞杆式液压缸;若有快速返回的要求,则宜用单活塞杆式液压缸,并可考虑用差动连接。行程较长时,可采用柱塞缸,以减少加工的困难;行程较长但负载不大时,也可考虑采用一些传动装置来扩大行程。往复摆动运动既可用摆动式液压缸,也可用直线式液压缸加连杆机构或齿轮——齿条机构来实现。

任务3　方向控制阀的选用

知识目标:★掌握方向控制阀的工作原理及特点。
★掌握方向控制阀主要性能参数。

能力目标:★正确选用方向控制阀。

任务导入

采煤机滚筒,为了适应煤层厚度的变化,需要上、下调整,在工作中,需要保持在调定的高度。那么滚筒调高液压系统是靠什么元件来调高和保持调定高度的呢?

任务分析

在采煤机的工作过程中,为了适应煤层厚度的变化,必须控制液压系统中液流的方向,以满足滚筒的升高、降低等运动方向的变换的要求；同时要防止液压支撑的以外下降，造成事故，保证其工作安全可靠。这些在液压系统中都是有方向控制阀来完成的。下面我们来学习方向控制阀的知识。

相关知识

一、液压控制阀概述

1. 液压阀的作用

液压阀是用来控制液压系统中油液的流动方向或调节其压力和流量的，因此它可分为方向阀、压力阀和流量阀三大类。一个形状相同的阀，可以因为作用机制的不同，而具有不同的功能。压力阀和流量阀利用通流截面的节流作用控制着系统的压力和流量，而方向阀则利用通流通道的更换控制着油液的流动方向。这就是说，尽管液压阀存在着各种各样不同的类型，它们之间还是保持着一些基本共同之点的。例如：

（1）在结构上，所有的阀都有阀体、阀芯（转阀或滑阀）和驱使阀芯动作的元、部件（如弹簧、电磁铁）组成。

（2）在工作原理上，所有阀的开口大小，阀进、出口间压差以及流过阀的流量之间的关系都符合孔口流量公式，仅是各种阀控制的参数各不相同而已。

2. 液压阀的分类

液压阀可按不同的特征进行分类，如表2-3所示。

表2-3　液压阀的分类

分类方法	种　类	详细分类
按机能分类	压力控制阀	溢流阀、顺序阀、卸荷阀、平衡阀、减压阀、比例压力控制阀、缓冲阀、仪表截止阀、限压切断阀、压力继电器
	流量控制阀	节流阀、单向节流阀、调速阀、分流阀、集流阀、比例流量控制阀
	方向控制阀	单向阀、液控单向阀、换向阀、行程减速阀、充液阀、梭阀、比例方向阀
按结构分类	滑阀	圆柱滑阀、旋转阀、平板滑阀
	座阀	椎阀、球阀、喷嘴挡板阀
	射流管阀	射流阀
按操作方法分类	手动阀	手把及手轮、踏板、杠杆
	机动阀	挡块及碰块、弹簧、液压、气动
	电动阀	电磁铁控制、伺服电动机和步进电动机控制
按连接方式分类	管式连接	螺纹式连接、法兰式连接
	板式及叠加式连接	单层连接板式、双层连接板式、整体连接板式、叠加阀
	插装式连接	螺纹式插装（二、三、四通插装阀）、法兰式插装（二通插装阀）

续表

分类方法	种　类	详细分类
按其他方式分类	开关或定值控制阀	压力控制阀、流量控制阀、方向控制阀
按控制方式分类	电液比例阀	电液比例压力阀、电源比例流量阀、电液比例换向阀、电流比例复合阀、电流比例多路阀三级电液流量伺服
	伺服阀	单、两级(喷嘴挡板式、动圈式)电液流量伺服阀、三级电液流量伺服
	数字控制阀	数字控制压力控制流量阀与方向阀

3. 对液压阀的基本要求

(1)动作灵敏,使用可靠,工作时冲击和振动小。

(2)油液流过的压力损失小。

(3)密封性能好。

(4)结构紧凑,安装、调整、使用、维护方便,通用性大。

二、方向控制阀

方向控制阀是用来改变液压系统中各油路之间液流通断关系的阀类,如单向阀、换向阀及压力表开关等。

1. 单向阀

液压系统中常见的单向阀有普通单向阀和液控单向阀两种。

(1)普通单向阀

普通单向阀的作用,是使油液只能沿一个方向流动,不许它反向倒流。图2-44(a)所示是一种管式普通单向阀的结构。压力油从阀体左端的通口 P_1 流入时,克服弹簧3作用在阀芯2上的力,使阀芯向右移动,打开阀口,并通过阀芯2上的径向孔 a、轴向孔 b 从阀体右端的通口流出。但是压力油从阀体右端的通口 P_2 流入时,它和弹簧力一起使阀芯锥面压紧在阀座上,使阀口关闭,油液无法通过。图2-44(b)所示是单向阀的职能符号图。

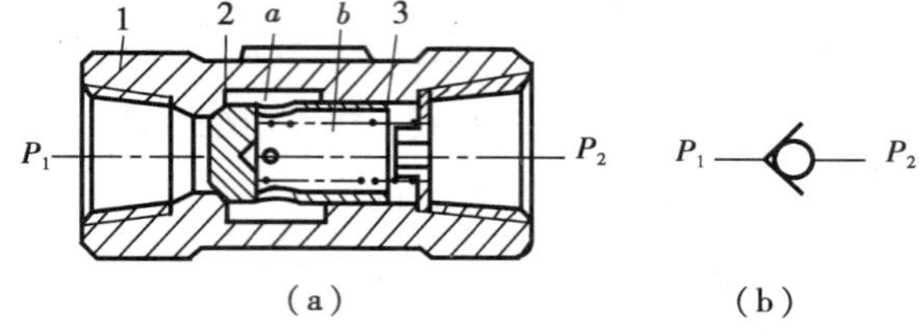

图2-44　单向阀

(a)结构图　(b)职能符号图

1—阀体;2—阀芯;3—弹簧

(2)液控单向阀

图2-45(a)所示是液控单向阀的结构。当控制口 K 处无压力油通入时,它的工作机制和普通单向阀一样;压力油只能从通口 P_1 流向通口 P_2,不能反向倒流。当控制口 K 有控制压力油时,因控制活塞1右侧 a 腔通泄油口,活塞1右移,推动顶杆2顶开阀芯3,使通口 P_1 和 P_2

接通，油液就可在两个方向自由通流。图2-45(b)所示是液控单向阀的职能符号。

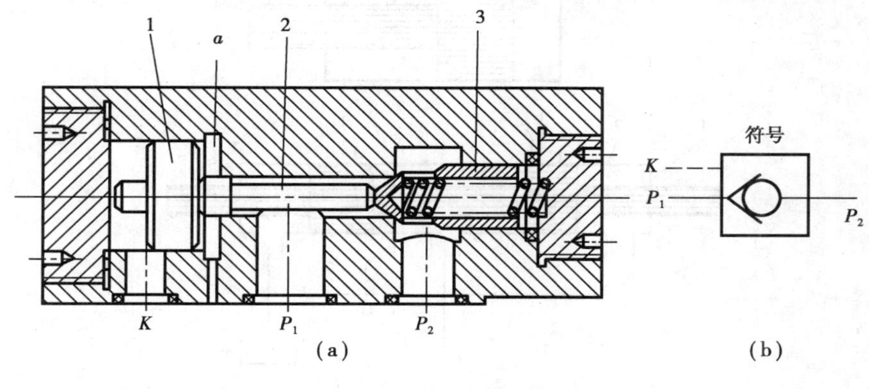

图2-45 液控单向阀
(a)结构图 (b)职能符号图
1—活塞;2—顶杆;3—阀芯

2. 换向阀

换向阀利用阀芯相对于阀体的相对运动，使油路接通、关断，或变换油流的方向，从而使液压执行元件启动、停止或变换运动方向。

(1)对换向阀的主要要求

换向阀应满足：

①油液流经换向阀时的压力损失要小。

②互不相通的油口间的泄露要小。

③换向要平稳、迅速且可靠。

(2)转阀

图2-46(a)所示为转动式换向阀(简称转阀)的工作原理图。

该阀由阀体1、阀芯2和使阀芯转动的操作手柄3组成，在图示位置，通口 P 和 A 相通、B 和 T 相通；当操作手柄转换到“止”位置时，通口 P,A,B 和 T 均不相通，当操作手柄转换到另一位置时，则通口 P 和 B 相通,A 和 T 相通。2-46(b)所示是它的职能符号。

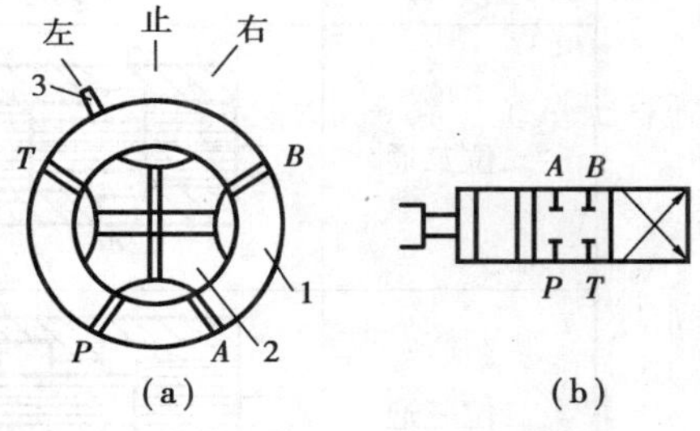

图2-46 转阀

(3)滑阀式换向阀

换向阀在按阀芯形状分类时，有滑阀式和转阀式两种，滑阀式换向阀在液压系统中远比转阀式用得广泛。

①工作原理、图形符号、位数与通路数

图2-47为滑阀式换向阀的工作原理图。图示状态下，液压缸两腔不通压力油，活塞处于停止状态。若使阀芯1左移，阀体2的油口 P 和 A 连通、B 和 T 连通，则压力油经 P,A 进入液压缸左腔，右腔油液经 B,T 流回油箱，活塞向右运动；反之，若使阀芯右移，则油口 P 和 B 连通、A 和 T 连通，活塞便向左运动。

表2-4列出了几种常用换向阀的结构原理和图形符号。换向阀图形符号的含义如下：

方格数表示换向阀的阀芯相对于阀体所具有的工作位置数，二格即二位，三格即三位。

方格内的箭头表示两油口连通，但不表示流向，符号“⊥”和“⊤”表示此油口不连通。箭

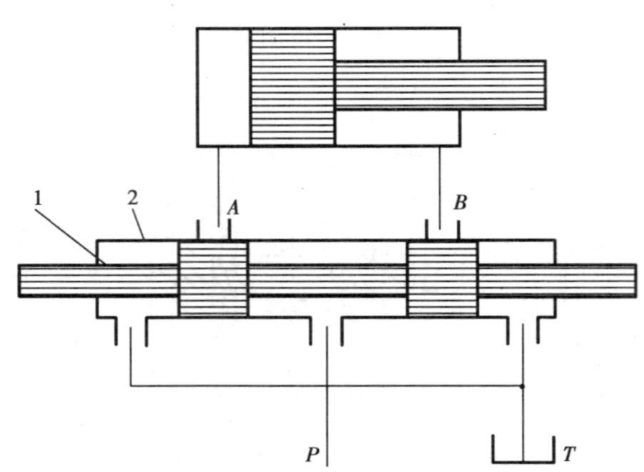

图 2-47　为滑阀式换向阀的工作原理图

头、箭尾及不连通符号与任一方格的交点数表示油口通路数。

P 表示压力油的进口，*T* 表示与油箱相连的回油口，*A* 和 *B* 表示连接其他工作油路的油口。

阀体和滑动阀芯是滑阀式换向阀的结构主体。表 2-4 所示是其最常见的结构形式。由表可见，阀体上开有多个通口，阀芯移动后可以停留在不同的工作位置上。

表 2-4　滑阀式换向阀常见结构形式

名　称	结构原理图	图形符号
二位二通	A　P	A　P
二位三通	A　P　B	A　B　P
二位四通	A　P　B　T	A　B　P　T
三位四通	A　P　B　T	A　B　P　T
二位五通	T_1　A　P　B　T_2	A B　T_1 P　T_2

续表

名　称	结构原理图	图形符号
三位五通	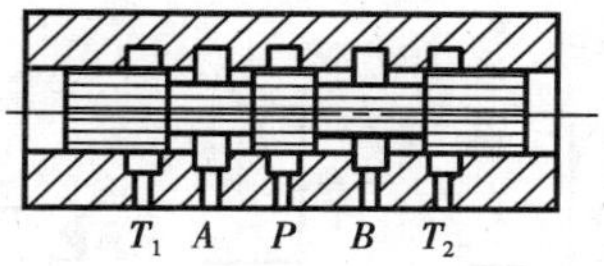 T_1 A P B T_2	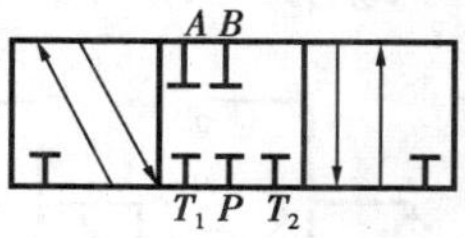 A B T_1 P T_2

②换向阀的滑阀机能

换向阀处于常态位置时,其各油口的连通方式称为滑阀机能。三位换向阀的常态为中位,因此,三位换向阀的滑阀机能又称为中位机能。不同机能的三位阀,阀体通用,仅阀芯台肩结构、尺寸及内部通孔情况有区别。

表2-5列出三位四通换向阀常用的几种中位机能。

表2-5　三位四通换向阀的中位机能

滑阀机能	符　号	中位油口状况、特点及应用
O型	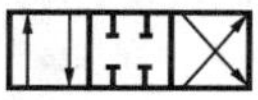	P、A、B、T四油口全封闭;液压泵不卸荷,液压缸闭锁;可用于多个换向阀的并联工作
H型		四油口全串通;活塞处于浮动状态,在外力作用下可移动;泵卸荷
Y型		P口封闭,A、B、T三油口相通;活塞浮动,在外力作用下可移动;泵不卸荷
K型		P、A、T三油口相通,B口封闭;活塞处于闭锁状态;泵卸荷
M型	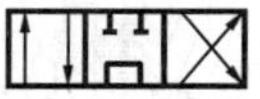	P、T口相通,A与B口均封闭;活塞不动;泵卸荷,也可用多个M型换向阀并联工作
X型		四油口处于半开启状态;泵基本上卸荷,但仍保持一定压力
P型		P、A、B三油口相通,T口封闭;泵与缸两腔相通,可组成差动回路
J型		P与A口封闭,B与T口相通;活塞停止,外力作用下可向一边移动;泵不卸荷
C型	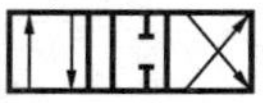	P与A口相通,B与T口皆封闭;活塞处于停止位置
N型		P和B口皆封闭,A与T口相通;与J型换向阀机能相似,只是A与B口互换了,功能也类似
U型	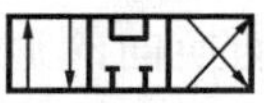	P和T口都封闭,A与B口相通;活塞浮动,在外力作用下可移动;泵不卸荷

③滑阀的操纵方式

常见的滑阀操纵方式示于图 2-48 中。

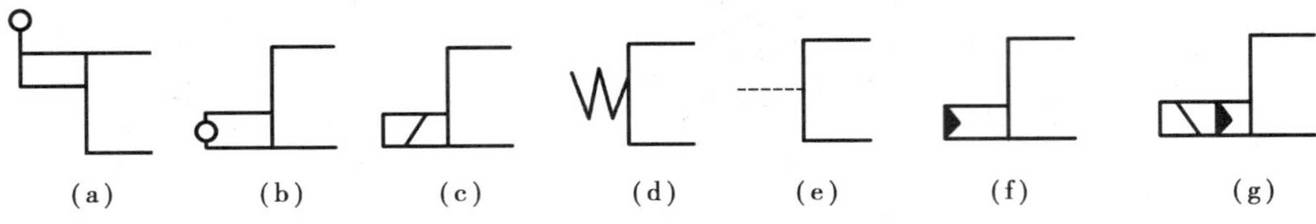

图 2-48 滑阀操纵方式

(a)手动式 (b)机动式 (c)电磁动 (d)弹簧控制 (e)液动 (f)液压先导控制 (g)电液控制

(4)换向阀的结构

在液压传动系统中广泛采用的是滑阀式换向阀,在这里主要介绍这种换向阀的几种典型结构。

①手动换向阀

图 2-49(b)为自动复位式手动换向阀,放开手柄 1、阀芯 2 在弹簧 3 的作用下自动回复中位,该阀适用于动作频繁、工作持续时间短的场合,操作比较完全,常用于工程机械的液压传动系统中。

如果将该阀阀芯右端弹簧 3 的部位改为可自动定位的结构形式,即成为可在三个位置定位的手动换向阀。图 2-49(a)为职能符号图。

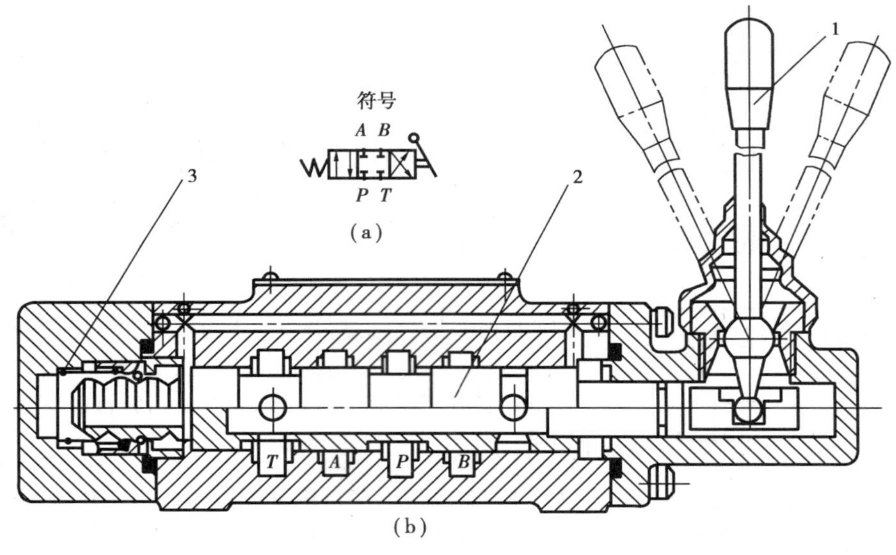

图 2-49 手动换向阀

(a)职能符号图 (b)结构图

1—手柄;2—阀芯;3—弹簧

②机动换向阀

机动换向阀又称行程阀,它主要用来控制机械运动部件的行程,它是借助于安装在工作台上的挡铁或凸轮来迫使阀芯移动,从而控制油液的流动方向,机动换向阀通常是二位的,有二通、三通、四通和五通几种,其中二位二通机动阀又分常闭和常开两种。图 2-50(a)为滚轮式二位三通常闭式机动换向阀,在图示位置阀芯 2 被弹簧 1 压向上端,油腔 P 和 A 通,B 口关闭。当挡铁或凸轮压住滚轮 4,使阀芯 2 移动到下端时,就使油腔 P 和 A 断开,P 和 B 接通,A 口关闭。图 2-50(b)所示为其职能符号。

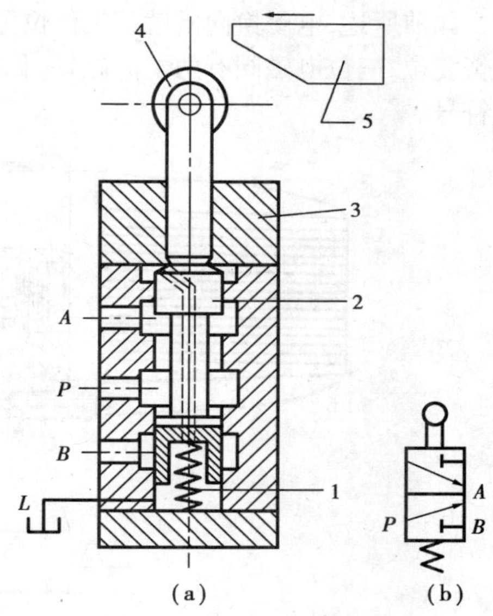

图 2-50　机动换向阀

③电磁换向阀

电磁换向阀是利用电磁铁的通电吸合与断电释放而直接推动阀芯来控制液流方向的。它是电气系统与液压系统之间发出接收信号转换元件,它的电气信号可以使液压系统方便地实现各种操作及自动顺序动作。

电磁铁按使用电源的不同,可分为交流和直流两种。按衔铁工作腔是否有油液又可分为“干式”和“湿式”。交流电磁铁起动力较大,不需要专门的电源,吸合、释放快,动作时间为 0.01 ~0.03 s,其缺点是若电源电压下降 15% 以上,则电磁铁吸力明显减小,若衔铁不动作,干式电磁铁会在 10 ~15 min 后烧坏线圈(湿式电磁铁为 1 ~1.5 h),且冲击及噪声较大,寿命低,因而在实际使用中交流电磁铁允许的切换频率一般为 10 次/min,不得超过 30 次/min。直流电磁铁工作较可靠,吸合、释放动作时间为 0.05 ~0.08 s,允许使用的切换频率较高,一般可达 120 次/min,最高可达 300 次/min,且冲击小、体积小、寿命长。但需有专门的直流电源,成本较高。此外,还有一种整体电磁铁,其电磁铁是直流的,但电磁铁本身带有整流器,通入的交流电经整流后再供给直流电磁铁。目前,国外新发展了一种油浸式电磁铁,不但衔铁,而且激磁线圈也都浸在油液中工作,它具有寿命更长,工作更平稳可靠等特点,但由于造价较高,应用面不广。

图 2-51(a)所示为二位三通交流电磁换向阀结构,在图示位置,油口 P 和 A 相通,油口 B 断开;当电磁铁通电吸合时,推杆 1 将阀芯 2 推向右端,这时油口 P 和 A 断开,而与 B 相通。而当磁铁断电释放时,弹簧 3 推动阀芯复位。图 2-51(b)所示为其职能符号。

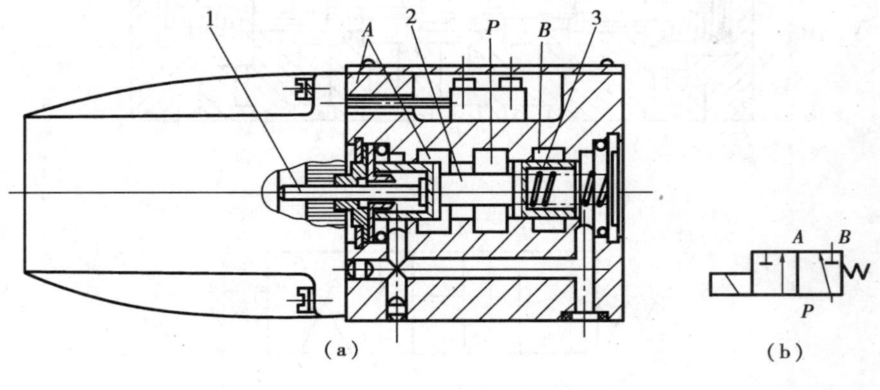

图 2-51　二位三通电磁换向阀

(a)结构图　(b)职能符号图

1—推杆;2—阀芯;3—弹簧

如前所述,电磁换向阀就其工作位置来说,有二位和三位等。二位电磁阀有一个电磁铁靠弹簧复位;三位电磁阀有两个电磁铁,如图 2-52 所示为一种三位五通电磁换向阀的结构和职能符号。

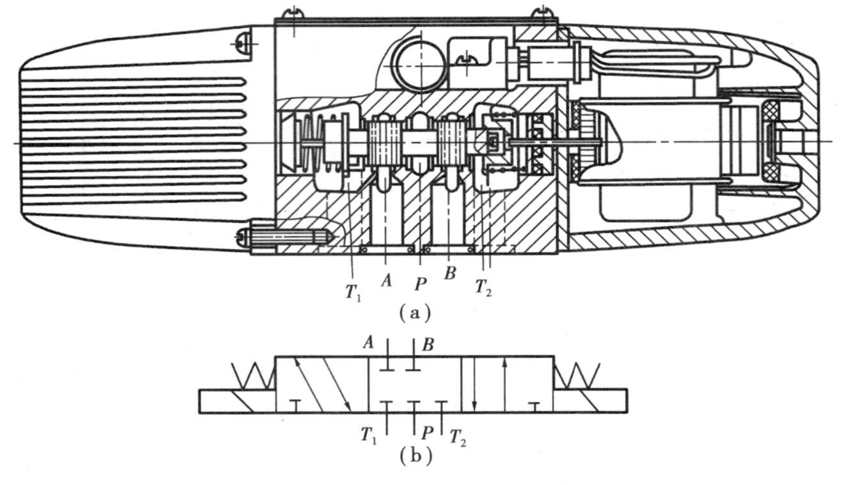

图 2-52 三位五通电磁换向阀
(a)结构图 (b)职能符号图

④液动换向阀

液动换向阀是利用控制油路的压力油来改变阀芯位置的换向阀,图 2-53 为三位四通液动换向阀的结构和职能符号。阀芯是由其两端密封腔中油液的压差来移动的,当控制油路的压力油从阀右边的控制油口 K_2 进入滑阀右腔时,K_1 接通回油,阀芯向左移动使压力油口 P 与 B 相通,A 与 T 相通;当 K_1 接通压力油,K_2 接通回油时,阀芯向右移动,使得 P 与 A 相通,B 与 T 相通;当 K_1,K_2 都通回油时,阀芯在两端弹簧和定位套作用下回到中间位置。

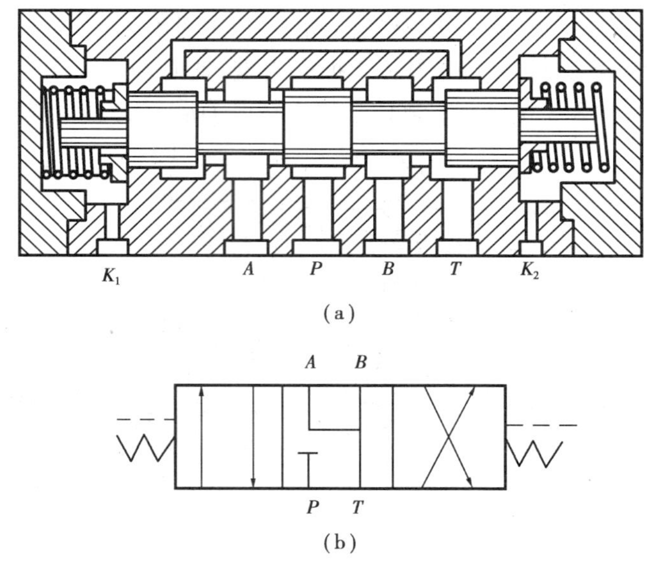

图 2-53 三位四通液动换向阀
(a)结构图 (b)职能符号图

⑤电液换向阀

在大中型液压设备中，当通过阀的流量较大时，作用在滑阀上的摩擦力和液动力较大，此时电磁换向阀的电磁铁推力相对地太小，需要用电液换向阀来代替电磁换向阀。电液换向阀是由电磁滑阀和液动滑阀组合而成。电磁滑阀起先导作用，它可以改变控制液流的方向，从而改变液动滑阀阀芯的位置。由于操纵液动滑阀的液压推力可以很大，所以主阀芯的尺寸可以做得很大，允许有较大的油液流量通过。这样用较小的电磁铁就能控制较大的液流。

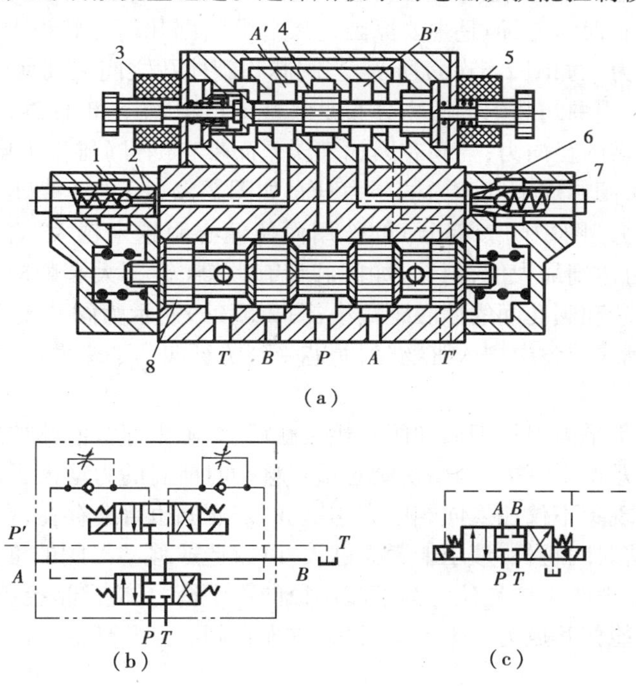

图 2-54　电液换向阀

(a)结构图　(b)职能符号　(c)简化职能符号

1、6—节流阀；2、7—单向阀；3、5—电磁铁；4—电磁阀阀芯；8—主阀阀芯

图 2-54 所示为弹簧对中型三位四通电液换向阀的结构和职能符号，当先导电磁阀左边的电磁铁通电后使其阀芯向右边位置移动，来自主阀 *P* 口或外接油口的控制压力油可经先导电磁阀的 *A*′口和左单向阀进入主阀左端容腔，并推动主阀阀芯向右移动，这时主阀阀芯右端容腔中的控制油液可通过右边的节流阀经先导电磁阀的 *B*′口和 *T*′口，再从主阀的 *T* 口或外接油口流回油箱（主阀阀芯的移动速度可由右边的节流阀调节），使主阀 *P* 口与 *A* 口、*B* 口和 *T* 口的油路相通；反之，由先导电磁阀右边的电磁铁通电，可使 *P* 口与 *B*、*A* 与 *T* 的油路口相通；当先导电磁阀的两个电磁铁均不带电时，先导电磁阀阀芯在其对中弹簧作用下回到中位，此时来自主阀 *P* 口或外接油口的控制压力油不再进入主阀芯的左、右两容腔，主阀芯左右两控的油液通过先导电磁阀中间位置的 *A*′、*B*′两油口与先导电磁阀 *T*′口相通（如图 2-54(b)所示），再从主阀的 *T* 口或外接油口流回油箱。主阀阀芯在两端对中弹簧的预压力的推动下，依靠阀体定位，准确地回到中位，此时主阀的 *P*、*A*、*B* 口和 *T* 油口均不通。电液换向阀除了上述的弹簧对中以外还有液压对中的，在液压对中的电液换向阀中，先导式电磁阀在中位时，*A*′、*B*′两油口均与油口 *P* 连通，而 *T*′则封闭，其他方面与弹簧对中的电液换向阀基本相似。

⑥滑阀的液压卡紧现象

一般滑阀的阀孔和阀芯之间有很小的间隙，当缝隙均匀且缝隙中有油液时，移动阀芯所需的力只需克服黏性摩擦力，数值是相当小的。但在实际使用中，特别是在中、高压系统中，当阀芯停止运动一段时间后（一般约 5 min 以后），这个阻力可以大到几百牛顿，使阀芯很难重新移动。这就是所谓的液压卡紧现象。

引起液压卡紧的原因，有的是由于脏物进入缝隙而使阀芯移动困难，有的是由于缝隙过小在油温升高时阀芯膨胀而卡死，但是主要原因是来自滑阀副几何形状误差和同心度变化所引起的径向不平衡液压力。如图 2-55（a）所示，当阀芯和阀体孔之间无几何形状误差，且轴心线平行但不重合时，阀芯周围间隙内的压力分布是线性的（图中 A_1 和 A_2 线所示），且各向相等，阀芯上不会出现不平衡的径向力；当阀芯因加工误差而带有倒锥（锥部大端朝向高压腔）且轴心线平行而不重合时，阀芯周围间隙内的压力分布如图 2-55（b）中曲线 A_1 和 A_2 所示，这时阀芯将受到径向不平衡力（图中阴影部分）的作用而使偏心距越来越大，直到两者表面接触为止，这时径向不平衡力达到最大值；但是，如阀芯带有顺锥（锥部大端朝向低压腔）时，产生的径向不平衡力将使阀芯和阀孔间的偏心距减小；图 2-55（c）所示为阀芯表面有局部凸起（相当于阀芯碰伤、残留毛刺或缝隙中楔入脏物时，阀芯受到的径向不平衡力将使阀芯的凸起部分推向孔壁。

当阀芯受到径向不平衡力作用而和阀孔相接触后，缝隙中存留液体被挤出，阀芯和阀孔间的摩擦变成半干摩擦乃至干摩擦，因而使阀芯重新移动时所需的力增大了许多。

滑阀的液压卡紧现象不仅在换向阀中有，其他的液压阀也普遍存在，在高压系统中更为突出，特别是滑阀的停留时间越长，液压卡紧力越大，以致造成移动滑阀的推力（如电磁铁推力）不能克服卡紧阻力，使滑阀不能复位。为了减小径向不平衡力，应严格控制阀芯和阀孔的制造精度，在装配时，尽可能使其成为顺锥形式，另一方面在阀芯上开环形均压槽，也可以大大减小径向不平衡力。

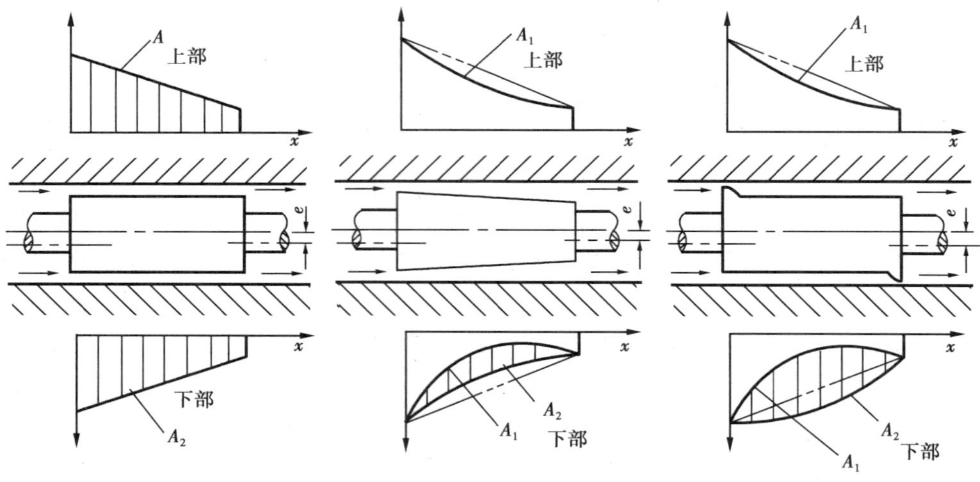

图 2-55　滑阀上的径向力 a、b、c

任务实施

一、单向阀的选用

对选用单向阀的基本要求是:正向流阻小、反向密封性好、动作灵敏。单向阀的最小开启压力因使用场合不同而异。对于同一个单向阀,不同等级的开启压力可以通过更换单向阀的弹簧来实现。若只作为控制液流单向流动的单向阀,弹簧刚度选得较小,其开启压力仅需0.03~0.05 MPa;若作为液压系统的背压阀使用,则需选择刚度较大的弹簧,使单向阀的开启压力达到0.2~0.6 MPa。

在选用单向阀时,除了根据液压系统需要合理选择开启压力外,还应特别注意工作时的流量应与单向阀的额定流量相匹配。当通过单向阀的流量远小于额定流量时,单向阀有时会产生振动。流量越小,开启压力越高,油中含气越多,越容易产生振动。安装时,必须认清单向阀的进、出口方向,以免影响液压系统的正常工作。特别是对于液压泵出口处安装的单向阀,若反向安装可能会损坏液压泵及原动机。

二、液控单向阀的选用

(1)选用液控单向阀时,应考虑打开液控单向阀所需的控制压力。此外还应考虑系统压力变化对控制油路压力变化的影响,以免出现误开启。

(2)在油流反向出口无背压的油路中,可选用内泄式;否则需用外泄式,以降低控制油的压力。而外泄式的泄油口必须无压回油,否则会抵消一部分控制压力。

三、换向阀的选用

1. 合理选用操纵方式

对于换向阀,应注意从满足系统对自动化和运行周期的要求出发,从手动、机械、电磁、电液动等型式中选用操纵方式。

2. 正确选用滑阀式换向阀的中位机能

在分析和选择滑阀式换向阀的中位机能时,通常考虑以下几点:

(1)系统保压　当P口被堵塞系统保压,液压泵能用于多缸系统,当P口与T口接通不大通畅时(如X型),系统能保持一定的压力供控制油路使用。

(2)系统卸荷　P口与T口接通通畅时,系统卸荷。

(3)换向平稳性和精度　当通液压缸的A、B两口堵塞时,换向过程易产生冲击,换向不平稳,但换向精度高。反之,A、B两口都通T口时,换向过程中工作部件不易制动、换向精度低,但液压冲击小。

(4)启动平稳性　阀在中位时,液压缸某腔如通油箱,则启动时因该腔内无油液起缓冲作用,启动不太平稳。

(5)液压缸“浮动”和在任意位置上的停止　阀在中位,当A、B两口互通时,卧式液压缸呈“浮动”状态。可用其他机构移动工作台,调整其位置;当A、B两口堵住或与P口连接(在非差动情况下),则可使液压缸在任意位置停下来。

此外，还应注意换向阀的实际流量、额定压力、额定流量以及安装连接方式。

根据以上的方向阀的选用要求，滚筒调高液压系统应选用双向液压锁和中位机能为“H”的三位四通手动换向阀。

知识拓展

一、二通插装阀

普通液压阀在流量小于 200 ~ 300 L/min 的系统中性能良好，但用于大流量系统并不具备良好的性能，特别是阀的集成更成为难题。二通插装阀的出现为此开创了途径。

1. 基本结构和工作原理

二通插装阀是一种以二通型单向元件为主体，采用先导控制和插装式连接的新型液压控制元件。由于这种阀是逻辑信号控制的，所以也称为逻辑阀。图 2-56 所示为二通插装阀的结构原理图，它由控制盖板 1、插装主阀（由阀套 2、弹簧 3、阀心 4 及密封件组成），插装阀体 5 和先导控制元件（置于控制盖板 1 上，图中未示出）组成。

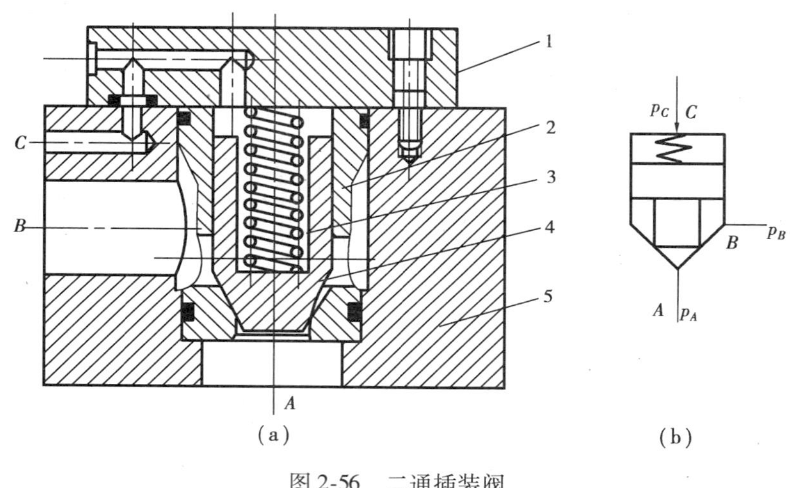

图 2-56　二通插装阀

(a)结构原理　(b)图形符号

1—控制盖板；2—阀套；3—弹簧；4—阀心；5—阀体

插装主阀采用插装式连接，阀心为锥形，根据不同的需要，阀心的结构不同。控制盖板将插装主阀封装在阀体内，并通过控制油口 C 沟通先导阀和主阀，来控制主阀的启闭，可控制主油路的通断。

使用不同的先导阀可以构成方向控制、压力控制或流量控制，还可以组成复合控制。由若干个不同控制功能的主阀插装在同一阀体内，并配上相应的控制盖板和先导控制元件，就可组成所需的液压回路和系统。在图 2-56 中，A、B 为主油路的工作油口，C 为控制油口。

实际工作时，阀心的受力状态是通过改变控制油口 C 的通油方式来控制，改变控制口 C 的油液压力 p_C，可以控制 A、B 油口的通断。当油口 C 与进油口相通，则 $p_C=p_A$，或 $p_C=p_B$，网口关闭；当油口 C 接油箱，则 $p_C=0$，阀心下部的液压力超过上部弹簧力时，阀心被顶开，至于液流的方向，视 A、B 口的压力大小而定，当 $p_A>p_B$ 时，液流由 A 口流向 B 口；当 $p_A<p_B$ 时，液流由

B 口流向 A，当控制口 C 接通压力油，且 $p_C>p_A$，$p_C>p_B$，则阀心在上、下两端压力差和弹簧的作用下关闭油口 A 和 B，这样，锥阀就起到逻辑元件的“非”门的作用，所以插装阀又称为逻辑阀。

2. 二通插装方向控制阀

单向阀　如图2-57所示，将控制油口 C 与 A 或 B 连接，可组成插装单向阀。在图2-57(a)中，控制口 C 口与 A 口连通，当 $p_A>p_B$ 时，锥阀关闭，A 口与 B 口不通，当 $p_A<p_B$ 时，锥阀开启，即成为油液从 B 口流向 A 口的单向阀。

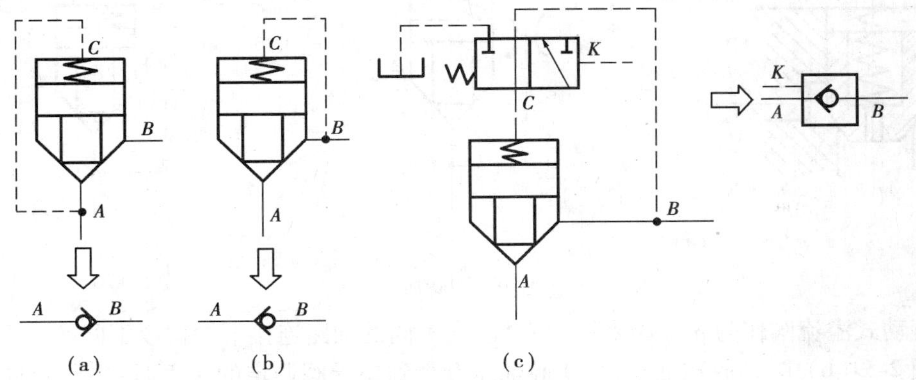

图2-57　插装式单向阀

在图2-57(b)中，控制口 C 口与 B 口连通，当 $p_c<p_b$ 时，锥阀关闭，A 口与 B 口不通，当 $p_c>p_b$ 时，锥阀开启，即成为油液从 A 口流向 B 口的单向阀。

在图2-57(c)中，在控制盖板上接一个二位三通被动换向阀来变换 C 腔的压力，当液控换向阀的控制口不通压力油，换向阀处于左位工作时，油液由 A 流向 B；当换向阀的控制口通压力油，换向阀处于右位工作时，锥阀上腔控制口 C 与油箱连通，从而使油液也可以由 B 口流向 A 口，即成为液控单向阀。

图2-58所示为插装式换向阀。当二位二通电磁阀不通电处于左位工作时，控制腔 C 的压力始终为 A，B 两油口中压力较高者。因此，无论是 A 口来油，还是 B 口来油，阀口均处于关闭状态，油口 A 与 B 不通；当二位二通电磁阀通电，插装阀的控制腔 C 与油箱相通，A 腔与 B 腔的通道处于开启状态。

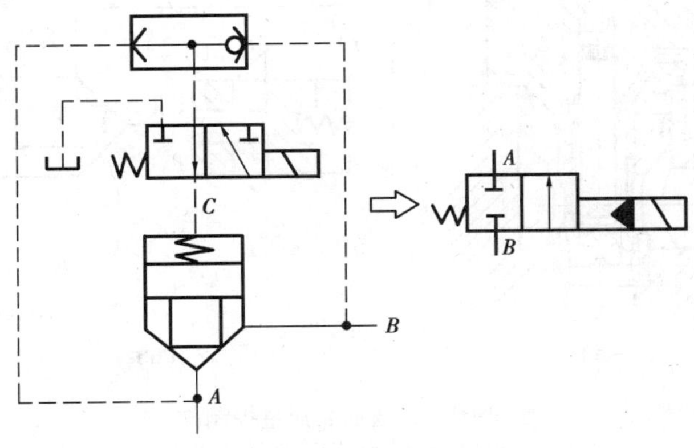

图2-58　插装式换向阀

3. **插装式压力控制阀**

采用带有阻尼孔的插装阀心,并对插装元件的 C 腔进行压力控制,即可构成各种压力控制阀。其结构原理如图 2-59 所示。

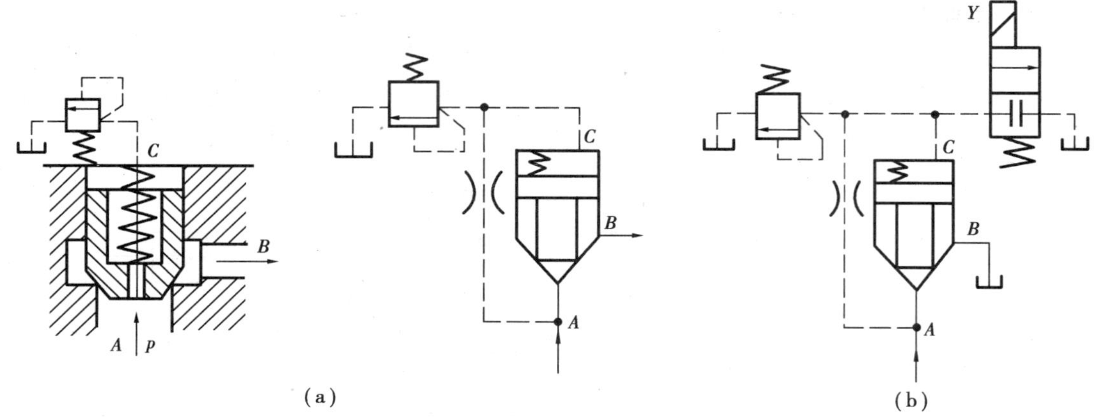

图 2-59　插装压力阀

用直动式溢流阀作为先导阀来控制 C 腔,在不同的油路连接下便构成不同的压力阀。

在图 2-59(b)中,B 腔通油箱,当 A 腔油压升高到先导阀调定的压力时,先导阀打开,油液流过主阀心阻尼孔时,造成两端压力差,使主阀心克服弹簧阻力开启,A 腔压力油便通过打开的阀门经 B 腔流回油箱,实现溢流稳压,即成为插装溢流阀。若二位二通阀电磁铁通电便可作为卸荷阀使用。

在图 2-59(b)中,若 B 腔不接油箱,而与负载油路相接,就构成了插装式顺序阀。

4. **插装式流量控制阀**

在控制盖板上安装机械的或电气的行程调节元件,来控制阀心的开启高度,改变阀口的通流面积大小,则锥阀可起流量控制阀的作用。

图 2-60(a)所示为手调插装节流阀。在这种插装阀的阀心端部开有三角构槽,用以调节

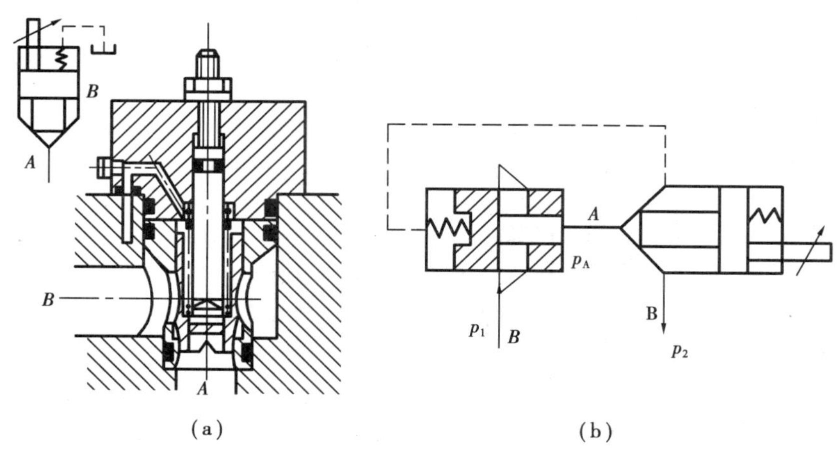

图 2-60　二通插装流量控制阀

(a)插装式节流阀　(b)插装式调速阀

流量。如果在插装阀节流前串联一定差减压阀,减压阀阀心两端分别与节流阀进出油口相通,利用减压阀的压力补偿功能来保证节流阀两端压差不随负载的变化而变化,这就构成了插装调速阀,如图 2-60(b)所示。

二、电液比例方向控制阀

电液比例控制阀是介于普通液压阀开关式控制和电液伺服控制之间的控制方式。它能实现对液流压力和流量连续地、按比例地跟随控制信号而变化,其控制性能优于开关式控制,与电液伺服控制相比,其控制精度和相应速度较低,但成本低,抗污染能力强,近年来国内外得到重视,发展较快。

电液比例阀由普通液压阀加上电—机械比例转换装置构成。比例阀一般都有压力补偿性能,所以它的输出压力和流量不受负载变化的影响。广泛应用于对液压参数进行连续、远距离控制或程序控制。

用比例电磁铁改变节流阀的开度,就成为比例节流阀。将此阀和定差减压阀组合在一起就成为比例调速阀。图 2-61 为电液比例调速阀的结构。当无信号转入时,节流阀在弹簧作用下阀口关闭,无流量输出。当有信号输入时,电磁铁产生与电流大小成比例的电磁力,通过推杆 4 推动节流阀心左移,使其开口 K 随电流大小而变化,得到与信号电流成比例的流量。若输入电流是连续地按比例变化,比例调速阀的流量也连续地按同样比例的规律变化。

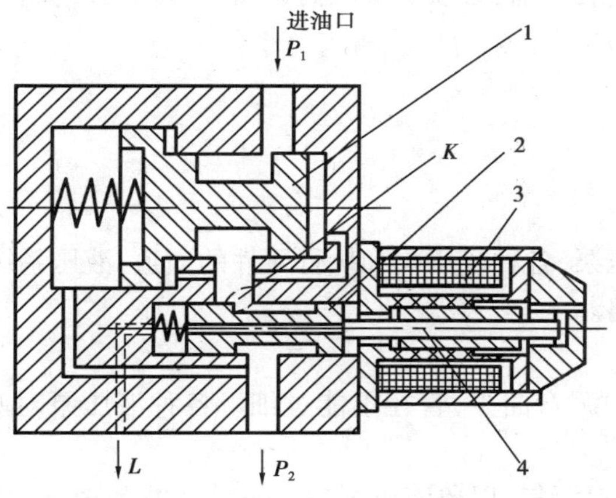

图 2-61　比例调速阀

1—减压阀;2—节流阀;3—比例电磁铁;4—推杆

任务4 采煤机调高液压系统的组建

知识目标：★掌握调高液压系统安装的程序和方法

能力目标：★能正确安装调高液压系统

任务导入

滚筒式采煤机作为采煤工作面的主要设备，为了适应工作面煤层高度的变化，必须保证滚筒调高液压系统动作可靠，而液压系统的正确安装是调高液压系统能否正常可靠运行的一个重要环节，那么该如何正确安装调高液压系统呢？

任务分析

在调高液压的组装过程中，如安装工艺不合理，或出现安装错误，将会造成采煤机滚筒调高装置无法正常工作，给生产带来巨大的经济损失，甚至造成重大安全事故。因此，我们在进行滚筒调高液压系统的安装之前，必须了解滚筒调高液压系统的安装方法和步骤等知识。

相关知识

一、液压管路的安装

液压管路是连接液压泵、各种夜压阀和执行元件的通道，液压系统的安装就是用管路把液压元件连接起来组成回路。

1. 吸油管的安装

(1)吸油管路要尽量短、弯曲少，管径不能过细。各种液压泵对吸程高度要求有所不同，但一般不超过500 mm。

(2)吸油管连接处不得漏气，以免液压泵在工作时吸进空气，产生噪音，以致无法吸油。

(3)除了个别泵外(产品说明书或样本中有说明)，一般在吸油管路上应安装粗滤油器，滤油器的通油能力至少是液压泵的额定流量的两倍，同时要考虑清洗时拆装方便。

2. 回油管的安装

(1)执行元件的主回油路及溢流阀的回油管应伸到油箱液面以下，以防止油液飞溅而混入气泡。

(2)溢流阀的回油管不允许与液压泵的进油口直接相通，可单独接回油箱，也可与主回油管冷却器相通，避免油温上升过快。

(3)具有外部泄漏的减压阀、顺序阀、电磁阀等的泄油口与回油管连通时，不允许有背压，否则，应单独接回油箱，以免影响阀的正常工作。

(4)安装管路过长时，每500 mm 应固定一个夹持油管的管夹。

3. 压力油管的安装

压力油管的安装位置应尽量地靠近设备和基础，同时又要便于支管的连接和检修。为了防止压力油管振动，应将管路安装在牢固的地方，在振动时，要加阻尼来消振。平行或交叉的管路之间应有 10 mm 以上的空隙，以防止干扰和振动。

4. 橡胶软管的安装

(1)要避免急转弯，其弯曲半径 R 应大于 9 ~ 10 倍外径，至少应在离接头 6 倍直径处弯曲。软管的弯曲同软管接头的安装应在同一运动平面上，以防扭转。

(2)软管在安装和工作时，不应有扭转现象，不应与其他管路接触，以免磨损破裂；在连接处应自由悬挂，以免受其自重而产生弯曲。

(3)软管应有一定余量，但过长或承受急剧振动的情况下应用夹子夹牢。

(4)由于软管在高温下工作时寿命短，所以尽可能地使软管安装在远离热源的地方，不得已时要装隔热板。

二、液控单向阀的安装

液控单向阀有螺纹连接和板式安装之分，螺纹连接可以安装于压力油管路中间，但进出油口要分清，不能连接反了，正规液压件厂生产的产品，在阀体侧面有箭头标记。阀的下阀盖小孔为控制油进口，一般用小径无缝钢管连接。

板式安装的液控单向阀分为内泄与外泄两种，它的进出油口、外泄油口和控制进油口，都在阀体的一个平面上。两个大孔为主油路进、出油口，两个小孔，一个是控制进油口，另一个为外泄油的回油孔，这两个孔要分清，泄油孔采用小型钢管接回油箱。板式液控单向阀在制造安装底板及安装时，要特别注意主油路的进、出油口方向和控制进油口的方向。

法兰安装式液控单向阀，都是大流量液压系统采用，一般在 200 L/min 以上系统可使用法兰安装。

内泄式的在阀体两侧为进、出油口，阀体侧面有箭头标记，控制进油口在阀体的底盖下边。

外泄式安装时，在阀体的一侧有个螺纹孔，用小径无缝管连接回油箱，此管不能与系统中其他回油管并联。

三、电磁换向阀和电液换向阀的安装

电磁换向阀与电液换向阀的安装无特殊要求，在一般情况下都是水平安装于底板上，或油路块上边。

电磁换向阀有中低压和中高压之分，在安装方面是相同的，只是进、出油口的位置各有自己的标准。

中低压电磁换向阀，有二位二通、二位三通、二位四通和二位五通以及三位五通多种。电磁换向阀都是板式安装，也就是进、出油孔都在一个平面上，而中间的孔进油，称“P”孔，P 孔左、右两个孔与液压缸连接，称“A”、“B”孔，再靠一端的孔是回油箱的，称为“O”或“T”孔，如图 2-62 所示。

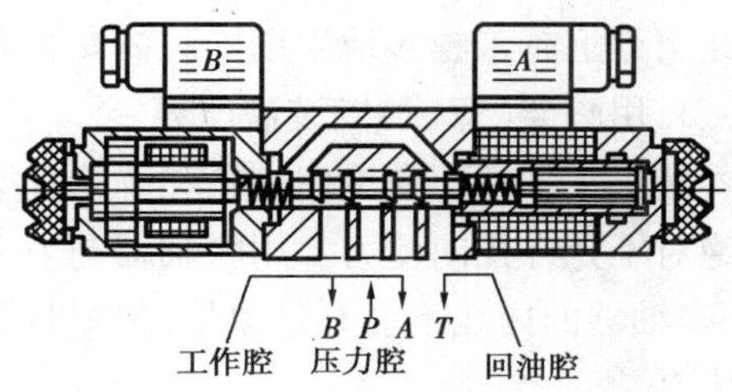

图 2-62　电磁换向阀的油口位置

中高压电磁换向阀，分为二位四通和三位四通两种，有6通径与10通径之分。6通径在底面有四个油孔，两侧的孔为"P"和"T"孔，两端的两个孔为孔，如图2-63所示。6通径电磁阀的"P"和"T"孔，是对称的，不易分清哪个孔是"P"孔，有的工厂生产这种阀时，在各个孔附近打上四个字头，而有的工厂不打字头，只能在四个安装螺钉孔的孔距不等时才能分清，因此安装高压和引进技术生产的6或5通径的电磁阀时应注意其安装方位。

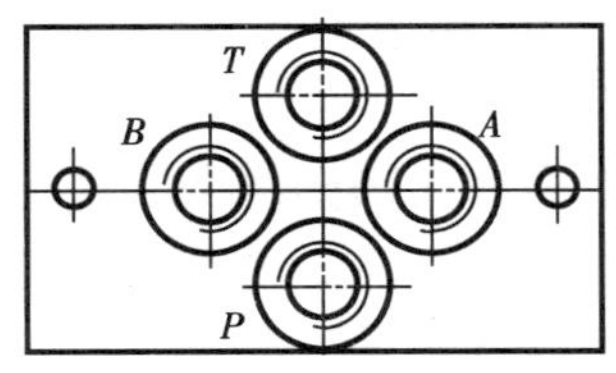

图2-63　油孔位置示意图

10通径二位四通和三位四通电磁换向阀，在安装方面完全一样，国内设计和引进技术生产的，虽然技术参数不同，在安装上无区别，通油孔道在一个平面上，正中间的孔为进油孔"P"，靠近左、右这"A"、"B"孔通往液压缸，靠两端的两个孔是回油"O"孔，这类电磁换向阀在安装上容易，一般是水平安装。电液换向阀有二位四通和三位四通，有16、20、22和32通径为板式安装，50通径以上至80通径是法兰安装式。

电液换向阀的通油孔，亦在一个平面上，它除进油孔"P"工作液压缸孔"A，B"和回油孔"O"或"T"以外，在两端还有控制进油孔和控制回油孔。

板式安装"P"和"T"孔在一侧，"A"和"B"工作口在一侧，在阀体铸造时，将这四个字母铸在阀体两侧，安装时容易区分。

50通径以上电液换向阀为法兰安装式，四个油口在阀体两侧，在阀体上面也铸造出四个字母："P，T"和"A，B"。

四、齿轮泵的安装

齿轮泵的安装质量十分重要，如若安装不当时，对使用寿命有直接影响，甚至会很快损坏。安装的具体要求分述如下。

1. 齿轮泵的轴伸

齿轮泵的轴伸不能承受径向力与轴向力，这是各类液压泵的共同特性。

2. 液压泵安装体结构

安装体一般用铸铁制造，其结构如图2-64所示，1、2两端法兰分别与液压泵法兰和Y系列B5或B35电动机的法兰连接。这种安装形式对液压泵与电动机（发动机）两轴的同轴度的误差，基本可以消除，泵运转时也无噪声，是延长液压泵使用寿命的有效途径，因此工程上越来越多地采用安装体安装方式。

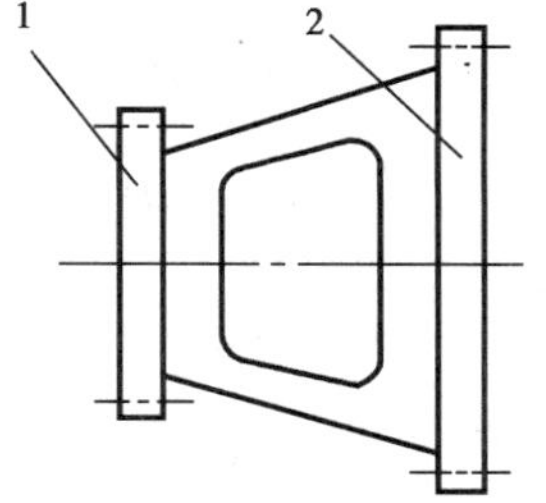

图2-64　液压泵安装体结构

3. 用脚架（弯板）安装液压泵

液压泵轴端不允许用带轮和链轮直接传动，因各类液压泵的轴伸绝对不允许径向受力。用联轴器与发动机（电动机）输出轴连接时，联轴器的内孔不能有过盈量，装配时不许拿铁锤用力敲打联轴器。一般不推荐用脚架安装液压泵。

液压泵基本型为法兰连接式，用支承座安装要有足够刚度，将泵的圆形配合台肩（俗称直口）与支承座孔配合，而配合不能过松，将泵用内六角螺钉牢固地拧紧在支承座上（脚架）。

4. 泵轴伸与驱动轴的连接误差

(1)采用轴套连接时(刚性连接),两轴的同轴度误差不得大于0.05 mm。

(2)若用弹性或柔性联轴器时,两轴的同轴度误差不得大于0.1 mm。

(3)两轴的角度误差,应控制在0.50以内。

(4)驱动轴端与泵的轴端应保持2~3 mm距离,采用弹性联轴器时,两轮端面应留有3 mm间隙。

5. 齿轮泵的运转方向

齿轮泵出厂时的旋转方向,均按顺时针方向(从轴端看),工作时不允许逆时针转动。

齿轮泵安装前,应先检查发动机输出轴的旋转方向与齿轮泵的允许转动方向是否一致,若需将泵的旋转方向为顺时针(正转),改为逆时针旋转(反转)时,因为各种泵的结构有差异,可采取以下办法解决。

(1)浮动侧板结构齿轮泵,正转改为反转时,将泵的表面用煤油刷洗洁净,再将后泵盖和泵体一侧打上字头,把侧板(有方向性)与后泵盖同时旋转180°,注意泵的吸油口大于排油口。

(2)浮动轴套式齿轮泵,这种齿轮泵的结构,四个轴套全装于泵体内,正转改为反转时,将两齿轮调换位置,前泵盖旋转180°即可。

(3)固定侧板式齿轮泵,正转改为反转时,只将后泵盖旋转180°即可。

6. 齿轮泵安装输油管路

齿轮泵安装固定之后,要将泵的吸油管路和压力油管路,按具体位置情况配管。

泵的吸油管应尽量短,其位置应靠近油箱,安装水平高度应在油面以下,对于在高温高速条件下运转的液压泵更应如此,如果限于条件,泵的安装位置要高于油面时,则泵的吸油高度不得大于最低油位500 mm,以防止吸入少许空气或吸油不足,而使泵产生噪声,影响泵的技术性能和缩短其使用寿命。

吸油管路应用冷拔无缝钢管,其钢管内径要大于压力油管内径,使泵的吸油压力(负压)在表压-0.03 MPa以内,吸油管内的流速应低于1.5 m/s,一般为1 m/s以内。

齿轮泵的进、出油口连接形式有螺纹连接和法兰连接两种。前者有公制螺纹和英制螺纹,英制螺纹的标准代号分为“G”圆柱管螺纹、“ZG”螺纹密封圆锥管螺纹以及“Z”圆锥管螺纹三种。

目前生产齿轮泵的厂家较多,齿轮泵的内部结构大同小异,其进、出油口的连接螺纹也不统一。

压力油管路应用冷拔无缝钢管,其钢管外径与壁厚,应根据系统的公称压力和流量选择适当的钢管外径。

任务实施

图2-65为滚筒式采煤机常用的调高液压系统。

(1)为图2-65所示的调高液压系统选择液压元件。

(2)在液压实训室或校外实训基地安装图2-65所示的调高液压系统。

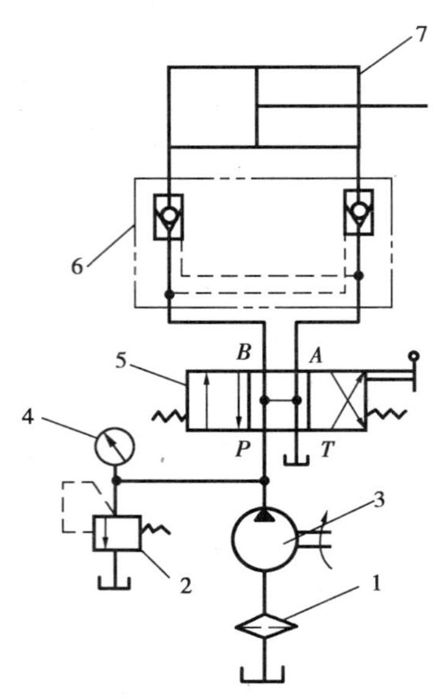

图 2-65　调高液压系统
1—粗过滤器;2—安全阀;3—液压泵;
4—压力表;5—换向阀;6—液压锁;7—调高液压缸

知识拓展

液压阀的集成

所谓阀的集成,就是在构造上使用多个不同作用的控制阀可以简便、紧凑地集中在一起,不必采用管路连接。有时,在一个共同的阀体上,把几个作用不同而从基本回路组成上看又有关联的控制阀集中在一起,这样可以使设备占地少,安装、维修容易,减少管接头处产生的泄漏,同时,回路需要变更时可以很容易地改变。阀的集成还可以利用基本零件(如锥阀)的不同组合,得到多种不同的控制阀。这使得阀的制作、安装和回路的组合变得更加方便。

一、集成块式

这种方式使用一般的板式阀,将板式阀安装在方形的集成块上,在集成块内部构成阀与阀连接的通路,因此,集成块就是一种代替管路把元件连接起来的六面连接体,如图 2-66 所示。

每一个集成块一般可安装三个阀,装在前面、左面和右面三个侧面上,而与执行元件相连通的油口则一般开在块的后面。集成块内的油液通路孔有两种:一种是公用主通道,它们是垂直的贯通集成块的上下面的,有压力油路 P、回油路 T 及泄油通路 L 等;另一种是连通装在同一集成块上各阀的油路,以及使各阀与有关的主通道相连通的油路,这些通路一般是水平钻制的,具体的通道情况要根据需要而定。现在集成块已设计成标准系列,同一系列同规格的标准集成块,其上下贯通的主要通道孔的位置是一致的。集成块与装在其周围的阀类元件构成一个集成块组,可完成一定典型回路的功能。因此,可根据需要,将若干个集成块组用螺栓连接

在一起，就构成了一个集成块式的液压传动系统。图 2-66 中 6 为底板，上面有进油口、回油口、泄漏油口等；3 为顶板，其上可以安装压力表开关，以便测量系统的压力。

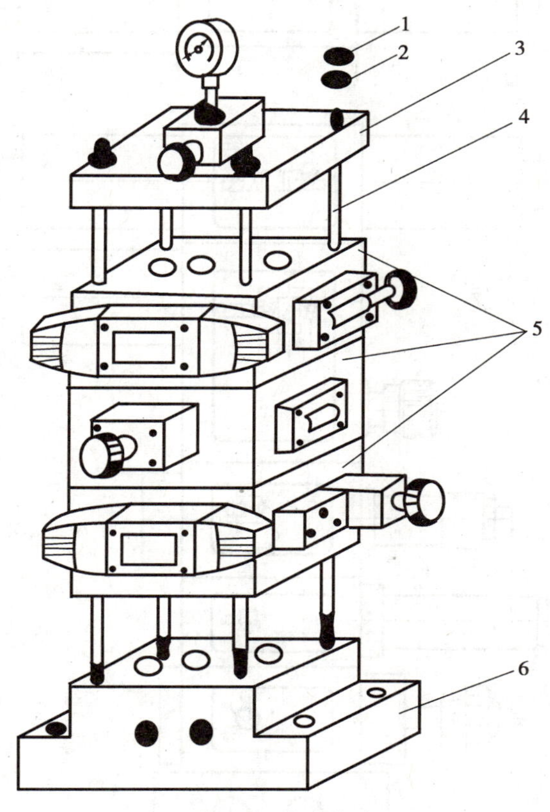

图 2-66　集成块式

1—螺母；2—垫圈；3—顶板；4—连接螺栓；5—集成块；6—底板

这种集成方式结构紧凑，便于安装和维修，有标准化、系列化产品，可以选用组合，所以应用广泛；但因阀与阀的连接要通过集成块，集成块的设计工作量大、加工工艺复杂，不能随意修改系统。

二、叠加阀类

这种集成方式是由叠加阀相互直接连接而成，不经过任何中间连接体，如图 2-67 所示。

用叠加方式组成的系统，每一叠阀是由主换向阀、底块和叠加阀组成。在叠加阀和底块之间一般还设有压力表开关（也是按叠加需要专门设计的）。主换向阀采用普通的板式阀，组装叠加在每一叠阀的顶部。底块放在每一叠阀的最下面，它开有通往液压泵、油箱、执行元件和压力表的油口。在主换向阀与底块之间安装叠加阀。叠加阀的主要特点是：阀体上具有组成液压系统所需的共用通路，其连接尺寸与所相配套的主换向阀一致，因此，阀体同时起到通道体的作用。

由叠加组成的每一叠阀可以分别控制一个执行元件，若干叠阀通过各自的底块连接起来可组成一集中的液压系统。

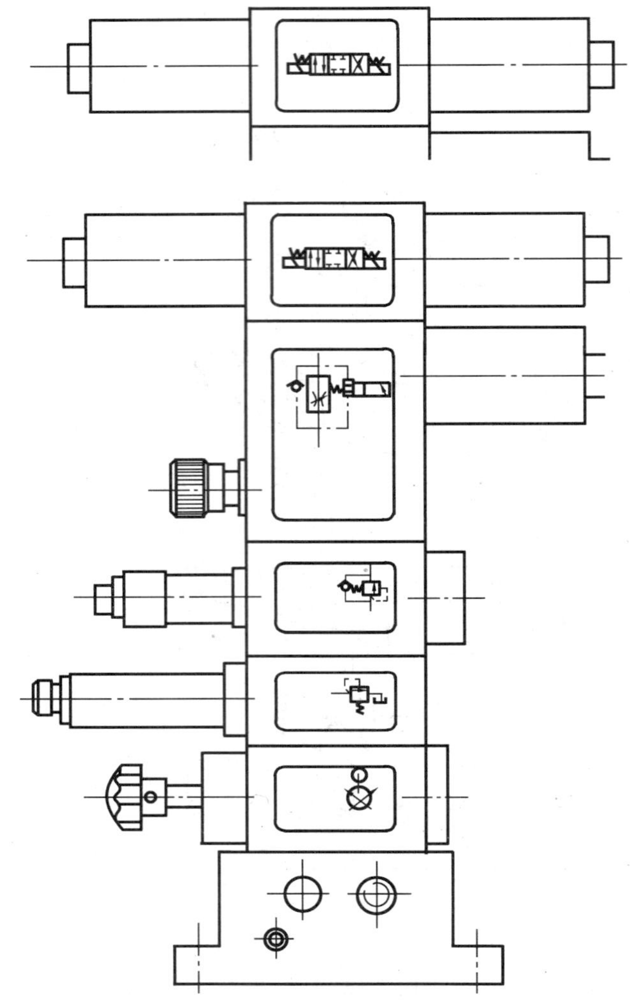

图 2-67　叠加阀式集成

叠加阀集成方式的优点是：结构紧凑、灵活，便于组成从简单到复杂的各种系统，系统的泄漏和压力损失也较小，但组成系统时需要使用专门的叠加阀。

三、锥阀式集成

锥阀集成液压系统是由油路块体、插装组件、先导阀与控制盖板组成的先导控制部分组合而成的。

锥阀集成油路块是用一个或数个插装式锥阀，插装入一个油路块体中，并在锥阀上施加不同的控制盖板而达到各种不同的液压控制回路的油路块体，它可分为通用和专用的两种类型。通用型锥阀集成油路块是按照常用的二通、三通、四通换向阀及调压（溢流阀）、减压等工作机能而设计的集成油路块体。将某一个特定的液压系统全部（或部分）用二通插装阀组成，并将其全部设计插装在一个或数个块体中，即称为专用锥阀集成油路块。由数个各种形式的集成油路块叠加在一起，每一个集成油路块之间用螺钉连接起来，则可组成一个锥阀集成液压系统,如图2-68所示。

在图2-68中,锥阀是主阀,它控制大流量的主油路,而压力阀、换向阀等则作为先导阀使用。主阀与先导阀的不同组合即可构成具有不同功能的控制阀。

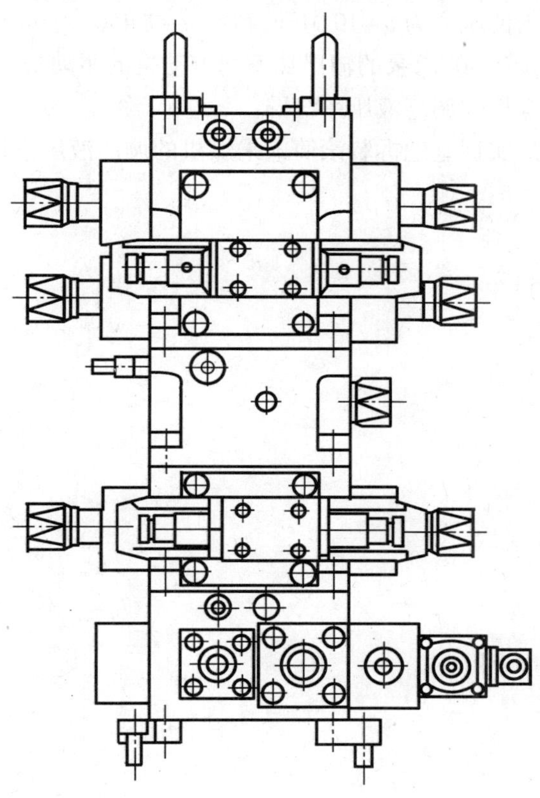

图2-68　锥阀式集成

插装组件嵌入到一个一般是方形的阀块之内,阀块上还开有组成液压系统所需的公用通路,它既是锥阀的阀体,又是系统的通路体,与锥阀组合使用的各先导阀也装在阀块的侧面,一个阀块一般嵌入2～4个锥阀元件。

从外表看来,这种组合方式有点像集成块式,但实际上起主要控制作用的锥阀是嵌入在阀体之内的。

把叠加安装在一起的数块集成油路块称为锥阀集成块组。每一锥阀集成块组的安装叠加总块数一般不大于7块,大通径的锥阀集成块的叠加高度则应小于1.5 m左右,一个系统使用的锥阀集成块过多,则应考虑分为数组叠加安装。

习题与实践操作

2-1　液压泵的工作压力取决于什么?泵的额定压力与工作压力有何区别?

2-2　齿轮泵有何特点,提高齿轮泵压力受哪些因素影响?

2-3　如何调节限压式变量叶片泵的压力和流量？调节时，泵的流量压力特性曲线将如何变化？

2-4　为什么轴向柱塞泵常用在工程等重型机械中？

2-5　某液压泵的输出油压力为 $p=10$ MPa，转速 $n=1\ 450$ r/min，排量 $V=100$ mL/r，容积效率 $\eta_v=0.95$，总效率 $\eta=0.90$，求泵的输出功率和电动机的驱动功率。

2-6　绘制滚筒式采煤机的调高液压系统图。

2-7　在实训室或校外实训基地拆装滚筒式采煤机的调高液压系统。

学习情境 3
全液压钻机液压系统的构建

目前，在矿山和坑道施工的安全和生产中，需钻凿大量的抽放孔、排放孔、探水孔、通风孔、通讯孔、电缆孔、地质孔等工程用孔，钻机是钻凿这些孔道的专用机具，钻机的种类很多，但全液压钻机在安全性、可靠性等方面更具有优势，得到大量的使用，因此，全液压钻机针对矿井生产具有极其重要的作用。而对全液压钻机性能影响最大的就是它的液压系统，那么该如何来构建全液钻机的液压系统呢？

任务1　全液压钻机液压马达的选用

知识目标：★掌握液压马达的工作原理及特点。
　　　　　★掌握液压马达主要性能参数。

能力目标：★正确选用液压马达。

任务导入

图3-1所示为一种架柱式全液压钻机，它是通过钻杆和钻头旋转、动力头前进和后退。完成钻孔作业的。在钻孔作业过程中，全液压钻机的是靠什么执行元件来实现钻杆和钻头的旋转的呢？

图 3-1 架柱式全液压钻机

任务分析

对于全液压钻机，一般要求具有钻进能力大，钻进速度快，操作简单，工作稳定可靠，移动安装方便和安全。显然选择适当的液压马达，通过液压马达来驱动钻杆和钻头，来完成钻机的钻孔任务是很好的决策。

相关知识

液压马达是液压执行元件，它和液压缸一样，都是将液体的压力能转变为机械能输出，驱动工作机构做功。液压马达能实现连续的旋转运动，输出扭矩和转速。

一、液压马达的特点及分类

液压马达和液压泵在结构类型上的分类一样，有齿轮式、叶片式、柱塞式和螺杆式等基本型式。

液压马达按其额定转速分为高速和低速两大类，额定转速高于 500 r/min 的属于高速液压马达，额定转速低于 500 r/min 的属于低速液压马达。

高速液压马达的基本型式有齿轮式、螺杆式、叶片式和轴向柱塞式等。它们的主要特点是转速较高、转动惯量小，便于启动和制动，调速和换向的灵敏度高。通常高速液压马达的输出转矩不大（仅几十牛米到几百牛米），所以又称为高速小转矩液压马达。

低速液压马达的基本型式是径向柱塞式，例如单作用曲轴连杆式、液压平衡式和多作用内曲线式等。此外在轴向柱塞式、叶片式和齿轮式中也有低速的结构型式。低速液压马达的主要特点是排量大、体积大、转速低（有时可达每分种几转甚至零点几转），因此可直接与工作机构连接，不需要减速装置，使传动机构大为简化，通常低速液压马达输出转矩较大（可达几千牛米到几万牛米），所以又称为低速大转矩液压马达。

二、液压马达的性能参数

液压马达的性能参数很多。下面是液压马达的主要性能参数。

1. 排量、流量和容积效率

习惯上将马达的轴每转一周，按几何尺寸计算所进入的液体容积，称为马达的排量 V，有时称之为几何排量、理论排量，即不考虑泄漏损失时的排量。

液压马达的排量表示出其工作容腔的大小，它是一个重要的参数。因为液压马达在工作中输出的转矩大小是由负载转矩决定的。但是，推动同样大小的负载，工作容腔大的马达的压力要低于工作容腔小的马达的压力，所以说工作容腔的大小是液压马达工作能力的主要标志，也就是说，排量的大小是液压马达工作能力的重要标志。

根据液压执行元件的工作原理可知，马达转速 n、理论流量 q_l 与排量 V 之间具有下列关系

$$q_l = nV \tag{3-1}$$

式中　q_l——理论流量（m^3/s）；

n——转速（r/min）；

V——排量（m^3/s）。

为了满足转速要求，马达实际输入流量 q 大于理论输入流量，则有：

$$q = q_l + \Delta q \tag{3-2}$$

式中　Δq——泄漏流量。

$$\eta_v = \frac{q_l}{q} = \frac{1}{1 + \Delta q / q_l} \tag{3-3}$$

所以得实际流量

$$q = \frac{q_l}{\eta_v} \tag{3-4}$$

液压马达输出的理论转矩

根据排量的大小，可以计算在给定压力下液压马达所能输出的转矩的大小，也可以计算在给定的负载转矩下马达的工作压力的大小。当液压马达进、出油口之间的压力差为 Δp，输入液压马达的流量为 q，液压马达输出的理论转矩为 T_l，角速度为 ω，如果不计损失，液压马达输入的液压功率应当全部转化为液压马达输出的机械功率，即：

$$\Delta pq = T_l \omega \tag{3-5}$$

又因为 $\omega = 2\pi n$，所以液压马达的理论转矩为：

$$T_l = \frac{\Delta p \cdot V}{2\pi} \tag{3-6}$$

式中　ΔP——马达进出口之间的压力差。

2. 液压马达的机械效率

由于液压马达内部不可避免地存在各种摩擦，实际输出的转矩 T 总要比理论转矩 T_l 小些，即：

$$T = T_l \eta_m \tag{3-7}$$

式中　η_m——液压马达的机械效率，%。

液压马达的启动机械效率 η_m 液压马达的启动机械效率是指液压马达由静止状态起动时，马达实际输出的转矩 T_0 与它在同一工作压差时的理论转矩 T_l 之比。即：

$$\eta_{m0} = \frac{T}{T_l} \tag{3-8}$$

液压马达的启动机械效率表示出其启动性能的指标。因为在同样的压力下,液压马达由静止到开始转动的启动状态的输出转矩要比运转中的转矩大,这给液压马达带载启动造成了困难,所以启动性能对液压马达是非常重要的,启动机械效率正好能反映其启动性能的高低。启动转矩降低的原因,一方面是在静止状态下的摩擦因数最大,在摩擦表面出现相对滑动后摩擦因数明显减小,另一方面也是最主要的方面是因为液压马达静止状态润滑油膜被挤掉,基本上变成了干摩擦。一旦马达开始运动,随着润滑油膜的建立,摩擦阻力立即下降,并随滑动速度增大和油膜变厚而减小。

实际工作中都希望启动性能好一些,即希望启动转矩和启动机械效率大一些。现将不同结构形式的液压马达的启动机械效率 η_{m0} 的大致数值列入表 3-1 中。

表 3-1 液压马达的启动机械效率

液压马达的结构形式		启动机械效率 η_{m0}/%
齿轮马达	老结构	0.60~0.80
	新结构	0.85~0.88
叶片马达	高速小扭矩型	0.75~0.85
轴向柱塞马达	滑履式	0.80~0.90
	非滑履式	0.82~0.92
曲轴连杆马达	老结构	0.80~0.85
	新结构	0.83~0.90
静压平衡马达	老结构	0.80~0.85
	新结构	0.83~0.90
多作用内曲线马达	由横梁的滑动摩擦副传递切向力	0.90~0.94
	传递切向力的部位具有滚动副	0.95~0.98

由表 3-1 可知,多作用内曲线马达的启动性能最好,轴向柱塞马达、曲轴连杆马达和静压平衡马达居中,叶片马达较差,而齿轮马达最差。

3. 液压马达的转速

液压马达的转速取决于供液的流量和液压马达本身的排量 V,可用式(3-9)计算:

$$n_l = \frac{q_l}{V} \tag{3-9}$$

式中 n_l——理论转速(r/min)。

由于液压马达内部有泄漏,并不是所有进入马达的液体都推动液压马达做功,一小部分因泄漏损失掉了。所以液压马达的实际转速要比理论转速低一些。

$$n = n_l \cdot \eta_v \tag{3-10}$$

式中 n——液压马达的实际转速(r/min);

η_v——液压马达的容积效率(%)。

4. 最低稳定转速

最低稳定转速是指液压马达在额定负载下,不出现爬行现象的最低转速。所谓爬行现象,就是当液压马达工作转速过低时，往往保持不了均匀的速度，进入时动时停的不稳定状态。

液压马达在低速时产生爬行现象的原因是：

（1）摩擦力的大小不稳定。通常的摩擦力是随速度增大而增加的，而对静止和低速区域工作的马达内部的摩擦阻力，当工作速度增大时非但不增加，反而减少，形成了所谓“负特性”的阻力。另一方面，液压马达和负载是由液压油被压缩后压力升高而被推动的，因此，可用图 3-2（a）所示的物理模型表示低速区域液压马达的工作过程：以匀速 v_0 推弹簧的一端（相当于高压下不可压缩的工作介质），使质量为 m 的物体（相当于马达和负载质量、转动惯量）克服“负特性”的摩擦阻力而运动。当物体静止或速度很低时阻力大，弹簧不断压缩，增加推力。只有等到弹簧压缩到其推力大于静摩擦力时才开始运动。一旦物体开始运动，阻力突然减小，物体突然加速跃动，其结果又使弹簧的压缩量减少，推力减小，物体依靠惯性前移一段路程后停止下来，直到弹簧的移动又使弹簧压缩，推力增加，物体就再一次跃动为止，形成如图 3-2（b）所示的时动时停的状态，对液压马达来说，这就是爬行现象。

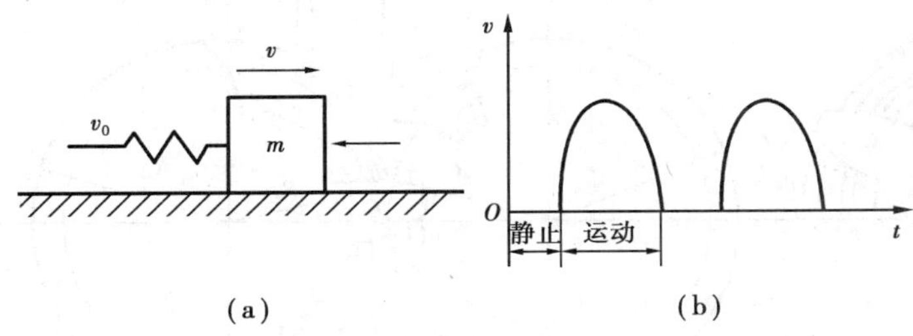

图 3-2　液压马达爬行的物理模型

（2）泄漏量大小不稳定。液压马达的泄漏量不是每个瞬间都相同，它也随转子转动的相位角度变化作周期性波动。由于低速时进入马达的流量小，泄漏所占的比重就增大，泄漏量的不稳定就会明显地影响到参与马达工作的流量数值，从而造成转速的波动。当马达在低速运转时，其转动部分及所带的负载表现出的惯性较小，上述影响比较明显，因而出现爬行现象。

实际工作中，一般都期望最低稳定转速越小越好。

5. 最高使用转速

液压马达的最高使用转速主要受使用寿命和机械效率的限制，转速提高后，各运动副的磨损加剧，使用寿命降低，转速高则液压马达需要输入的流量就大，因此各过流部分的流速相应增大，压力损失也随之增加，从而使机械效率降低。

对某些液压马达，转速的提高还受到背压的限制。例如曲轴连杆式液压马达，转速提高时，回油背压必须显著增大才能保证连杆不会撞击曲轴表面，从而避免了撞击现象。随着转速的提高，回油腔所需的背压值也应随之提高。但过分的提高背压，会使液压马达的效率明显下降。为了使马达的效率不致过低，马达的转速不应太高。

6. 调速范围

液压马达的调速范围用最高使用转速和最低稳定转速之比表示，即：

$$i = \frac{n_{\max}}{n_{\min}} \tag{3-11}$$

三、液压马达的工作原理

常用的液压马达的结构与同类型的液压泵很相似，下面对齿轮马达、叶片马达、轴向柱塞马达和摆动马达的工作原理作一介绍。

1. **齿轮马达**

图 3-3 为外啮合齿轮马达的工作原理图，Ⅰ为转矩输出齿轮，其节圆半径 R_1；Ⅱ为空转齿轮，其节圆半径 R_2；啮合点 C 到两齿轮中心的距离分别为 R_{c1} 和 R_{c2}。当高压油(压力为 p_h)输入马达时处于高压腔内的轮齿受到压力油作用。由于 $R_{c1}<R_{a1}$，$R_{c2}<R_{a2}$，故互相啮合的两个齿面只有部分处于高压腔这样使液压作用于两个处于高压腔的轮齿上的转矩不相等。若对两齿轮产生的有效推动转矩分别为 T_1'，T_2'；同理，处于低压腔的轮齿上的转矩也不相等，其产生的有效推动转矩为反方向转矩 T_1''，T_2''。此时齿轮Ⅰ上的不平衡转矩 $T_1=T_1'-T_1''$，齿轮Ⅱ上的不平衡转矩为 $T_2=T_2'-T_2''$。所以马达输出轴上产生总转矩为 $T=T_1+T_2\dfrac{R_1}{R_2}$，从而克服负载转矩而按技图中箭头所示方向旋转，随着齿轮旋转油液从高压腔被带到低压腔排出。

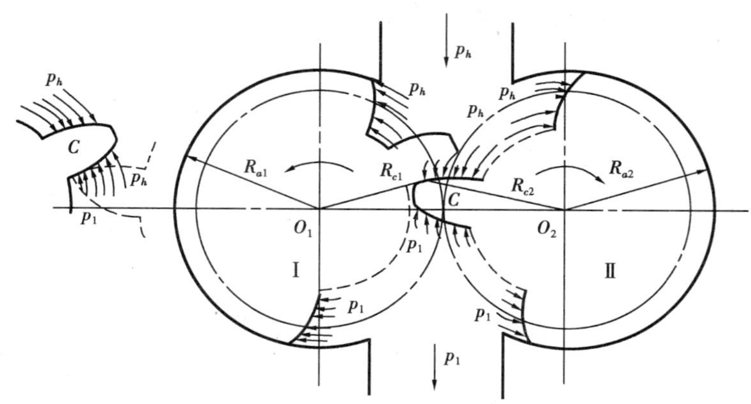

图 3-3 外啮合齿轮马达的工作原理

2. **叶片马达**

图 3-4 所示为叶片液压马达的工作原理图。

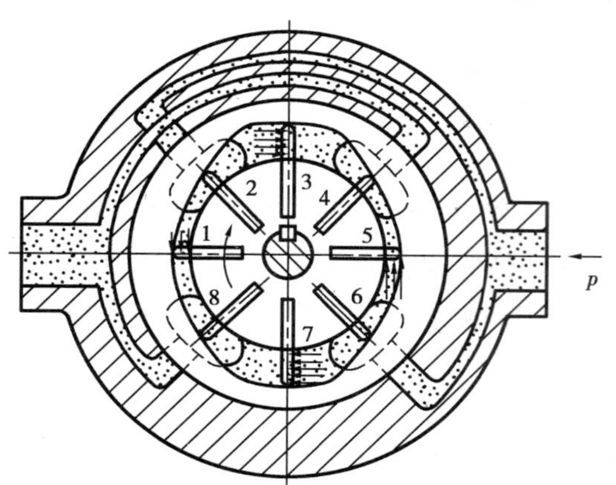

图 3-4 叶片马达的工作原理图

当压力为 p 的油液从进油口进入叶片 1 和 3 之间时，叶片 2 因两面均受液压油的作用所以不产生转矩。叶片 1、3 上，一面作用有压力油，另一面为低压油。由于叶片 3 伸出的面积大于叶片 1 伸出的面积，因此作用于叶片 3 上的总液压力大于作用于叶片 1 上的总液压力，于是压力差使转子产生顺时针的转矩。同样道理，压力油进入叶片 5 和 7 之间时，叶片 7 伸出的面积大于叶片 5 伸出的面积，也产生顺时针转矩。这样，就把油液的压力能转变成了机械能，这就是叶片马达的工作原理。当输油方向改变时，液压马达就反转。

当定子的长短径差值越大，转子的直径越大，以及输入的压力越高时，叶片马达输出的转矩也越大。

在图3-4中，叶片2、4、6、8两侧的压力相等，无转矩产生。叶片3、7产生的转矩为T_1，方向为顺时针方向。假设马达出口压力为零，则：

$$T_1 = 2\left[(R_1 - r)BP \cdot \frac{R_1 + r}{2}\right] = B(R_1^2 - r^2) \cdot P \tag{3-12}$$

式中　B——叶片宽度；

R_1——定子长半径；

r——转子半径；

p——马达的进口压力。

叶片1、5产生的转矩为T_2，方向为逆时针方向，则：

$$T = T_1 - T_2 = B\ (R_1^2 - R_2^2) \cdot P \tag{3-13}$$

由式(3-12)、式(3-13)看出，对结构尺寸已确定的叶片马达，其输出转矩T决定于输入油的压力。

由叶片泵的理论流量q_l的公式：

$$q_l = 2\pi Bn(R_1^2 - R_2^2)$$

得：

$$n = \frac{q_l}{2\pi B(R_1^2 - R_2^2)} \tag{3-14}$$

式中　q_l——液压马达的理论流量，$q_i = q \cdot \eta_v$；

q——液压马达的实际流量，即进口流量。

由式(3-14)看出，对结构尺寸已确定的叶片马达，其输出转速n决定于输入油的流量。

叶片马达的体积小，转动惯量小，因此动作灵敏，可适应的换向频率较高。但泄漏较大，不能在很低的转速下工作，因此，叶片马达一般用于转速高、转矩小和动作灵敏的场合。

3. 轴向柱塞马达

轴向柱塞马达的结构形式基本上与轴向柱塞泵一样，故其种类与轴向柱塞泵相同，也分为直轴式轴向柱塞马达和斜轴式轴向柱塞马达两类。

轴向柱塞马达的工作原理如图3-5所示。

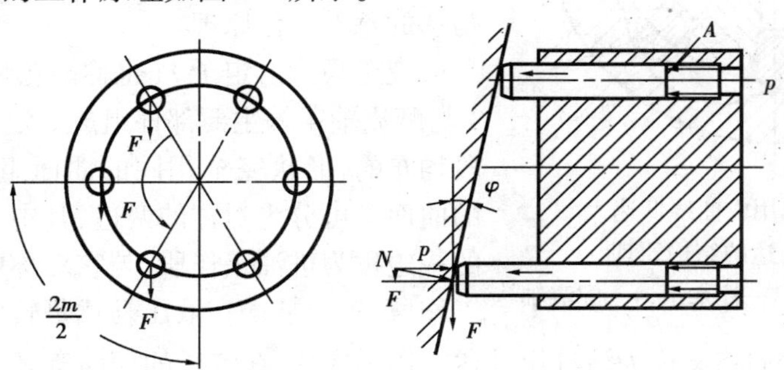

图3-5　斜盘式轴向柱塞马达的工作原理图

当压力油进入液压马达的高压腔之后，工作柱塞便受到油压作用力为pA(p为油压力，A为柱塞面积)，通过滑靴压向斜盘，其反作用为N。N力分解成两个分力，沿柱塞轴向分力p，与柱塞所受液压力平衡；另一分力F，与柱塞轴线垂直向上，它与缸体中心线的距离为r，这个力便产生驱动马达旋转的力矩。F力的大小为：

$$F = pA\ \tan\gamma$$

式中 γ——斜盘的倾斜角度(°)。

这个 F 力使缸体产生扭矩的大小,由柱塞在压油区所处的位置而定。设有一柱塞与缸体的垂直中心线成 ϕ 角,则该柱塞使缸体产生的扭矩 T 为:

$$T = Fr = FR\sin\phi = pAR\tan\gamma\sin\phi \tag{3-15}$$

式中 R——柱塞在缸体中的分布圆半径(m)。

随着角度 ϕ 的变化,柱塞产生的扭矩也跟着变化。整个液压马达能产生的总扭矩,是所有处于压力油区的柱塞产生的扭矩之和,因此,总扭矩也是脉动的,当柱塞的数目较多且为单数时,脉动较小。

液压马达的实际输出的总扭矩可用下式计算:

$$T = \eta_m \cdot \frac{\Delta pV}{2\pi} \tag{3-16}$$

式中 Δp——液压马达进出口油液压力差(N/m^2);

V——液压马达理论排量(m^3/r);

η_m——液压马达机械效率。

从式中可看出,当输入液压马达的油液压力一定时,液压马达的输出扭矩仅和每转排量有关。因此,提高液压马达的每转排量,可以增加液压马达的输出扭矩。

一般来说,轴向柱塞马达都是高速马达,输出扭矩小,因此,必须通过减速器来带动工作机构。如果我们能使液压马达的排量显著增大,也就可以使轴向柱塞马达做成低速大扭矩马达。

4. 多作用内曲线低速大扭矩液压马达

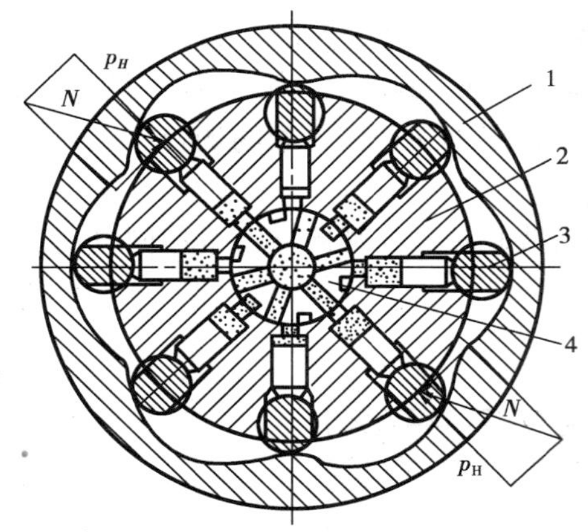

图 3-6 多作用内曲线低速大扭矩液压马达的结构原理

1—定子;2—转子;3—柱塞组;4—配流轴

多作用内曲线低速大扭矩液压马达的结构形式很多,就使用方式而言,有轴转、壳转与直接装在车轮的轮毂中的车轮式液压马达等形式。而从内部的结构来看,根据不同的传力方式、柱塞部件的结构可有多种型式,但是,液压马达的主要工作过程是相同的。现以图 3-6 为例来说明多作用内曲线低速大扭矩液压马达的基本工作原理。

液压马达由定子 1(也称凸轮环)、转子 2、柱塞组 3 与配流轴 4 等主要部件组成。定子 1 的内壁有若干段均布的、形状完全相同的曲面组成,每一相同形状的曲面又可分为对称的两边,其中允许柱塞副向外伸的一边称为进油工作段,与它对称的另一边称为排油工作段,每个柱塞在液压马达每转中往复的次数就等于定子曲面数 x,我们将 x 称为该液压马达的作用次数;在转子的径向有 Z 个均匀分布的柱塞缸孔,每个缸孔的底部都有一配流窗口,并与它的中心配流轴 4 相配合的配流孔相通。配流轴 4 中间有进油和回油的孔道,它的配流窗口的位置与导轨曲面的进油工作段和排油工作段的位置相对应,所以在配流轴圆周上有 $2x$ 个均布配流窗口。柱塞组 3 以很小的间隙置于转子 2 的柱塞缸孔中。作用在柱塞上的液压力经滚轮传递到定子的曲面上。

来自液压泵的高压油首先进入配流轴,经配流轴窗口进入处于工作段的各柱塞缸孔中,使相应的柱塞组的滚轮顶在定子曲面上,在接触处,定子曲面给柱塞组一反力 N,这个反力 N 作用在定子曲面与滚轮接触处的公法面上，此法向反力 N 可分解为径向力 F_R 和圆周力 F_a，F_R 与柱塞底面的液压力以及柱塞组的离心力等相平衡，而 F_a 所产生的驱动力矩则克服负载力矩使转子2旋转。柱塞所做的运动为复合运动，即随转子2旋转的同时并在转子的柱塞缸孔内做往复运动，定子和配流轴是不转的。而对应于定子曲面回油区段的柱塞做相反方向运动，通过配流轴回油，当柱塞组3经定子曲面工作段过渡到回油段的瞬间，供油和回油通道被闭死。

若将液压马达的进、出油方向对调，液压马达将反转；若将驱动轴固定，则定子、配流轴和壳体将旋转（通常称为壳转工况），变为车轮马达。

任务实施

液压马达的选用与液压泵的选用原则基本相同。在选用液压马达时，首先确定液压马达的类型，然后按液压系统所要求的压力、流量大小确定其规格型号。选用液压马达时可参考表3-2和表3-3所列出的常用液压马达的主要性能和应用范围，进行综合比较而定。全液压钻机的工作情况对液压执行元件的要求是钻进能力大，钻进速度快，操作简单，工作稳定可靠，移动安装方便和安全，因此选用摆线式低速大扭矩液压马达比较合适。

表3-2　各类低速液压马达的主要性能参数

		单作用式				多作用式		
结构特点		连杆式	无连杆式	摆缸式	双斜式	柱塞传力式	柱塞传力钢球式	横梁传力式
压力/MPa	额定	20.5	17.0	20.5	20.5	13.5	13.5	29
	最高	24.0	28.0	24.5	24.0	20.5	20.5	39.0
转速/($r\cdot min^{-1}$)	额定	5~10	2	0.5	5~10	0.5	1	0.5
	最高	200	275	220	200	120	600	75
机械效率/%		93	95	95	96	95	95	95
容积效率/%		96.8	95	95	95	95	95	95
总效率/%		90	90	90	91	90	90	90
起动效率/%		85	90	88	90	90	82	88
单位排量重量/($N\cdot mL^{-1}$)		1.0	1.6	1.1	1.4	0.96	0.67	1.35

表3-3　常用液压马达的应用范围及选用

<table>
<tr><th colspan="3">类　型</th><th>适用工况</th><th>应用举例</th></tr>
<tr><td rowspan="2">高速小扭矩马达</td><td rowspan="2">齿轮马达</td><td>外啮合式</td><td>适用于高速小扭矩、且速度平稳性要求不高、噪声限制不大的场合</td><td rowspan="2">适用于钻床、风扇以及工程机械、农业机械、林业机械的回转机构</td></tr>
<tr><td>内啮合式</td><td>适用于高速小扭矩、要求噪声较小的场合</td></tr>
</table>

续表

类型			适用工况	应用举例
高速小扭矩马达	叶片马达		适用于负载扭矩不大、噪声要求小、调速范围宽的场合	适用于机床（如磨床回转工作台）等设备
	轴向柱塞马达		适用于负载速度大、有变速要求、负载扭矩较小、低速平稳性要求高，即中高速、小扭矩的场合	适用于起重机、绞车、铲车、内燃机车、数控机床等设备
低速大扭矩马达	径向马达	曲轴连杆式	适用于大扭矩低速工况，启动性较差	适用于塑料机械、行走机械、挖掘机、拖拉机、起重机、采煤机牵引部等设备
		内曲线式	适用于负载扭矩大、速度范围宽、启动性好、转速低的场合。当扭矩比较大、系统压力较高（如大于 16 MPa），且输出轴承受径向力作用时，宜选用横梁式内曲线液马达	
		摆缸式	适用于大扭矩、低速工况	
中速中扭矩马达	双斜盘轴向柱塞马达		低速性好，可作伺服马达	适用范围广，但不宜在快速性要求严格的控制系统中使用
	摆线马达		适用于中低负载速度、体积要求小的场合	适用于塑料机械、煤矿机械、挖掘机、行走机械等设备

知识拓展

液压马达与液压泵的区别

液压马达是把液体的压力能转换为机械能的装置，从原理上讲，液压泵可以作液压马达用，液压马达也可作液压泵用。但事实上同类型的液压泵和液压马达虽然在结构上相似，但由于两者的工作情况不同，使得两者在结构上也有某些差异。例如：

（1）液压马达一般需要正反转，所以在内部结构上应具有对称性，而液压泵一般是单方向旋转的，没有这一要求。

（2）为了减小吸油阻力，减小径向力，一般液压泵的吸油口比出油口的尺寸大。而液压马达低压腔的压力稍高于大气压力，所以没有上述要求。

（3）液压马达要求能在很宽的转速范围内正常工作，因此，应采用液动轴承或静压轴承。因为当马达速度很低时，若采用动压轴承，就不易形成润滑滑膜。

（4）叶片泵依靠叶片跟转子一起高速旋转而产生的离心力使叶片始终贴紧定子的内表面，起封油作用，形成工作容积。若将其当马达用，必须在液压马达的叶片根部装上弹簧，以保证叶片始终贴紧定子内表面，以便马达能正常起动。

（5）液压泵在结构上需保证具有自吸能力，而液压马达就没有这一要求。

（6）液压马达必须具有较大的起动扭矩。所谓起动扭矩，就是马达由静止状态起动时，马达轴上所能输出的扭矩，该扭矩通常大于在同一工作压差时处于运行状态下的扭矩，所以，为了使起动扭矩尽可能接近工作状态下的扭矩，要求马达扭矩的脉动小，内部摩擦小。

由于液压马达与液压泵具有上述不同的特点，使得很多类型的液压马达和液压泵不能互逆使用。

任务2　压力控制阀的选用

知识目标：★掌握压力控制阀的工作原理及特点。
　　　　　★掌握压力控制阀主要性能参数。

能力目标：★正确选用全液压钻机的压力控制阀。

任务导入

在全液压钻机的工作中，为了适应岩石硬度的变化，需要钻机的推进力与之相适应。全液压钻机是如何调节推进力，调控和稳定推进力的呢？

任务分析

在液压系统中，调控液动机输出力的元件是压力控制阀，因此要控制全液压钻机的推进力，就需为系统加装压力控制阀。下面我们来学习怎样选用压力控制阀。

相关知识

在液压传动系统中，控制油液压力高低的液压阀称之为压力控制阀，简称压力阀。这类阀的共同点是利用作用在阀芯上的液压力和弹簧力相平衡的原理工作的。

在具体的液压系统中，根据工作需要的不同，对压力控制的要求是各不相同的：有的需要限制液压系统的最高压力，如安全阀；有的需要稳定液压系统中某处的压力值（或者压力差，压力比等），如溢流阀、减压阀等定压阀；还有的是利用液压力作为信号控制其动作，如顺序阀、压力继电器等。

一、溢流阀

1. 溢流阀的基本结构及其工作原理

溢流阀的主要作用是对液压系统定压或进行安全保护。几乎在所有的液压系统中都需要用到它，其性能好坏对整个液压系统的正常工作有很大影响。

（1）溢流阀的作用

在液压系统中维持定压是溢流阀的主要用途。它常用于节流调速系统中，和流量控制阀配合使用,调节进入系统的流量,并保持系统的压力基本恒定。如图 3-7(a)所示,溢流阀 2 并联于系统中,进入液压缸 4 的流量由节流阀 3 调节。由于定量泵 1 的流量大于液压缸 4 所需的流量,油压升高,将溢流阀 2 打开,多余的油液经溢流阀 2 流回油箱。因此,在这里溢流阀的功用就是在不断的溢流过程中保持系统压力基本不变。

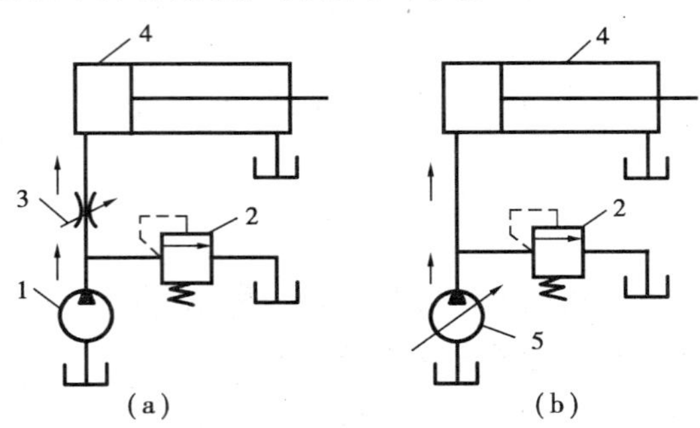

图 3-7 溢流阀的作用

1—定量泵;2—溢流阀;3—节流阀;4—液压缸;5—变量

用于过载保护的溢流阀一般称为安全阀。如图 3-7(b)所示的变量泵调速系统。在正常工作时,安全阀 2 关闭,不溢流,只有在系统发生故障,压力升至安全阀的调整值时,阀口才打开,使变量泵排出的油液经溢流阀 2 流回油箱,以保证液压系统的安全。

(2)液压系统对溢流阀的性能要求

①定压精度高。当流过溢流阀的流量发生变化时,系统中的压力变化要小,即静态压力超调要小。

②灵敏度要高。如图 3-7(a)所示,当液压缸 4 突然停止运动时,溢流阀 2 要迅速开大。否则,定量泵 1 输出的油液将因不能及时排出而使系统压力突然升高,并超过溢流阀的调定压力,称动态压力超调,使系统中各元件及辅助受力增加,影响其寿命。溢流阀的灵敏度越高,则动态压力超调越小。

③工作要平稳,且无振动和噪声。

④当阀关闭时,密封要好,泄漏要小。

对于经常开启的溢流阀,主要要求前三项性能;而对于安全阀,则主要要求第二和第四两项性能。其实,溢流阀和安全阀都是同一结构的阀,只不过是在不同要求时有不同的作用而已。

2. 溢流阀的结构和工作原理

常用的溢流阀按其结构形式和基本动作方式可归结为直动式和先导式两种。

(1)直动式溢流阀

直动式溢流阀是依靠系统中的压力油直接作用在阀芯上与弹簧力等相平衡,以控制阀芯的启闭动作,图 3-8(a)所示是一种低压直动式溢流阀,P 是进油口,T 是回油口,进口压力油经阀芯 2 中间的阻尼孔 g 作用在阀芯的底部端面上,当进油压力较小时,阀芯在弹簧 3 的作用下处于下端位置,将 P 和 T 两油口隔开。当油压力升高,在阀芯下端所产生的作用力超过弹簧的压紧力 F。此时,阀芯上升,阀口被打开,将多余的油液排回油箱,阀芯上的阻尼孔 g 用来对阀芯的动作产生阻尼,以提高阀的工作平衡性,调整螺帽 4 可以改变弹簧的压紧力,这样也就调整了溢流阀进口处的油液压力 p。

溢流阀是利用被控压力作为信号来改变弹簧的压缩量,从而改变阀口的通流面积和系统的溢流量来达到定压目的的。当系统压力升高时,阀芯上升,阀口通流面积增加,溢流量增大,进而使系统压力下降。溢流阀内部通过阀芯的平衡和运动构成的这种负反馈作用是其定压作用的基本原理,也是所有定压阀的基本工作原理。弹簧力的大小与控制压力成正比,因此如果提高被控压力,一方面可用减小阀芯的面积来达到,另一方面则需增大弹簧力,因受结构限制,需采用大刚度的弹簧。这样,在阀芯相同位移的情况下,弹簧力变化较大,因而该阀的定压精度就低。所以,这种低压直动式溢流阀一般用于压力小于 2.5 MPa 的小流量场合,图 3-8(b)所示为直动式溢流阀的图形符号。由图 3-8(a)还可看出,在常位状态下,溢流阀进、出油口之间是不相通的,而且作用在阀芯上的液压力是由进口油液压力产生的,经溢流阀芯的泄漏油液经内泄漏通道进入回油口 T。

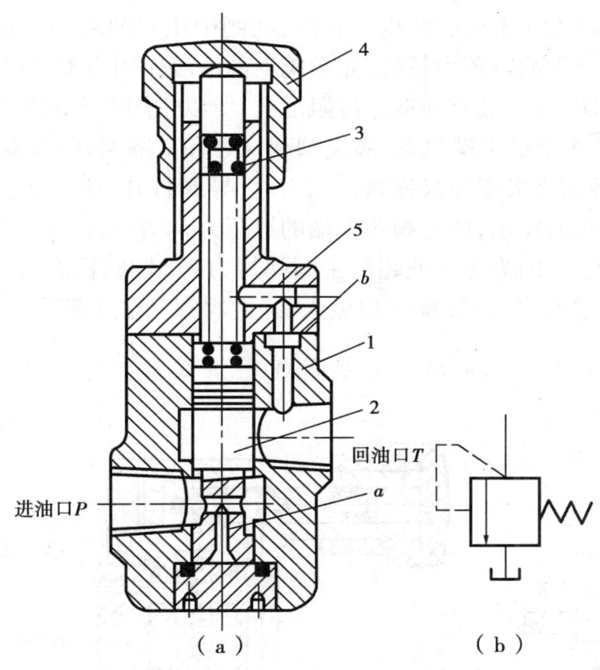

图 3-8　低压直动式溢流阀

(a)结构图　(b)职能符号图

1—阀体;2—阀芯;3—调压弹簧;4—螺帽;5—上盖

直动式溢流阀采取适当的措施也可用于高压大流量。例如,德国 Rexroth 公司开发的通径为 6~20 mm 的压力为 40~63 MPa;通径为 25~30 mm 的压力为 31.5 MPa 的直动式溢流阀,最大流量可达到 330 L/min,其中较为典型的锥阀式结构如图 3-9 所示。图 3-9 为锥阀式结构的局部放大图,在锥阀的下部有一阻尼活塞 3,活塞的侧面铣扁,以便将压力油引到活塞底部,该活塞除了能增加运动阻尼以提高阀的工作稳定性外,还可以使锥阀导向而在开启后不会倾斜。此外,锥阀上部有一个偏流盘 1,盘上的环形槽用来改变液流方向,一方面以补偿锥阀 2 的液动力;另一方面由于液流方向的改变,产生一个与弹簧力相反方向的射流力,当通过溢流阀的流量增加时,虽然因锥阀阀口增大引起弹簧力增加,但由于与弹簧力方向相反的射流力同时增加,结果抵消了弹簧力的增量,有利于提高阀的通流流量和工作压力。

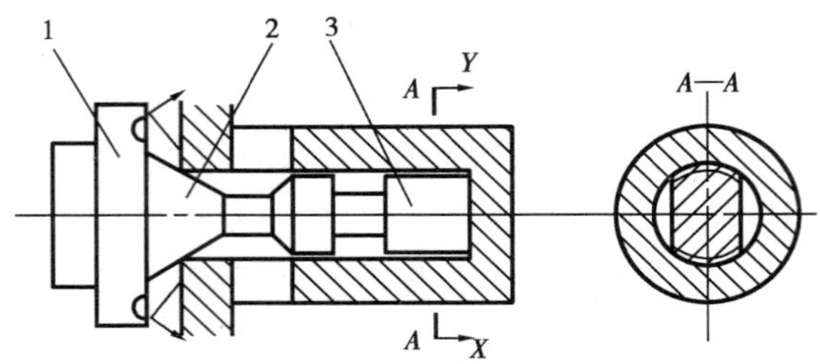

图 3-9　直动式锥型溢流阀

1—偏流盘;2—锥阀;3—活塞

(2)先导式溢流阀

图 3-10 所示为先导式溢流阀的结构示意图,在图中压力油从 P 口进入,通过阻尼孔 e 后作用在先导阀芯 1 上,当进油口压力较低,先导阀上的液压作用力不足以克服先导阀右边的弹簧 2 的作用力时,先导阀关闭,没有油液流过阻尼孔,所以主阀芯 5 两端压力相等,在较软的主阀弹簧 4 作用下主阀芯 5 于最下端位置,溢流阀阀口 P 和 T 隔断,没有溢流。当进油口压力升高到作用在导阀上的液压力大于导阀弹簧作用力时,导阀打开,压力油就可通过阻尼孔、经导阀流回油箱,由于阻尼孔的作用,使主阀芯上端的液压力 p_2 小于下端压力 p_1,当这个压力差作用在面积为 A_B 的主阀芯上的力等于或超过主阀弹簧力 F_s,轴向稳态液动力 F_{bs}、摩擦力 F_f 和主阀芯自重 G 时,主阀芯开启,油液从 P 口流入,经主阀阀口由 T 流回油箱,实现溢流,即有:

$$\Delta p = p_1 - p_2 \geqslant F_s + F_{bs} + G \pm \frac{F_f}{A_B} \tag{3-17}$$

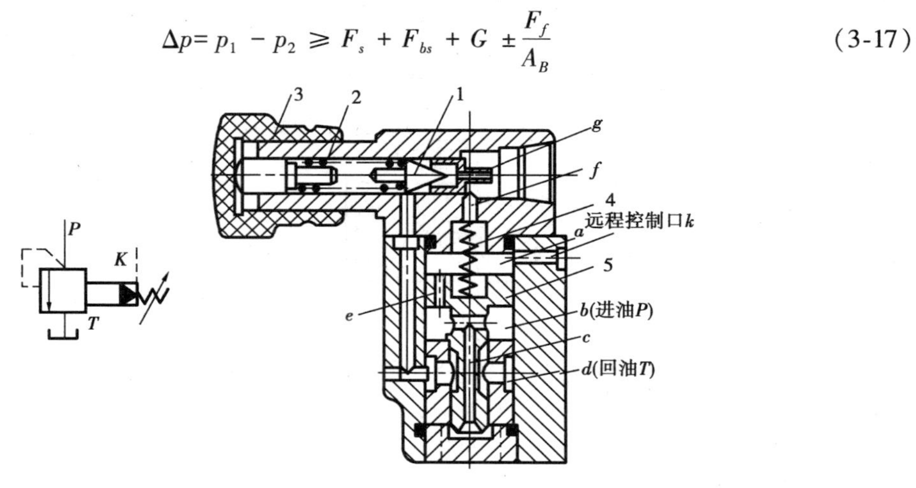

图 3-10　先导式溢流阀

1—先导阀阀芯;2—调压弹簧;3—调压螺帽阻尼孔;4—主阀弹簧;5—主阀芯

由式(3-17)可知,由于油液通过阻尼孔而产生的 p_1 与 p_2 之间的压差值不太大,所以主阀芯只需一个小刚度的软弹簧即可;而作用在先导阀芯 1 上的液压力 p_2 与其先导阀阀芯面积的乘积即为先导阀弹簧 2 的调压弹簧力,由于导阀阀芯一般为锥阀,受压面积较小,所以用一个刚度不太大的弹簧即可调整较高的开启压力 p_2,用螺钉调节导阀弹簧的预紧力,就可调节溢流阀的溢流压力。

先导式溢流阀有一个远程控制口 K,如果将 K 口用油管接到另一个远程调压阀(远程调压阀的结构和溢流阀的先导控制部分一样)，调节远程调压阀的弹簧力，即可调节溢流阀主阀芯上端的液压力，从而对溢流阀的溢流压力实现远程调压。但是，远程调压阀所能调节的最高压力不得超过溢流阀本身导阀的调整压力。当远程控制口 K 通过二位二通阀接通油箱时，主阀芯上端的压力接近于零，主阀芯上移到最高位置，阀口开得很大。由于主阀弹簧较软，这时溢流阀 P 口处压力很低，系统的油液在低压下通过溢流阀流回油箱，实现卸荷。

二、减压阀

减压阀是使出口压力(二次压力)低于进口压力(一次压力)的一种压力控制阀。其作用是降低液压系统中某一回路的油液压力，使用一个油源能同时提供两个或几个不同压力的输出。减压阀在各种液压设备的夹紧系统、润滑系统和控制系统中应用较多。此外，当油液压力不稳定时，在回路中串入一减压阀可得到一个稳定的较低的压力。根据减压阀所控制的压力不同，它可分为定值输出减压阀、定差减压阀和定比减压阀。

1. 定值输出减压阀

(1)工作原理

图3-11所示为直动式减压阀的结构示意图和图形符号。P_1 口是进油口，P_2 口是出油口，阀不工作时，阀芯在弹簧作用下处于最下端位置，阀的进、出油口是相通的，亦即阀是常开的。若出口压力增大，使作用在阀芯下端的压力大于弹簧力时，阀芯上移，关小阀口，这时阀处于工作状态。若忽略其他阻力，仅考虑作用在阀芯上的液压力和弹簧力相平衡的条件，则可以认为出口压力基本上维持在某一定值——调定值上。这时如出口压力减小，阀芯就下移，开大阀口，阀口处阻力减小，压降减小，使出口压力回升到调定值；反之，若出口压力增大，则阀芯上移，关小阀口，阀口处阻力加大，压降增大，使出口压力下降到调定值。

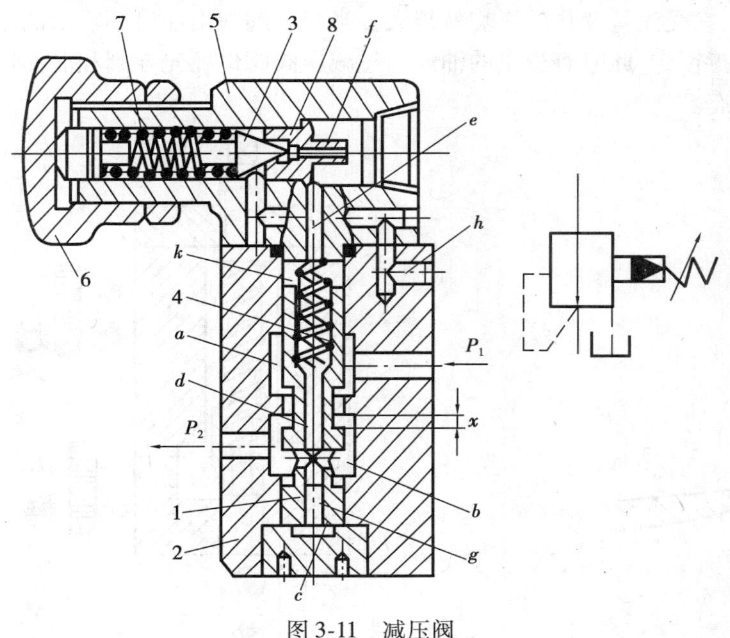

图3-11　减压阀

1—主阀芯；2—阀体；3—先导阀芯；4—主阀弹簧；5—阀盖；6—调压螺帽；7—调压弹簧；8—阀座

可仿前述先导式溢流阀来推演，这里不再赘述。

将先导式减压阀和先导式溢流阀进行比较，它们之间有如下几点不同之处：

①减压阀保持出口压力基本不变，而溢流阀保持进口处压力基本不变。

②在不工作时，减压阀进、出油口互通，而溢流阀进出油口不通。

③为保证减压阀出口压力调定值恒定，它的导阀弹簧腔需通过泄油口单独外接油箱；而溢流阀的出油口是通油箱的，所以它的导阀的弹簧腔和泄漏油可通过阀体上的通道和出油口相通，不必单独外接油箱。

（2）工作特性

理想的减压阀在进口压力、流量发生变化或出口负载增加，其出口压力 p_2 总是恒定不变。但实际上，p_2 是随 p_1、q 的变化，或负载的增大而有所变化。由图 3-11 可知，当忽略阀芯的自重和摩擦力，当稳态液动力为 F_{bs} 时，阀芯上的力平衡方程为：

$$p_2A_R + F_{bs} = k_s(x_c + x_R) \tag{3-18}$$

式中 k_s——弹簧刚度；

x_c——当阀芯开口 $x_R=0$ 时弹簧的预压缩量，其余符号见图，亦即：

$$p_2 = \frac{k_s(x_c + x_R) - F_{bs}}{A_R} \tag{3-19}$$

若忽略液动力 F_{bs}，且 $x_R \ll x_c$ 时，则有：

$$p_2 \approx \frac{k_s x_c}{A_R} = \text{常数} \tag{3-20}$$

这就是减压阀出口压力可基本上保持定值的原因。

减压阀的 p_2—q 特性曲线如图 3-12 所示，当减压阀进油口压力 p_1 基本恒定时，若通过的流量 q 增加，则阀口缝隙 x_R 加大，出口压力 p_2 略微下降。在先导式减压阀中，出油口压力的压力调整值越低，它受流量变化的影响就越大。当减压阀的出油口不输出油液时，它的出口压力基本上仍能保持恒定，此时有少量的油液通过减压阀阀口经先导阀和泄油口流回油箱，保持该阀处于工作状态。

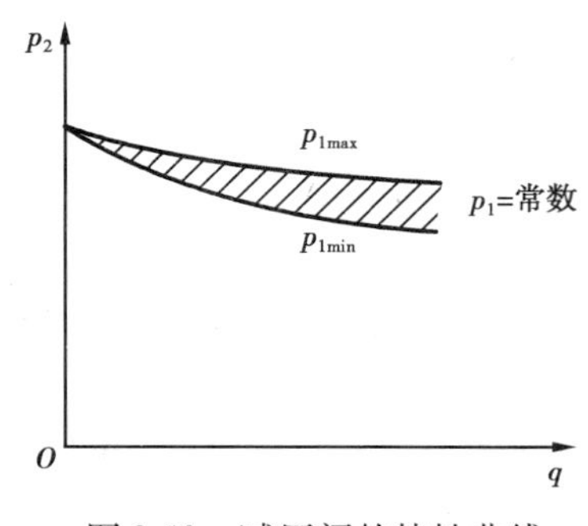

图 3-12 减压阀的特性曲线

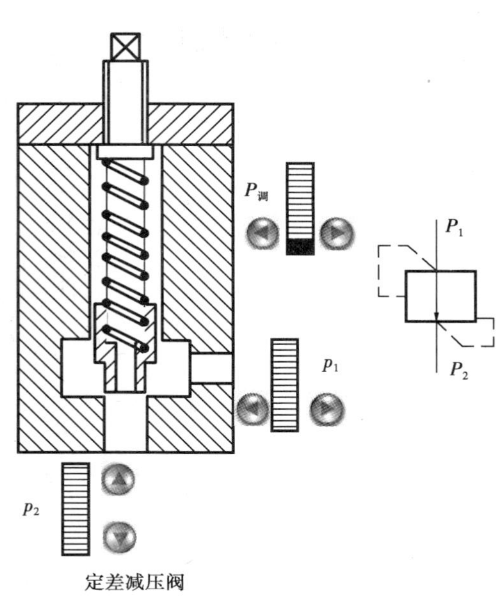

图 3-13 定差减压阀

2. 定差减压阀

定差减压阀是使进、出油口之间的压力差等于或近似于不变的减压阀，其工作原理如图3-13所示。高压油 p_1 经节流口 x_R 减压后以低压 p_2 流出，同时，低压油经阀芯中心孔将压力传至阀芯上腔，则其进、出油液压力在阀芯有效作用面积上的压力差与弹簧力相平衡。

$$\Delta p = p_1 - p_2 = \frac{k_s(x_c + x_R)}{\frac{\pi}{4}(D^2 - d^2)} \tag{3-21}$$

式中　x_c——当阀芯开口 $x_R=0$ 时弹簧（其弹簧刚度为 k_s）的预压缩量；其余符号如图所示。

由式(3-21)可知，只要尽量减小弹簧刚度 k_s 和阀口开度 x_R，就可使压力差 Δp 近似地保持为定值。

3. 定比减压阀

定比减压阀能使进、出油口压力的比值维持恒定。图3-14所示为其工作原理图，阀芯在稳态时忽略稳态液动力、阀芯的自重和摩擦力时可得到力平衡方程为：

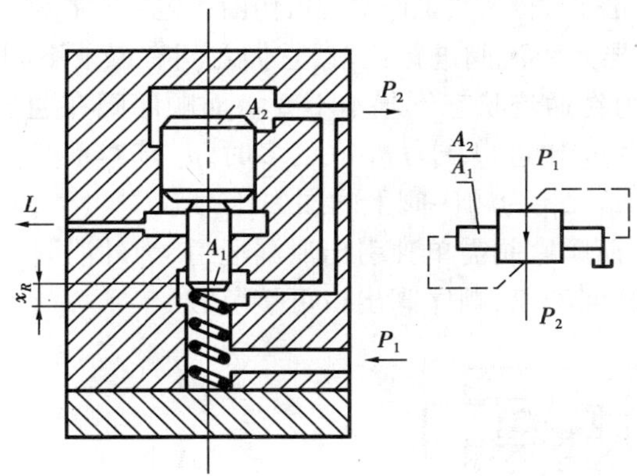

图3-14　定比减压阀

$$p_1A_1 + k_s(x_c + x_R) = p_2A_2 \tag{3-22}$$

式中　k_s——阀芯下端弹簧刚度；

x_c——阀口开度为 $x_R=0$ 时的弹簧的预压缩量；其他符号如图所示。

若忽略弹簧力（刚度较小），则有（减压比）：

$$\frac{p_2}{p_1} = \frac{A_1}{A_2} \tag{3-23}$$

由式(3-23)可见，选择阀芯的作用面积 A_1 和 A_2，便可得到所要求的压力比，且比值近似恒定。

三、顺序阀

顺序阀是用来控制液压系统中各执行元件动作的先后顺序。依控制压力的不同，顺序阀又可分为内控式和外控式两种。前者用阀的进口压力控制阀芯的启闭，后者用外来的控制压力油控制阀芯的启闭（即液控顺序阀）。顺序阀也有直动式和先导式两种，前者一般用于低压系统，后者用于中高压系统。

图3-15所示为直动式顺序阀的工作原理图和图形符号。当进油口压力 p_1 较低时，阀芯

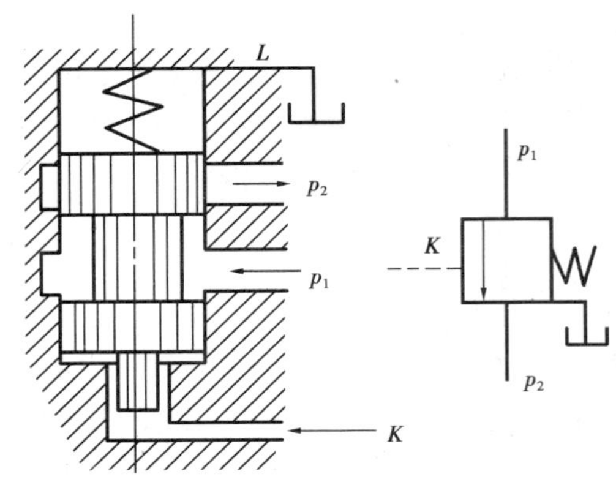

图 3-15 直动式外控顺序阀

在弹簧作用下处下端位置,进油口和出油口不相通。当作用在阀芯下端的油液的液压力大于弹簧的预紧力时,阀芯向上移动,阀口打开,油液便经阀口从出油口流出,从而操纵另一执行元件或其他元件动作。由图可见,顺序阀和溢流阀的结构基本相似,不同的只是顺序阀的出油口通向系统的另一压力油路,而溢流阀的出油口通油箱。此外,由于顺序阀的进、出油口均为压力油,所以它的泄油口 L 必须单独外接油箱。

直动式外控顺序阀的工作原理图和图形符号如图 3-15 所示,和上述顺序阀的差别仅仅在于其下部有一控制油口 K,阀芯的启闭是利用通入控制油口 K 的外部控制油来控制。图 3-16 所示为先导式顺序阀的工作原理图和图形符号,其工作原理可仿前述先导式溢流阀推演,在此不再重复。

将先导式顺序阀和先导式溢流阀进行比较,它们之间有以下不同之处:

(1)溢流阀的进口压力在通流状态下基本不变。而顺序阀在通流状态下其进口压力由出口压力而定,如果出口压力 p_2 比进口压力 p_1 底的多时,p_1 基本不变,而当 p_2 增大到一定程度,p_1 也随之增加,则 $p_1=p_2+\Delta p$,Δp 为顺序阀上的损失压力。

(2)溢流阀为内泄漏,而顺序阀需单独引出泄漏通道,为外泄漏。

(3)溢流阀的出口必须回油箱,顺序阀出口可接负载。

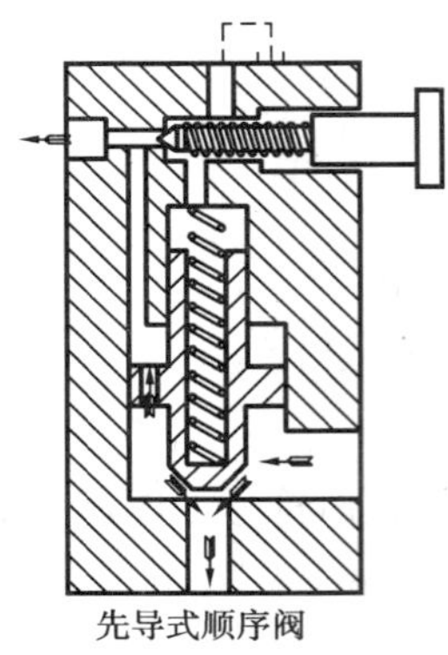

p_1

p_2

图 3-16 先导式顺序阀

四、压力继电器

压力继电器是一种将油液的压力信号转换成电信号的电液控制元件,当油液压力达到压力继电器的调定压力时,即发出电信号,以控制电磁铁、电磁离合器、继电器等元件动作,使油路卸压、换向、执行元件实现顺序动作,或关闭电动机,使系统停止工作,起安全保护作用等。图 3-17 所示为常用柱塞式压力继电器的结构示意图和职能符号。如图所示,当从压力继电器下端进油口通入的油液压力达到调定压力值时,推动柱塞 1 上移,此位移通过杠杆 2 放大后推动开关 4 动作。改变弹簧 3 的压缩量即可以调节压力继电器的动作压力。

任务实施

选择压力阀的主要依据是它们在系统中的作用、额定压力、最大流量、压力损失数值、工作性能参数和使用寿命等。

通常所规定的压力控制阀的工作压力和流量是指使用的最高压力和最大流量。实际上,压力阀都是可以调节使用的。例如,某高压系列的溢流阀,有6～8 MPa、4～16 MPa、8～20 MPa、16～32 MPa四种调压范围,如果选32 MPa的溢流阀用于调定压力为6 MPa的场合时,由于调压弹簧刚度很大,不仅启闭特性不好,调整也不易准确。因此,选择压力阀时,均应根据各自的工作压力在调压范围内选择。

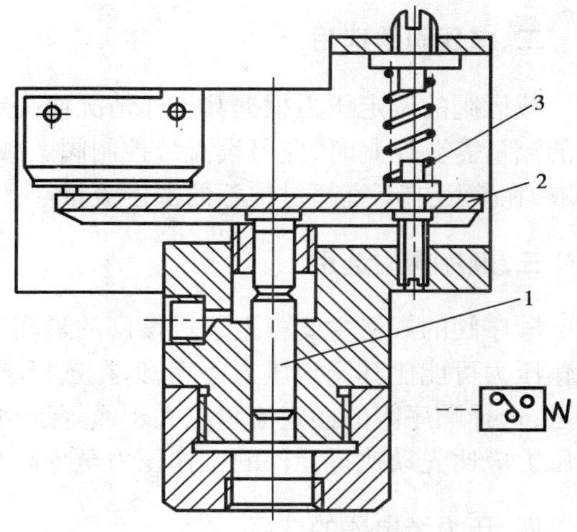

图3-17　压力继电器

1—柱塞;2—杠杆;3—弹簧;4—开关

一、溢流阀的选用

与液压泵出口并联的溢流阀的调定压力就是液压泵的供油压力 p_b:

$$p_b \geqslant p + \sum \Delta p \tag{3-24}$$

式中　p——液压系统执行元件的最大工作压力;

$\sum \Delta p$——液压系统执行元件进油路的压力损失。

即溢流阀的调定压力不得小于执行元件的工作压力和系统执行元件进油路的压力损失之和。

如果溢流阀在系统中起安全保护作用,则溢流阀的调定压力应按下式计算:

$$p_b = (1.05 \sim 1.1)(p + \sum \Delta p) \tag{3-25}$$

溢流阀的流量按液压泵的额定流量选取。作溢流阀和卸荷阀用时,不能小于泵的额定流量;作安全阀用时,可小于泵的额定流量。

此外,在选用溢流阀时还应注意以下几点:

(1)根据工况特点和具体要求选择溢流阀类型。通常直动式溢流阀响应较快,宜作安全保护阀;而先导式溢流阀启闭特性较好,宜作调压和定压阀。

(2)根据液压系统的工作压力和流量,合理选定溢流阀的额定压力和流量规格。对于用作远程调压阀的溢流阀,其通过流量一般为主溢流阀通过流量的0.5%～1%。

(3)尽量选用启闭特性较好的溢流阀,以提高执行元件的速度负载特性和回路效率。就动态特性而言,在保证溢流阀响应速度较快的同时,还要保证稳定性好。

(4)根据用途和作用确定并调节溢流阀的调定压力,特别是对于用作安全阀使用的溢流阀,起始调定压力不得超过液压系统的最高压力。

(5)如需改变溢流阀的调压范围,可以通过更换溢流阀的调压弹簧实现,但同时应注意弹簧的设定压力可能改变阀的启闭特性。

(6)卸荷溢流阀的回油腔应直接接油箱,以减少背压。

二、减压阀的选用

减压阀的调定压力根据其工作情况而决定。减压阀不能控制输出油液流量大小，当减压阀的流量需要控制时，应另设流量控制阀。减压阀的流量规格应由实际通过该阀的最大流量选取，在使用中不宜超过推荐的额定流量。

三、顺序阀的选用

顺序阀的规格主要根据通过该阀的最高压力和最大流量来选取。应注意顺序阀开启后的工作压力可能比其调定压力还高，但在选择顺序阀时，其最高工作压力应比阀的额定压力低或接近，选择顺序阀的额定流量应大于或等于通过该阀的最大流量。在顺序动作中，顺序阀的调定压力应比先动执行元件的工作压力至少高 0.5 MPa，以免压力波动产生误动作。

四、压力继电器的选用

压力继电器能够发出电信号的最低工作压力和最高工作压力的差称为调压范围，压力继电器也应在其调压范围内选择。

对于一般接入控制油路上的各类阀，由于通过的实际流量很小，因此，可按该阀的最小额定流量规格选取，使液压装置结构紧凑。

知识拓展

溢流阀的性能

溢流阀的性能包括溢流阀的静态性能和动态性能，在此作一简单的介绍。

一、静态性能

1. 压力调节范围

压力调节范围是指调压弹簧在规定的范围内调节时，系统压力能平稳地上升或下降，且压力无突跳及迟滞现象时的最大和最小调定压力。溢流阀的最大允许流量为其额定流量，在额定流量下工作时，溢流阀应无噪声、溢流阀的最小稳定流量取决于它的压力平稳性要求，一般规定为额定流量的 15%。

2. 启闭特性

启闭特性是指溢流阀在稳态情况下从开启到闭合的过程中，被控压力与通过溢流阀的溢流量之间的关系。它是衡量溢流阀定压精度的一个重要指标，一般用溢流阀处于额定流量、调定压力 p_s 时，开始溢流的开启压力 p_k 及停止溢流的闭合压力 p_b 分别与 p_s 的百分比来衡量，前者称为开启比 $\bar{p}_k$，后者称为闭合比 $\bar{p}_b$，即：

$$\bar{p}_k = \frac{p_k}{p_s} \times 100\% \tag{3-26}$$

$$\bar{p}_b = \frac{p_b}{p_s} \times 100\% \tag{3-27}$$

式中　p_s 可以是溢流阀调压范围内的任何一个值，显然上述两个百分比越大，则两者越接近，溢流阀的启闭特性就越好，一般应使 $\bar{p}_k \geqslant 90\%$，$\bar{p}_b \geqslant 85\%$，直动式和先导式溢流阀的启闭特性曲线如图 3-18 所示。

3. 卸荷压力

当溢流阀的远程控制口 K 与油箱相连时，额定流量下的压力损失称为卸荷压力。

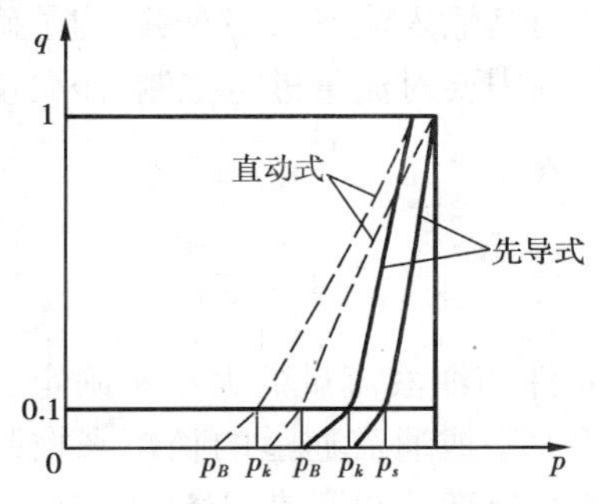

图 3-18　溢流阀的启闭特性曲线

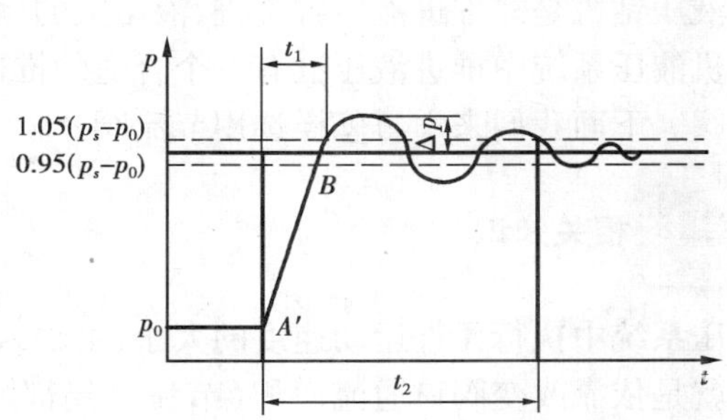

图 3-19　流量阶跃变化时溢流阀的进口压力响应特性曲线

二、动态性能

当溢流阀在溢流量发生由零至额定流量的阶跃变化时，它的进口压力，也就是它所控制的系统压力，将如图 3-19 所示的那样迅速升高并超过额定压力的调定值，然后逐步衰减到最终稳定压力，从而完成其动态过渡过程。

定义最高瞬时压力峰值与额定压力调定值 p_s 的差值为压力超调量 Δp，则压力超调率 Δp 为：

$$\overline{\Delta p} = \frac{\Delta p}{p_s} \times 100\% \tag{3-28}$$

它是衡量溢流阀动态定压误差的一个性能指标。一个性能良好的溢流阀，其 $\overline{\Delta p} \leqslant 10\% \sim 30\%$。图 3-19 中所示 t_1 称之为响应时间；t_2 称之为过渡过程时间。显然，t_1 越小，溢流阀的响应越快；t_2 越小，溢流阀的动态过渡过程时间越短。

任务3　流量控制阀的选用

知识目标：★掌握流量控制阀的工作原理及特点

★掌握流量控制阀主要性能参数

能力目标：★正确选用全液压钻机的流量控制阀

任务导入

在全液压钻机的工作时，开孔与钻进过程中由于工况不同，要求钻机的推进速度与之相适应。全液压钻机是如何调节推进速度的呢?

任务分析

全液压钻机是靠推进液压缸推进,液压缸的运动速度与其输入流量大小有关,为了确保全液压钻机液压系统中推进液压缸有一个合适的推进速度,就需要对流量进行控制,需要使用流量控制阀。下面我们来学习怎样选用节流阀。

相关知识

液压系统中执行元件运动速度的大小,由输入执行元件的油液流量的大小来确定。流量控制阀就是依靠改变阀口通流面积(节流口局部阻力)的大小或通流通道的长短来控制流量的液压阀类。常用的流量控制阀有普通节流阀、压力补偿和温度补偿调速阀、溢流节流阀和分流集流阀等。

一、流量控制原理及节流口形式

节流阀节流口通常有三种基本形式:薄壁小孔、细长小孔和厚壁小孔,但无论节流口采用何种形式,通过节流口的流量 q 及其前后压力差 Δp 的关系均可用式 $q=KA\Delta p^m$ 来表示,三种节流口的流量特性曲线如图 3-20 所示,由图可知:

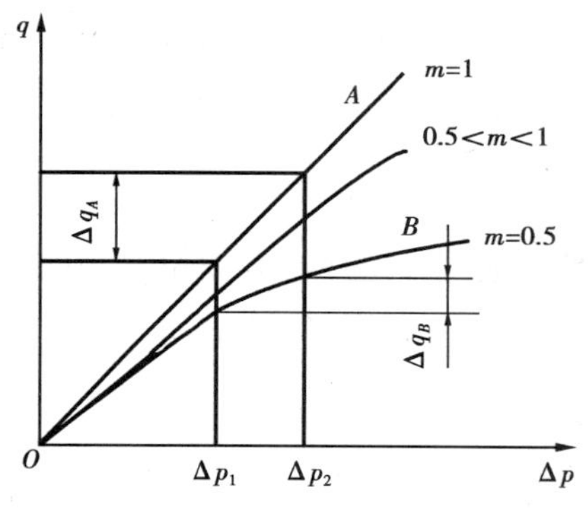

图 3-20 节流阀特性曲线

(1)压差对流量的影响。节流阀两端压差 Δp 变化时,通过它的流量要发生变化,三种结构形式的节流口中,通过薄壁小孔的流量受到压差改变的影响最小。

(2)温度对流量的影响。油温影响到油液黏度,对于细长小孔,油温变化时,流量也会随之改变,对于薄壁小孔黏度对流量几乎没有影响,故油温变化时,流量基本不变。

(3)节流口的堵塞。节流阀的节流口可能因油液中的杂质或由于油液氧化后析出的胶质、沥青等而局部堵塞,这就改变了原来节流口通流面积的大小,使流量发生变化,尤其是当开口较小时,这一影响更为突出,严重时会完全堵塞而出现断流现象。因此节流口的抗堵塞性能也是影响流量稳定性的重要因素,尤其会影响流量阀的最小稳定流量。一般节流口通流面积越大,节流通道越短和水力直径越大,越不容易堵塞,当然油液的清洁度也对堵塞产生影响。一般流量控制阀的最小稳定流量为 0. 05 L/min。

综上所述,为保证流量稳定,节流口的形式以薄壁小孔较为理想。图 3-21 所示为几种常用的节流口形式。图 3-21(a)所示为针阀式节流口,它通道长,湿周大,易堵塞,流量受油温影响较大,一般用于对性能要求不高的场合;图 3-21(b)所示为偏心槽式节流口,其性能与针阀式节流口相同,但容易制造,其缺点是阀芯上的径向力不平衡,旋转阀芯时较费力,一般用于压力较低、流量较大和流量稳定性要求不高的场合;图 3-21(c)所示为轴向三角槽式节流口,其结构简单,水力直径中等,可得到较小的稳定流量,且调节范围较大,但节流通道有一定的长度，油温变化对流量有一定的影响，目前被广泛应用，图3-21(d)所示为周向缝隙式节流口，沿阀芯周向开有一条宽度不等的狭槽，转动阀芯就可改变开口大小。阀口做成薄刃形，通道短，水力直径大，不易堵塞，油温变化对流量影响小，因此其性能接近于薄壁小孔，适用于低压小流量场合；图3-21(e)所示为轴向缝隙式节流口，在阀孔的衬套上加工出图示薄壁阀口，阀芯作轴向移动即可改变开口大小，其性能与图3-21(d)所示节流口相似。为保证流量稳定，节流口的形式以薄壁小孔较为理想。

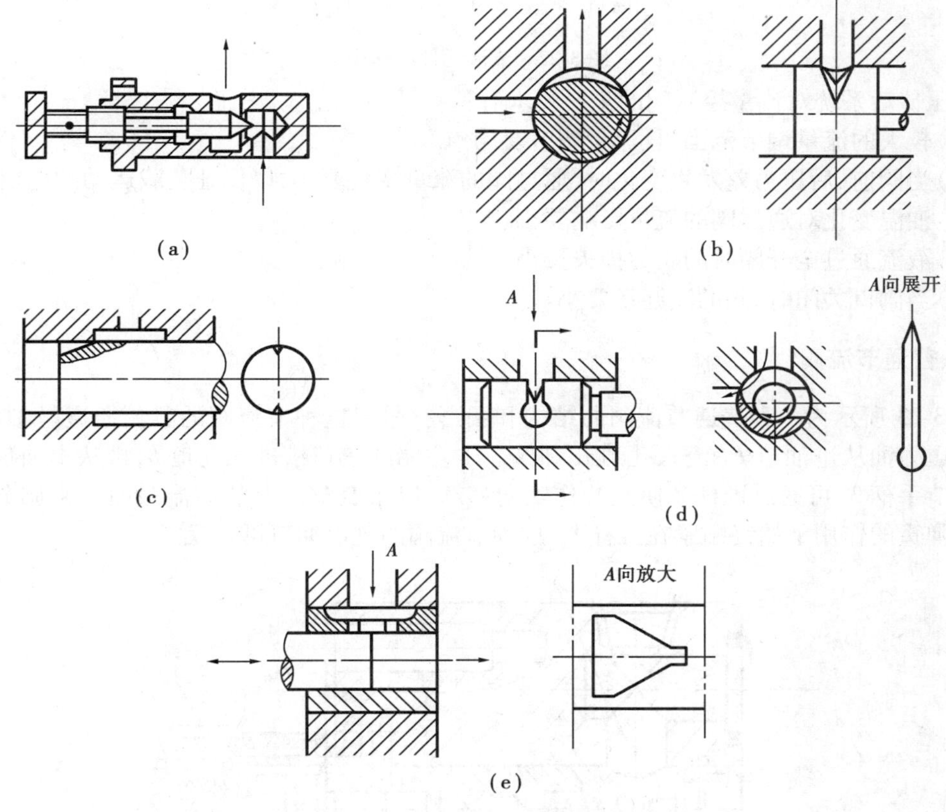

图3-21　典型节流口的结构形式

在液压传动系统中节流元件与溢流阀并联于液泵的出口，构成恒压油源，使泵出口的压力恒定。如图3-22(a)所示，此时节流阀和溢流阀相当于两个并联的液阻，液压泵输出流量 q_p 不变，流经节流阀进入液压缸的流量 q_1 和流经溢流阀的流量 Δq 的大小由节流阀和溢流阀液阻的相对大小来决定。若节流阀的液阻大于溢流阀的液阻，则 $q_1<\Delta q$；反之则 $q_1>\Delta q$。节流阀是一种可以在较大范围内以改变液阻来调节流量的元件。因此可以通过调节节流阀的液阻，来改变进入液压缸的流量，从而调节液压缸的运动速度；但若在回路中仅有节流阀而没有与之并联的溢流阀，如图3-22(b)所示，则节流阀就起不到调节流量的作用。液压泵输出的液压油全部经节流阀进入液压缸。改变节流阀节流口的大小，只是改变液流流经节流阀的压力降。节流口小，流速快；节流口大，流速慢，而总的流量是不变的，因此液压缸的运动速度不变。所以，节流元件用来调节流量是有条件的，即要求有一个接受节流元件压力信号的环节(与之并联的溢流阀或恒压变量泵)。通过这一环节来补偿节流元件的流量变化。

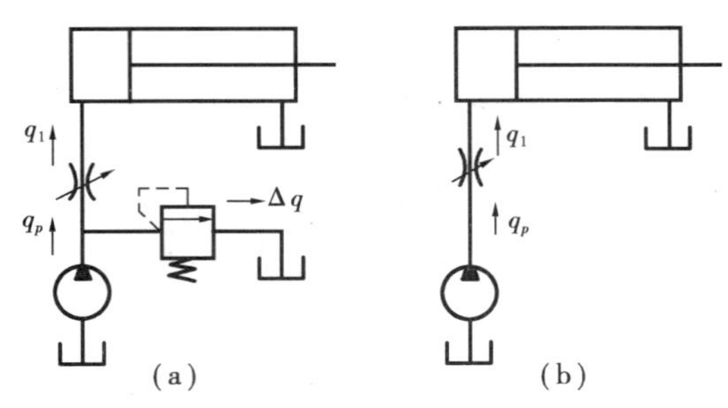

图 3-22　节流元件的作用

液压传动系统对流量控制阀的主要要求有：

(1)较大的流量调节范围,且流量调节要均匀。

(2)当阀前、后压力差发生变化时,通过阀的流量变化要小,以保证负载运动的稳定。

(3)油温变化对通过阀的流量影响要小。

(4)液流通过全开阀时的压力损失要小。

(5)当阀口关闭时,阀的泄漏量要小。

二、普通节流阀

图 3-23 所示为一种普通节流阀的结构和图形符号。这种节流阀的节流通道呈轴向三角槽式。压力油从进油口 P_1 流入孔道 α 和阀芯 1 左端的三角槽进入孔道 b,再从出油口 P_2 流出。调节手柄 3,可通过推杆 2 使阀芯作轴向移动,以改变节流口的通流截面积来调节流量。阀芯在弹簧的作用下始终贴紧在推杆上,这种节流阀的进出油口可互换。

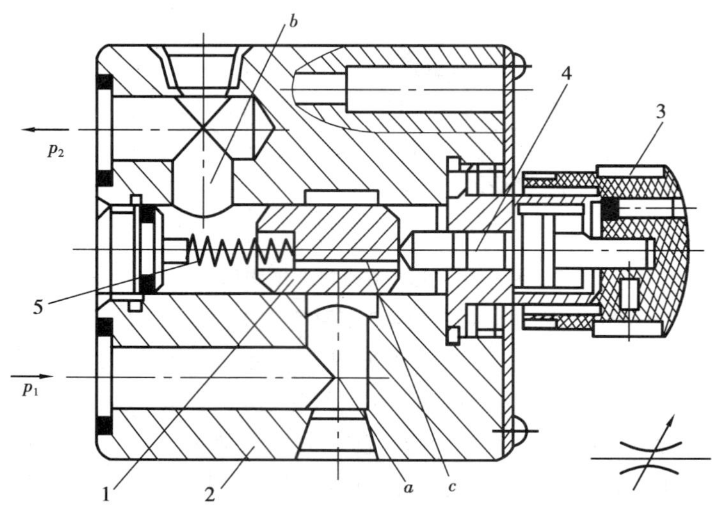

图 3-23　普通节流阀

三、调速阀

普通节流阀由于刚性差,在节流开口一定的条件下通过它的工作流量受工作负载(亦即其出口压力)变化的影响,不能保持执行元件运动速度的稳定,因此只适用于工作负载变化不大和速度稳定性要求不高的场合,由于工作负载的变化很难避免,为了改善调速系统的性能,通常是对节流阀进行补偿,即采取措施使节流阀前后压力差在负载变化时始终保持不变。由$q=KA\Delta p^m$可知,当Δp基本不变时,通过节流阀的流量只由其开口量大小来决定,使Δp基本保持不变的方式有两种:一种是将定压差式减压阀与节流阀并联起来构成调速阀;另一种是将稳压溢流阀与节流阀并联起来构成溢流节流阀。这两种阀是利用流量的变化所引起的油路压力的变化,通过阀芯的负反馈动作来自动调节节流部分的压力差,使其保持不变。

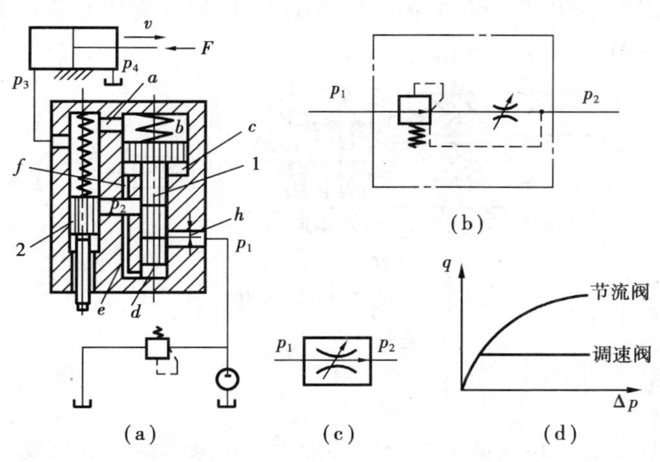

图3-24　调速阀

(a)工作原理图　(b)职能符号　(c)简化职能符号　(d)特性曲线

1—减压阀;2—节流阀

1. 调速阀

图3-24为调速阀工作原理图,从结构上来看,调速阀是在节流阀2前面串接一个定差减压阀1组合而成。液压泵的出口(即调速阀的进口)压力p_1由溢流阀调整基本不变,而调速阀的出口压力p_3则由液压缸负载F决定。油液先经减压阀产生一次压力降,将压力降到p_2,p_2经通道e、f作用到减压阀的d腔和c腔;节流阀的出口压力p_3又经反馈通道a作用到减压阀的上腔b,当减压阀的阀芯在弹簧力F_s、油液压力p_2和p_3作用下处于某一平衡位置时(忽略摩擦力和液动力等),则有:

$$p_2A_1 + p_2A_2 = p_3A + F_s \tag{3-29}$$

式中　A、A_1和A_2分别为b腔、c腔和d腔内压力油作用于阀芯的有效面积,且$A=A_1+A_2$。

故

$$p_2-p_3=\Delta p = \frac{F_s}{A} \tag{3-30}$$

因为弹簧刚度较低,且工作过程中减压阀阀芯位移很小,可以认为F_s基本保持不变。故节流阀两端压力差p_2-p_3也基本保持不变,这就保证了通过节流阀的流量稳定。

2. 温度补偿调速阀

普通调速阀的流量虽然已能基本上不受外部负载变化的影响,但是当流量较小时,节流口的通流面积较小,这时节流口的长度与通流截面水力直径的比值相对地增大,因而油液的黏度变化对流量的影响也增大,所以当油温升高后油的黏度变小时,流量仍会增大,为了减小温度对流量的影响,可以采用温度补偿调速阀。

油温的变化也将引起油黏度的变化，从而导致通过节流阀的流量发生变化，为此出现了温度补偿调速阀。

温度补偿调速阀的压力补偿原理部分与普通调速阀相同，据 $q=KA\Delta p^m$ 可知，当 Δp 不变时，由于黏度下降，K 值（$m\neq 0.5$ 的孔口）上升，此时只有适当减小节流阀的开口面积，方能保证 q 不变。图 3-25 为温度补偿原理图，在节流阀阀芯和调节螺钉之间放置一个温度膨胀系数较大的聚氯乙烯推杆，当油温升高时，本来流量增加，这时温度补偿杆伸长使节流口变小，从而补偿了油温对流量的影响。在 20～60 ℃的温度范围内，流量的变化率超过 10%，最小稳定流量可达 20 mL/min（3.3×10^{-7} m^3/s）。

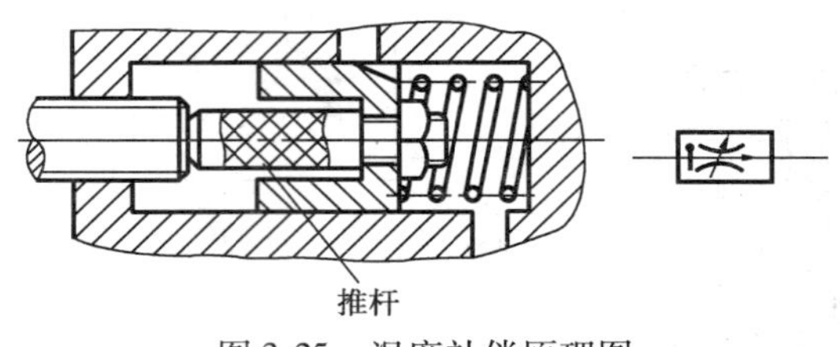

图 3-25　温度补偿原理图

任务实施

流量阀的规格仍根据通过该阀的最高压力和最大流量来选取，同时，要考虑其最小稳定流量是否满足该执行元件最低运动速度的要求和调速性能的要求。在使用中，节流阀的进出油口可以反接，但调速阀当油路反向流动时将不起作用。

为全液压钻机选用流量控制阀。

知识拓展

一、节流阀的刚性

节流阀的刚性表示它抵抗负数变化的干扰，保持流量稳定的能力，即当节流阀开口量不变时，由于阀前后压力差 Δp 的变化，引起通过节流阀的流量发生变化的情况。流量变化越小，节流阀的刚性越大，反之，其刚性则小，如果以 T 表示节流阀的刚度，则有：

$$T=\frac{d\Delta p}{dq} \tag{3-31}$$

由式 $q=KA\Delta p^m$，可得：

$$T=\Delta p^{m-1}Kam \tag{3-32}$$

从节流阀特性曲线图 3-20 可以发现，节流阀的刚度 T 相当于流量曲线上某点的切线和横坐标。

夹角 β 的余切，即

$$T=\cot\beta \tag{3-33}$$

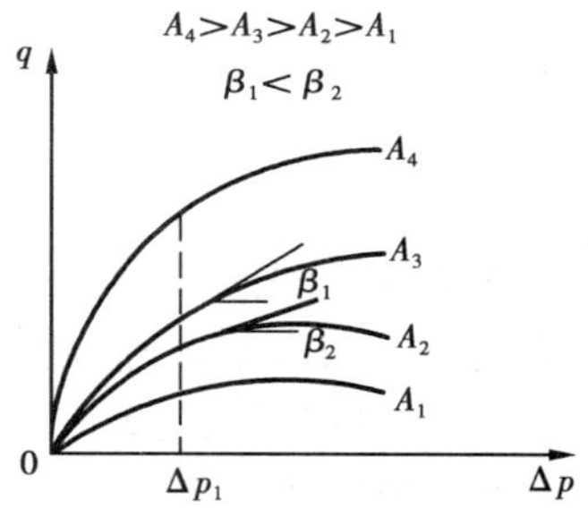

图 3-26　不同开口时节流阀的流量特性曲

由图 3-26 和式（3-32）可以得出如下结论：

（1）同一节流阀，阀前后压力差 Δp 相同，节流开口小时，刚度大。

(2)同一节流阀,在节流开口一定时,阀前后压力差 Δp 越小,刚度越低。为了保证节流阀具有足够的刚度,节流阀只能在某一最低压力差 Δp 的条件下,才能正常工作,但提高 Δp 将引起压力损失的增加。

(3)取小的指数 m 可以提高节流阀的刚度,因此在实际使用中多希望采用薄壁小孔式节流口,即 $m=0.5$ 的节流口。

二、溢流节流阀(旁通型调速阀)

溢流节流阀也是一种压力补偿型节流阀,图 3-27 为其工作原理图及职能符号。

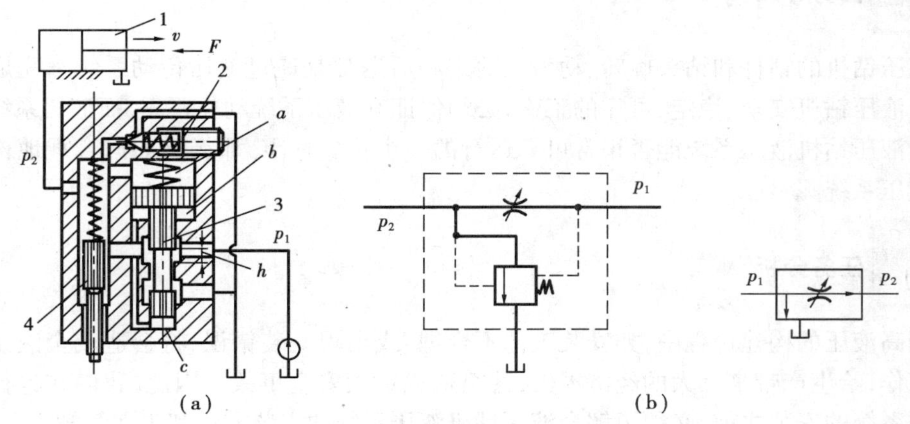

图 3-27　溢流节流阀

(a)工作原理图　(b)职能符号

1—液压缸;2—安全阀;3—溢流阀;4—节流阀

从液压泵输出的油液一部分从节流阀 4 进入液压缸左腔推动活塞向右运动,另一部分经溢流阀的溢流口流回油箱,溢流阀阀芯 3 的上端 a 腔同节流阀 4 上腔相通,其压力为 p_2;腔 b 和下端腔 c 同溢流阀阀芯 3 前的油液相通,其压即为泵的压力 p_1,当液压缸活塞上的负载力 F 增大时,压力 p_2 升高,a 腔的压力也升高,使阀芯 3 下移,关小溢流口,这样就使液压泵的供油压力 p_1 增加,从而使节流阀 4 的前、后压力差(p_1-p_2)基本保持不变。这种溢流阀一般附带一个安全阀 2,以避免系统过载。

溢流节流阀是通过 p_1 随 p_2 的变化来使流量基本上保持恒定的,它与调速阀虽都具有压力补偿的作用,但其组成调速系统时是有区别的,调速阀无论在执行元件的进油路上或回油路上,执行元件上负载变化时,泵出口处压力都由溢流阀保持不变,而溢流节流阀是通过 p_1 随 p_2(负载的压力)的变化来使流量基本上保持恒定的。因而溢流节流阀具有功率损耗低,发热量小的优点。但是,溢流节流阀中流过的流量比调速阀大(一般是系统的全部流量),阀芯运动时阻力较大,弹簧较硬,其结果使节流阀前后压差 Δp 加大(需达 0.3~0.5 MPa),因此它的稳定性稍差。

任务4　全液压钻机液压系统的组建

知识目标：★掌握全液压钻机液压系统安装的程序和方法

能力目标：★能正确构建全液压钻机的液压系统

任务导入

全液压钻机的钻杆和钻头旋转、动力头前进和后退都是通过液压传动系统来完成的。为了保障全液压钻机安全、稳定、可靠的工作，必须保证其液压系统动作可靠，而液压系统的合理构建是全液压钻机液压系统能否正常可靠运行的一个重要环节，那么该如何合理地构建全液压钻机液压系统呢？

任务分析

在调高液压的构建过程中，如安装工艺不合理，或出现安装错误，将会造成全液压钻机无法正常工作，给生产带来巨大的经济损失，甚至造成重大安全事故。因此，我们在进行全液压钻机液压系统的安装之前，必须了解全液压钻机液压系统的安装方法和步骤等知识。

相关知识

一、压力控制阀的安装

1.溢流阀的安装

溢流阀分螺纹连接、法兰安装和板式连接三种。

螺纹连接的溢流阀有两个进油口和一个泄油口，进油口位于阀体的两侧，泄油口在阀体的底部。安装时将阀放于分管位置，可用螺塞堵住一个进油口，如若系统流量不大于溢流阀的公称流量，也可以把阀安装于管路中间，两个进油口，为一进一出连接。

法兰连接的溢流阀，其连接油口与螺纹连接的相同。

板式连接的溢流阀，连接油口全在一个平面上，有三个油口。上边的小孔为“控制油进口”，中间的孔为压力油进口，与主油路连接；下边的孔为溢油口，与油箱连接。

系统若无远控油路时，上边的控制油口，在加工安装底板时可以不加工，用“O”形密封圈密封即可。

2.减压阀和单向减压阀的安装

减压阀和单向减压阀，也分为螺纹连接、法兰连接和板式安装三种。

螺纹连接的减压阀和单向减压阀，有两个进油口（一次压力油口）在阀体上边两侧，下边一个油口为二次压力出口。应注意的是：在阀盖的侧面有一个泄油口，减压阀开始工作时，这个泄油口就有油流出,此泄油口用直径 10 mm 的管路直接通往油箱,不可与溢流阀或方向阀的回油管路并联回油箱。如若和溢流阀的溢油管路合并一同通往油箱时,会影响减压阀的技术特性。

单向减压阀的阀体内多一个单向阀,这种阀用于往复式油路系统中,即液压油通往二次压力系统时,可起到减压作用,当液压油从二次压力口返回时,则将单向阀打开,压力油便从一次压力口流出,单向减压阀在往复式减压系统中经常采用。它的阀盖侧面也有泄油口,安装时将此口用小通径管路单独连接通往油箱。

法兰连接的减压阀和单向减压阀,与螺纹连接的减压阀和单向减压阀,一次压力油口和二次压力油口的方位完全一致,泄油口亦在阀盖的侧面,所不同的就是用法兰盘和阀体连接。

3. 顺序阀和单向顺序阀的安装

顺序阀和单向顺序阀的用途广泛,包括直控顺序阀、远控顺序阀、卸荷阀、直控平衡阀、直控单向顺序阀、远控单向顺序阀、远控平衡阀。上述这几种顺序阀,在液压工程中是比较常见的,有的液压系统用直控、远控顺序阀;有的采用直控、远控单向顺序阀;有的系统用直控平衡和远控单向平衡阀;也有个别液压系统作为卸荷阀使用。这几种阀,实际就是顺序阀和单向顺序阀两种阀。只要改变上、下阀盖的安装方位时,就改变成多种不同使用技术性能。

4. 压力继电器的安装

压力继电器是压力与电气转换元件,就是液压系统的油液压力转换为电信号,去控制其下一个动作。它是弹簧载荷式压力继电器。

压力继电器安装比较简单,一个是压力油进口,另一个是泄漏油出口,应该注意的是泄漏油出口的回油管路要逐渐低下去,否则会影响其技术性能。

二、流量控制阀的安装

流量控制阀,包括节流阀、单向节流阀、行程节流阀、单向行程节流阀、调速阀以及单向调速阀等多种。

1. 节流阀和单向节流阀

节流阀和单向节流阀一般为螺纹连接及板式安装,50 和 80 通径以上时则为法兰安装式。

节流阀和单向节流阀螺纹连接的进、出油口在两侧面,而进口在阀体主孔的下面,出口在阀体主孔的上面。节流阀阀体短,单向节流阀阀体长。节流阀和单向节流阀板式安装的,其进、出油口都在一个平面上,下边的孔是进油口,上边的是出油口。

法兰安装式为大通径,50 和 80 通径,它与螺纹连接的只差两侧各多四个螺钉孔,用于安装法兰盘螺钉。

行程节流阀及单向行程节流阀,在液压系统中应用极少。

2. 调速阀和单向调速阀

调速阀和单向调速阀也称流量控制阀及单向流量控制阀,这种速度控制阀都是板式安装,在阀体后面的平面上有两个孔,上边孔为进油孔,下边的是出油孔,它要安装在底板上或油路块上边。

三、叶片泵的安装

叶片泵的安装同齿轮泵。

1. 叶片泵的旋转方向及安装方式

叶片泵在出厂前在装配时，都是按照顺时针旋转方向组装的。不允许逆时针运转使用（从轴端观察）。

叶片泵从结构上可分为车辆叶片泵、变量叶片泵和定量叶片泵、双级叶片泵以及双联叶片泵多种。安装方式基本为法兰安装式，而榆次液压件厂生产的叶片泵有脚架式的（在订货时应注明）。

2. 叶片泵用安装体与电动机连接

叶片泵与电动机（发动机）连接驱动时，要采用“安装体”结构，如图 3-28 所示，其一端法兰与叶片泵的法兰连接，用 4 个（有的泵用 2 个）内六角螺钉紧固牢，另一大端与 Y 系列电动机 B5 或 B35 型的端法兰连接牢固，采用这种安装形式可使其两轴的同轴度不存在误差，其转动时也无噪声，是延长泵的使用寿命的理想途径。

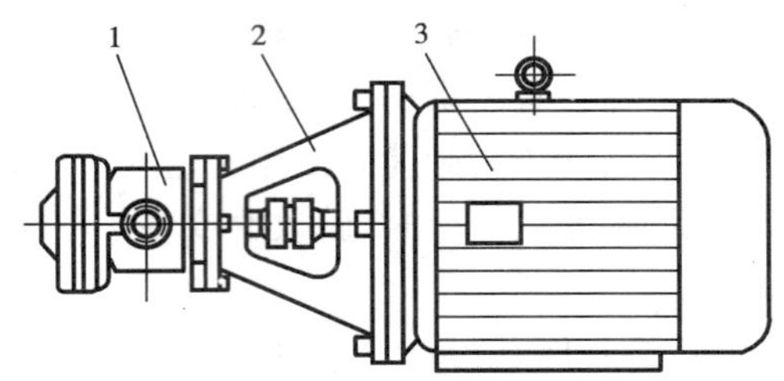

图 3-28　叶片泵用安装体与电动机连接

1—叶片泵；2—连接体；3—电动机

叶片泵的输入轴不能承受轴向力和径向力，因此安装联轴器时，不准用铁锤敲打装配，联轴器内孔采用二级间隙配合为宜，在键槽 180°方向钻一个 M6 ~ M10 mm 的螺纹孔，用螺钉止住防止窜动。

采用脚架式叶片泵时，严禁用带轮或链轮直接传动，亦要用联轴器与驱动机轴连接，两个轴的同轴度误差应控制在 0. 05 ~ 0. 1 mm 以内，角度误差不大于 0. 5°，两轴间应留有 3 mm 距离。

3. 叶片泵的安装位置

叶片泵应安装在油面以下，并应靠近油箱，在吸油侧安装一个过滤精度为 50 ~ 80 μm 的线隙式滤油器。由于条件所限，叶片泵必须安装在油面以上时，其吸油高度应距最低油位，不大于 500 mm。这种安装方法，对吸油连接管路接头，必须注意密封良好，若密封不良时，极易造成叶片泵吸入少许空气，而掺杂有气泡的破裂声，严重时油箱内有气泡。

任务实施

图 3-29 为一种全液压钻机的液压系统。

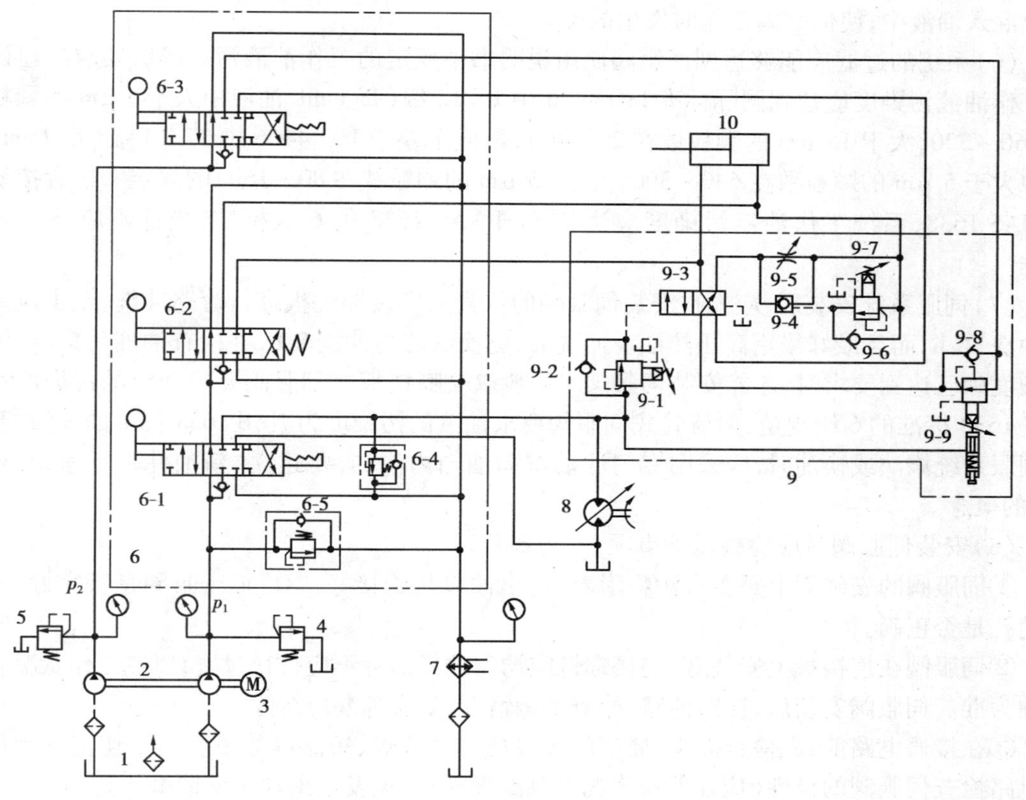

图 3-29　全液压钻机液压系统

1—油箱；2—高压油泵组；3—防爆电动机；4—小泵溢流阀；5—大泵溢流阀；6—控制阀组；7—冷却器；8—液压马达；9—功能阀组；10—液压缸

(1)为图 3-29 所示的全液压钻机液压系统选择液压元件。

(2)在液压实训室或校外实训基地安装图 3-29 所示的全液压钻机液压系统。

知识拓展

安装电液伺服阀

电液伺服系统中的电液伺服阀属于精密产品,所以在使用时必须特别小心,必须按照有关具体规定进行安装。

(1)电液伺服阀在安装前,切勿拆下保护板和力矩马达上盖,更不允许随意拨动调零机构,以免引起性能变化、零部件损伤及污染等故障。

(2)电液伺服阀的安装基面要平整,防止拧紧螺钉后阀产生变形。

(3)安装伺服阀的连接板时,其表面应光滑平直。

(4)一般情况下应在伺服阀进油口管路上安装名义精度为 10 μm(绝对精度为 25 μm)的精过滤器。

(5)油液管路中应尽量避免采用焊接式管接头,如必须采用时,应将焊渣彻底清除干净,以免混入油液中,使伺服阀工作时发生故障。

(6)系统的过滤应能够达到伺服阀使用说明书中规定的工作油液污染等级要求。建议系统工作油液污染度应达到国际标准 ISO 4406 中 15/12 级(每 1 mL 油液中大于 5 μm 的颗粒数在 160~320,大于 15 μm 的颗粒数在 20~40),最低不差于 ISO 4406 中 17/14 级(每 1 mL 油液中大于 5 μm 的颗粒数在 640~300,大于 15 μm 的颗粒数在 80~160)的规定。或者按照美国 NAS 1638,系统工作油液污染度应达到美国 NAS 1638 的 6 级标准,最低不应差于 8 级标准。

(7)伺服系统安装后,应先在安装伺服阀的位置上安装冲洗板进行管路冲洗,至少应用油液冲洗 36 h,而且最好采用高压热油。冲洗后,更换滤芯再冲洗 2 h,并检查油液污染度,油液污染度确已达到要求时,才能安装伺服阀。一般双喷嘴挡板式伺服阀要求油液的污染度符合 NAS 1638 标准的 6 级规定,射流管式伺服阀要求油液的污染度为 NAS 1638 标准的 8 级规定。当伺服系统添油或换油时,应采用专门滤油车向油箱内注油,要建立"新油并不干净,必须过滤"的概念。

(8)安装伺服阀时应检查以下事项。

①伺服阀的安装面上是否有污物附着,进出油口是否接好,"O"形密封圈是否完好,及定位销孔是否正确。

②伺服阀在连接板上安装好,连接螺钉应均匀拧紧而且不应拧得过紧,以在工作状况下不漏油为准。伺服阀安装后,接通油路,检查外漏情况,如有外漏应排除。

③在接通电路前,先检查插头、插座的接线柱有无脱焊、短路等故障。当一切正常后再接通电路检查伺服阀的极性(应在低压工况下判断极性,以免发生出现正反馈事故)。

3-1　结合溢流阀的特点回答问题。

(1)先导式溢流阀主阀芯的阻尼孔有何作用?可否加大或堵死?有何后果?

(2)遥控口可否接油箱,如这样会出现什么现象?

(3)遥控口的控制压力可否是任意的?与先导阀的限定压力有何关系?

(4)溢流阀的进出口可否反接?原因为何?

3-2　画出以下各种名称的方向阀职能符号:二位四通电磁换向阀、二位五通手动换向阀、二位三通液压换向阀、双向液压锁、三位四通 P 型机能转阀、三位五通液动换向阀。

3-3　选用换向滑阀。

(1)要求阀处于中位时液压泵可卸荷;

(2)要求阀处于中位时不影响其他执行元件动作;

(3)要求换向平稳;

(4)要求阀处于中位时可短时锁紧执行元件。

3-4　在使用中,调速阀进、出油口能反接吗?进、出油口反接会出现怎样的情况?

3-5　绘制全液压钻机的液压系统图。

3-6　在实训室或校外实训基地拆装全液压钻机。

学习情境 4
液压牵引采煤机液压系统的构建

目前,电牵引采煤机还处于初级阶段,使用率不高,液压牵引采煤机依然具有很高的市场占有率,而液压牵引采煤机的故障大多发生在牵引部液压系统。为了正确判断并及时排除故障,必须掌握液压牵引采煤机液压传动系统是如何构建的。

任务1 液压辅助元件的选用

知识目标:★掌握液压辅助元件的工作原理及特点。
★掌握液压辅助元件主要性能参数。

能力目标:★正确选用液压辅助元件。

任务导入

液压传动系统中的辅助元件,如蓄能器、滤油器、油箱、热交换器、管件等,对系统的动态性能、工作稳定性、工作寿命、噪声和温升等都有直接影响,必须予以重视。那么针对具体的液压系统该如何来选用呢?

任务分析

要正确合理地为液压牵引采煤机的液压系统选用液压辅助元件,必须了解辅助元件的性能及基本参数,也就是说必须熟悉辅助元件。下面一起来认识它们。

相关知识

一、油箱

油箱在液压系统中的主要功用是储存液压系统所需的足够油液,散发油液中的热量,分离油液中的气体及沉淀污物。油箱有总体式和分离式两种。总体式油箱是与机械设备机体做在一起,利用机体空腔部分作为油箱。此种形式结构紧凑,各种漏油易于回收。但散热性差,易使邻近构件发生热变形,从而影响机械设备精度;再则维修不方便。分离式油箱是一个单独的与主机分开的装置,它布置灵活,维修保养方便,可减少油箱发热和液压振动对工作精度的影响,便于设计成通用化、系列化的产品,因而得到广泛的应用,特别是组合机床、自动线和精密设备,大多采用分离式油箱。

图4-1所示为小型分离式油箱。通常油箱用2.5~5 mm钢板焊接而成。

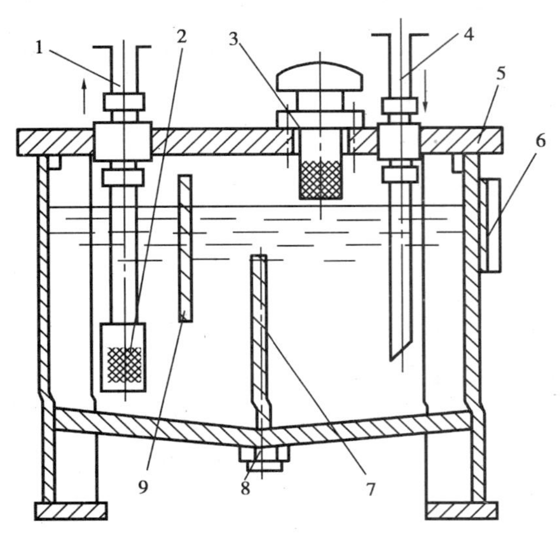

图4-1 分离式油箱

1—吸油管;2—网式过滤器;3—空气过滤器;4—回油管;5—顶盖;5—液面指示器;7、9—隔扳;8—放油塞

二、过滤器

理论分析和实践表明,液压油的污染程度直接影响到液压元件和系统的正常工作及可靠性。据统计,液压系统的故障中,至少有70%~80%以上是由于液压油被污染而造成的,所以液压油的污染是一个重要的问题。

1. 液压油的污染及危害

液压油的污染就是有异物混入液压油中。通常是指在液压油中混入水分、空气以及其他油品,机械颗粒和由于高温氧化而使液压油自身生成氧化物等类型的污染。液压油被污染后将会造成以下危害:

(1)油液被污染的颗粒进入液压元件后,加速元件的磨损,破坏密封,性能下降,寿命降低。

(2)油液中侵入空气,使液压系统产生噪声和气蚀,降低油液的弹性模量和润滑性,油液易于氧化。

(3)油液中混入水分后,加速油液的氧化、腐蚀金属,也会降低润滑性。

(4)油液混入其他油品,改变了液压油的化学成分,从而影响液压系统的工作性能。

(5)油液自身氧化生成的氧化物,使油变质,堵塞元件阻尼孔或节流孔,加速元件腐蚀使液压系统不能正常工作。

2. 过滤器的功用和类型

过滤器的功用是滤去油液中杂质,维护油液的清洁,防止油液污染,保证液压系统正常工作。过滤器按过滤材料的过滤原理分为表面型、深度型和磁性滤油器三种。

(1)表面型过滤器

被这种过滤器滤除的微粒污物截留在滤芯元件油液上游一面,整个过滤作用是由一个几何面来实现的,就像丝网一样把污物阻留在其外表面。滤芯材料具有均匀的标定小孔,可以滤除大于标定小孔的污物杂质。由于污物杂质积累在滤芯表面,所以此种过滤器极易堵塞。

最常用的有网式和线隙式过滤器两种。

图4-2(a)所示是网式过滤器,它是用细铜丝网1作为过滤材料,包在周围开有很多窗孔的塑料或金属筒形骨架2上。一般滤去杂质顺料 $d>0.08\sim0.18$ mm,阻力小,其压力损失不超过0.01 MPa,安装在液压泵吸液口处,保护泵不受大粒度机械杂质的损坏。此种过滤器结构简单,清洗方便。

图4-2(b)所示是线隙式过滤器,1是壳体,滤芯是用铜或铝线3绕在筒形骨架2的外圆上,利用线间的缝隙进行过滤。一般滤去杂质颗粒 $d\geqslant0.03\sim0.1$ mm,压力损失为0.07~0.35 MPa,常用在回液低压管路或泵吸油口。此种过滤器结构简单,滤芯材料强度低,不易清洗。

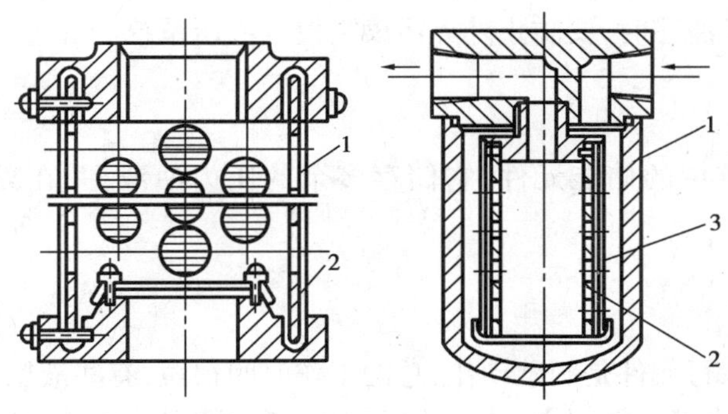

图4-2　表面型过滤器

(a)网式过滤器　(b)线隙式过滤器

(2)深度型过滤器

这种过滤器的滤芯由多孔可透性材料制成,材料内部具有曲折迂回的通道,大于表面孔径的粒子直接被拦截在靠油液上游的外表面,而较小污染粒子进入过滤材料内部,撞到通道壁上,滤芯的吸附及迂回曲折通道有利于污染粒子的沉积和截留。这种滤芯材料有纸芯、烧结金属、毛毡和各种纤维类等。

图4-3(a)所示为纸芯式过滤器,它是由做成折叠形以其增加过滤面积的微孔纸芯1包在由铁皮制成的骨架2上。油液从外进入滤芯1后流出。它可滤去 $d\geqslant0.05\sim0.03$ mm 颗粒,压力损失为0.08~0.4 MPa,常用于对油液要求较高的场合。此种过滤器过滤效果好,但滤芯堵塞后无法清洗,要更换纸芯。

图4-3(b)所示为烧结式过滤器。它的滤芯3是用颗粒状青铜粉烧结而成。油液从左侧油孔进入,经杯状滤芯过滤后,从下部油孔流出。它可滤去 $d\geqslant0.01\sim0.1$ mm 颗粒,压力损失较大,为0.03~0.2 MPa,多用在排液或回油路上。此种过滤器制造简单,耐腐蚀,强度高。但金属颗粒有时脱落,堵塞后清洗困难。

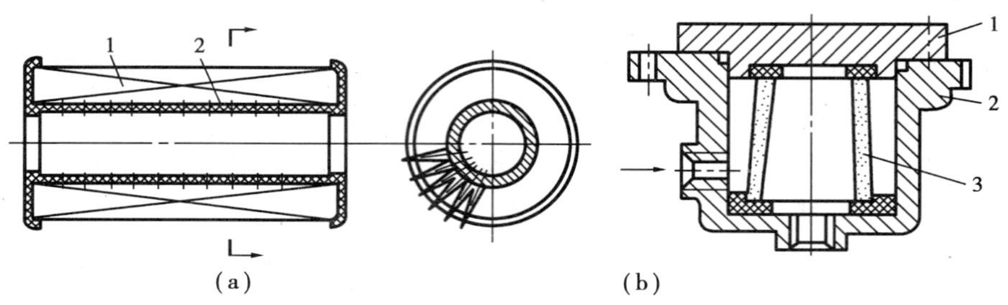

图 4-3　深度型过滤器
(a)纸芯式过滤器　(b)烧结式过滤器

(3)磁性过滤器

滤芯采用永磁性材料,将油液中对磁性敏感的金屑颗粒吸附到上面。它常与其他形式滤芯一起制成复合式滤油器,对机床液压系统特别适用。

在使用过滤器时还应注意过滤器只能单向使用,按规定液流方向安装,以利于小滤芯的清洗和安全。清洗或更换滤芯时,要防止外界污染物侵入液压系统。

三、蓄能器

蓄能器是液压系统中的储能元件,它储存多余的压力油液,并在需要时释放出来供给系统。

1. 蓄能器的功用

(1)作辅助动力源

某些液压系统的执行元件是间歇动作,总的工作时间很短,有些液压系统的执行元件虽然不是间歇动作,但在一个工作循环内(或一次行程内)速度差别很大。在这种系统中设置蓄能器后,即可采用一个功率较小的液压泵,以减小主传动的功率。另外,在一些特殊情况下,为防止停电或液压泵的原驱动装置发生故障而造成设备事故,蓄能器可作应急能源短期使用。

(2)保压和补充泄漏

如执行元件相当长时间不动作,且要保持恒定压力的系统,可用蓄能器来补偿泄漏,从而使压力恒定。

(3)缓冲和吸收压力脉动

由于换向阀突然换向,液压泵突然停转,执行元件的运动突然停止,甚至人为地需要执行元件紧急制动等原因,都会使管路内的液体流动发生急剧变化,从而产生冲击压力。虽然系统中设有安全阀,但仍然难免产生压力的短时剧增和冲击。这种冲击压力,往往会引起系统中的仪表、元件和密封装置发生故障甚至损坏,还可能导致管道破裂,此外还会使系统产生明显的振动。若在控制阀或液压缸冲击源之前装设蓄能器,即可吸收和缓和这种冲击。

2. 蓄能器的类型及结构

蓄能器分为重力式、弹簧式和充气式三种类型。常用的是充气式,它又分为活塞式、气囊式和隔膜式三种。

(1)活塞式蓄能器

图 4-4 所示为活塞式蓄能器。它主要由活塞 1、缸筒 2 和气门 3 等组成。活塞 1 把缸筒中的液压油和气体隔开,压缩气体(氮气或净化空气)由气门进入活塞 1 上部,液压油从 a 口进

入活塞1下部,液压油压力增加,活塞1上移,压缩气体,这一过程为储存能量过程;液压油压力降低,活塞1下移,气体膨胀,这一过程为输出能量过程。活塞式蓄能器结构简单,安装、维修方便,但由于密封问题不能完全解决,使气体容易漏入液压系统中。另外,由于密封件的摩擦力和活塞惯性,使活塞动作不够灵敏。活塞式蓄能器最高工作压力为17 MPa,总容量为1~39 L,温度适用范围为-4~+80 ℃。

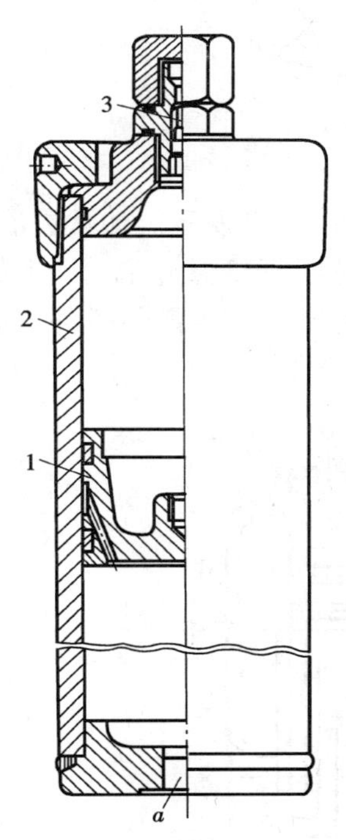

图4-4　活塞式蓄能器
1—活塞;2—缸筒;3—气门

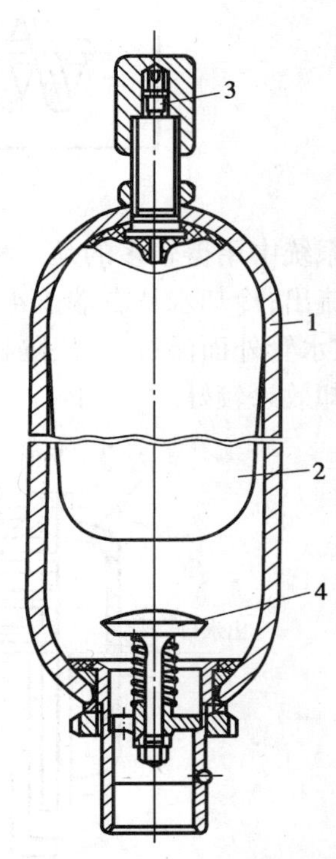

图4-5　气囊式蓄能器
1—壳体;2—气囊;3—充气阀;4—限位阀

(2)气囊式蓄能器

图4-5所示为气囊式蓄能器。它主要由壳体1、皮囊2、充气阀3、限位阀4等组成。在工作时,从充气阀3向皮囊2内充进一定压力的气体,然后关闭充气阀,使气体封闭在皮囊2内,液压油从壳体底部限位阀4处引入皮囊2外腔,使皮囊受压缩而储存液压能。气囊式蓄能器惯性小、反应灵敏、结构紧凑、重量轻、充气方便,一次充气后能长时间的保存气体,在液压系统中应用广泛。气囊式蓄能器工作压力为3.5~35 MPa,总容量为0.6~200 L,温度适用范围为-10~+65 ℃。

四、热交换器

由于液压系统能量损失转换为热量,会使油液温度升高。若长时间油温过高,油液黏度下降,泄漏增加,密封老化,油液氧化,会严重影响系统正常工作。为保证正常工作温度在20~65 ℃,需要在系统中安装冷却器。相反,油温过低,油液黏度过大,设备启动困难,压力损失加大并引起较大的振动,则应安装加热器并由温度控制器控制。

冷却器要求有足够的散热面积,散热效率高,压力损失小。根据冷却介质不同有风冷式、水冷式和制冷式三种。

图4-6所示为最简单的蛇形管冷却器，它直接安装在油箱内并浸入油液中，管内通冷却水。这种冷却器的冷却效果不好，耗水量大。

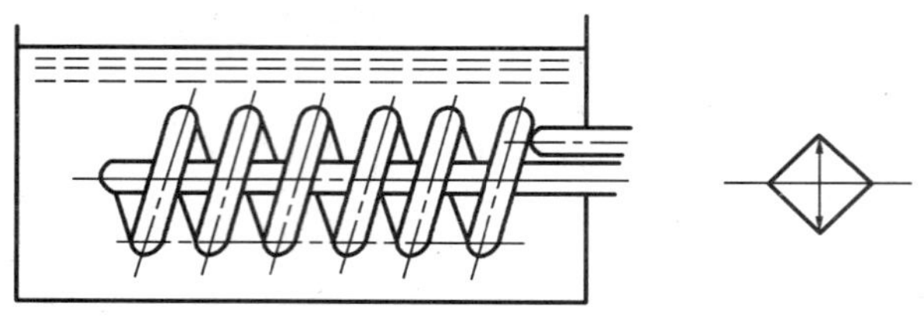

图4-6　蛇行管水冷却器

液压系统中用得较多的是一种强制对流式多管冷却器，如图4-7所示。油从进油口进入，从出油口流出；冷却水从右端盖4中部的进水口进入，通过多根水管3从左端盖1上的出水口流出，油在水管外面流过，三块隔板2用来增加油液的循环距离，以改善散热条件。水冷式冷却器的冷却效果较好。

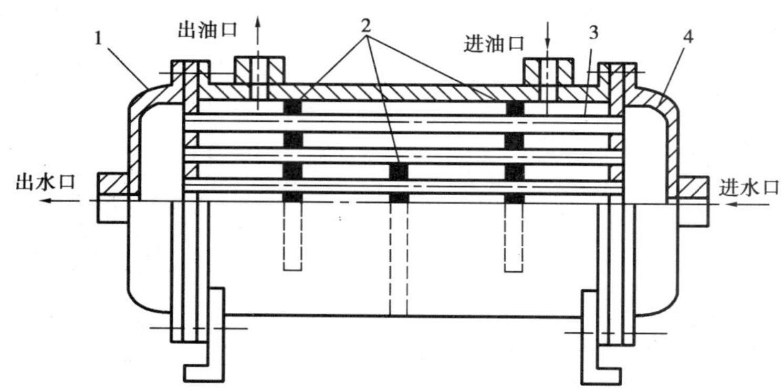

图4-7　强制对流式多管冷却器

1—左端盖；2—隔板；3—水管；4—右端盖

冷却器一般应安装在回油路或在溢流阀的溢流管路上，图4-8所示是其正确的安装位置。液压泵输出的压力油直接进入液压系统，已经发热的回油和溢流阀溢出的热油一起通过冷却器1进行冷却后，回到油箱。单向阀2是保护冷却器用的。当不需要进行冷却时可将截止阀3打开，使油直接回油箱。

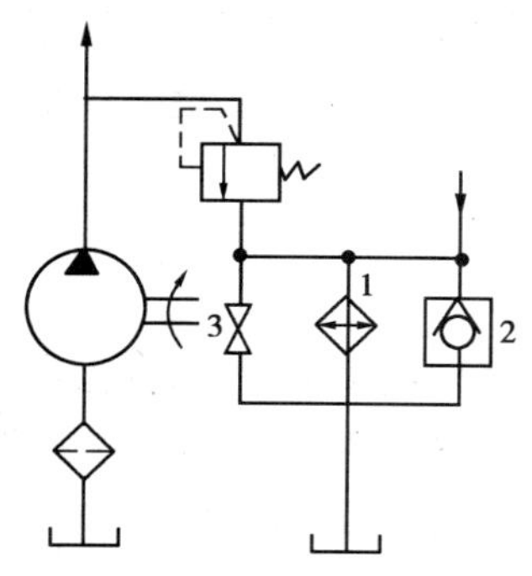

图4-8　冷却器的连接方式

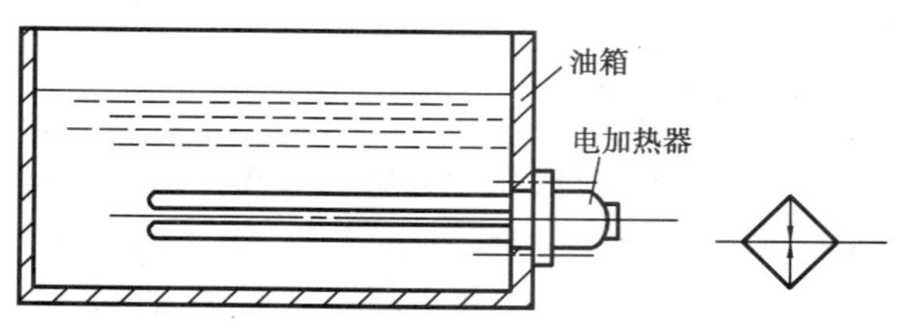

图4-9　电加热器

液压系统中油温过低时可使用加热器，一般常采用结构简单，能按需要自动调节最高、最低温度的电加热器。电加热器的安装方式如图4-9所示。电加热器水平安装，发热部分应全部浸入油中，安装位置应使油箱内的油液有良好的自然对流，单个加热器的功率不能太大，以避免其周围油液过度受热而变质。

五、压力表

液压系统各工作点的压力一般都用压力表来观测，以调整到要求的工作压力。在液压系统中最常用的是弹簧管式压力表，其工作原理如图4-10所示。当压力油进入压力表后使弹簧弯管1变形，其曲率半径增大，通过杠杆4使扇形齿轮5摆动，经小齿轮6带动指针2偏转，从刻度盘3上即可读出压力值。

压力表有多种精度等级。普通精度的有1、1.5、2.5…级；精密级的有0.1、0.16、0.25…级等。

选用压力表测量压力时，其量程应比系统压力稍大，否则将影响压力表的使用寿命，一般取系统压力的1.3～1.5倍。压力计与压力管道连接时，应通过阻尼小孔，以防止被测压力突变而将压力计损坏。

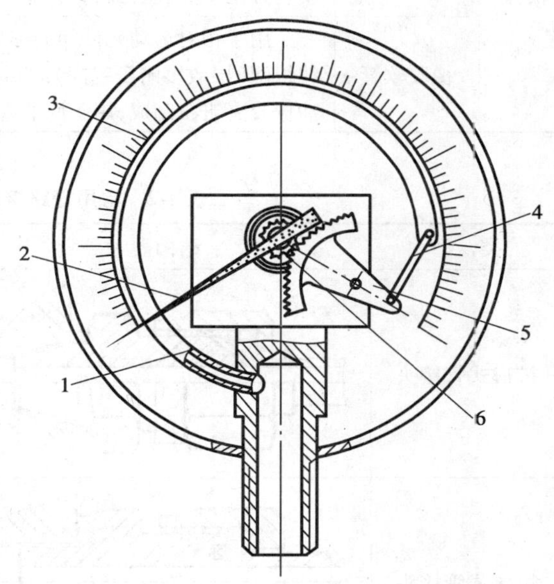

图4-10　弹簧管式压力表

1—弹簧弯管；2—指针；3—刻度盘；4—杠杆；5—扇形齿轮；6—小齿轮

六、管路及管接头

管路及管接头是用来连接液压元件，输送液压油的连接件。因此应保证管件有足够的强度、能量损失小、良好的密封和装拆使用方便。

1. 管路

液压系统中使用的油管种类有钢管、紫铜管、橡胶软管、尼龙管和塑料管。应当根据液压装置的工作条件和压力大小来选择油管，油管的特点及适用场合如表4-1所示。

油管应根据液压系统的流量和压力来确定，选择的主要参数是油管的内径 d 和壁厚 δ。内径 d 的选取以降低流速、减少压力损失为前提。内径过小，流速过高，压力损失大，易产生振动和噪声；内径过大，会使液压装置不紧凑。管的壁厚 δ 不仅与工作压力有关，而且与管子材料有关。一般根据有关标准，查手册确定内径 d 和壁厚 δ。

2. 管接头

管接头是油管与油管、油管与液压元件之间可拆卸的连接件。管接头的性能好坏直接影响液压系统的泄漏和压力损失。表4-2为常用管接头的类型及特点。

表 4-1 各种油管的特点及适用场合

种　类		特点及适用场合
硬管	钢管	耐油、耐高压、强度高、工作可靠,但装配时不便弯曲,常在装拆方便处作压力管道。中压以上用无缝管道,低压用焊接管道
	紫铜管	价高、承压能力低(6.5～10 MPa),抗冲击和抗振能力差,易使油液氧化,但易弯曲成各种形状,常用在仪表和液压系统装配不便处
软管	塑料管	耐油、价低、装配方便,长期使用易老化,只适用于压力低于 0.5 MPa 的回油管和泄油管
	尼龙管	乳白色透明、可观察流动情况,价低,加热后可随意弯曲,扩口、冷却后定形,安装方便,承压能力因材料而异(2.5～8 MPa),今后有扩大使用的可能
	橡胶软管	用于相对运动元件间的连接,分高压和低压两种。高压软管由夹有几层钢丝编织网(层数多耐压越高)的耐油橡胶制成,价高,用于压力管道。低压油管由耐油橡胶夹帆布制成,用于回油管

表 4-2 常用管路接头的类型和特点

类　型	结构图	特　点
扩口式管接头	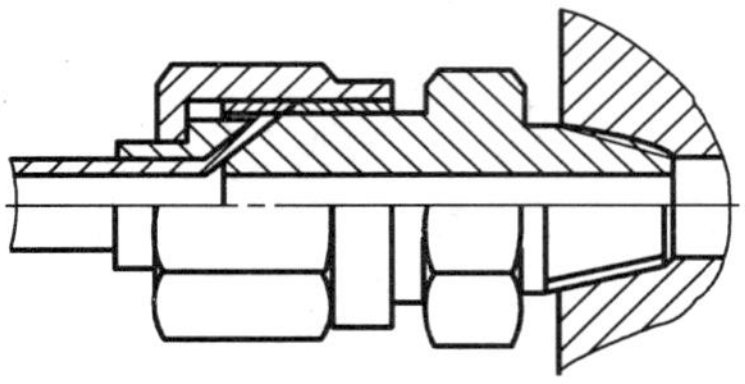	靠扩口部分的锥面实现连接和密封。结构较简单,适用于中低压系统的铜管、薄壁钢管连接;也可用来连接尼龙管和塑料管
焊接式管接头	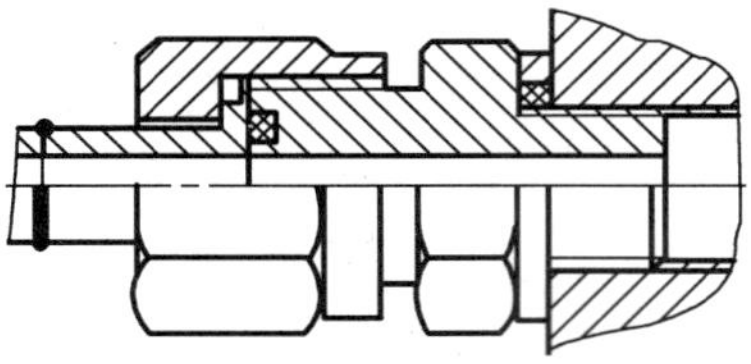	接管与钢管采用焊接连接。结构简单,制造方便,耐高压和抗振动性好,密封性能好。广泛用于高压系统(p < 32 MPa)
卡套式管接头	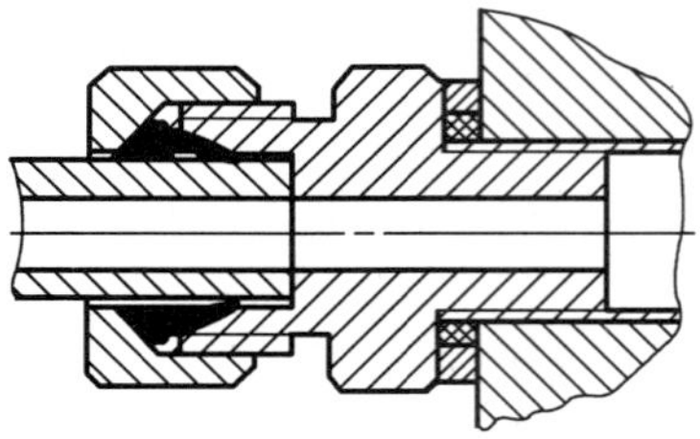	利用卡套的变形卡住管子并实现密封。不用密封件,工作可靠,拆卸方便,抗震性好,使用压力可达 32 MPa,但工艺较复杂
扣压式软管接头	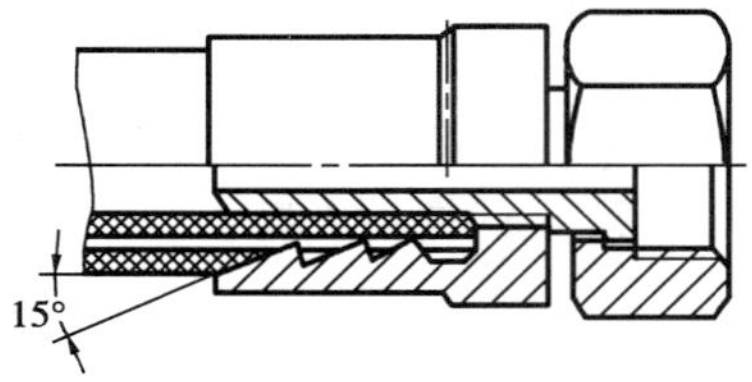 15°	由外套和芯子组成,安装时软管被挤在外套和接头芯子之间,因而被牢固地连接在一起。工作压力在 10 MPa 以下,需专用扣压设备

七、密封件

泄漏是液压系统常发生的情况之一，泄漏会降低效率，严重时甚至不能建立必要的压力；泄漏还会造成油液的浪费，污染环境，影响设备的使用寿命。密封是防止泄漏的最有效和最主要的方法，此外，密封还可以防止外部杂质侵入系统。按密封部分的运动特性，密封可分为用于固定连接件之间的静密封和用于相对运动件之间的动密封两类；按工作原理，密封又可分为接触密封和间隙密封。

1. 接触密封

接触密封常用的密封件是密封圈，它既可以用于静密封，也可以用于动密封。密封圈常以其端面形状命名，有O形、Y形、Y_X形、V形等结构。密封圈尺寸及其安装沟槽尺寸均以标准化，使用时可根据需要由液压设计手册查取。

O形密封圈（图4-11所示），结构简单，密封性好，摩擦阻力小，易制造，成本低，应用广泛，工作温度范围为-40～+120 ℃，多用于静密封，也可用于动密封。用于静密封工作压力可达70 MPa，用于动密封可达40 MPa。当工作压力大于10 MPa时，为避免O形密封圈挤入缝隙，O形密封圈的侧面应加装挡圈（防挤圈）（一侧或两侧视压力油作用方向），如图4-11。

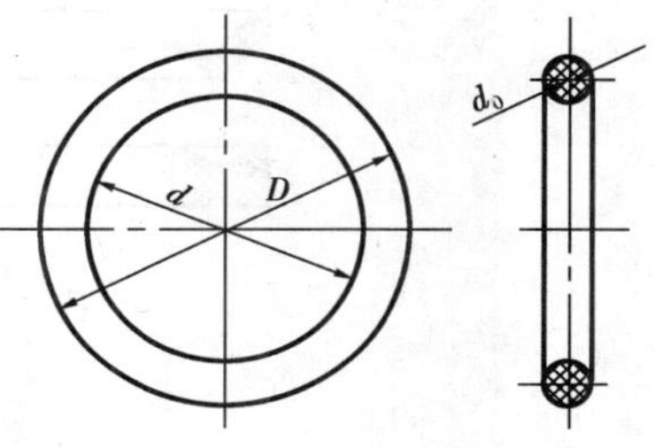

图4-11　O形密封圈

Y形密封圈（图4-12所示），其工作压力不大于20 MPa，温度范围为-30～+80 ℃，一般用于轴、孔做相对移动、且速度较高的场合。Y形密封圈装配时其唇边应对着压力高的油腔，如图4-13(b)。

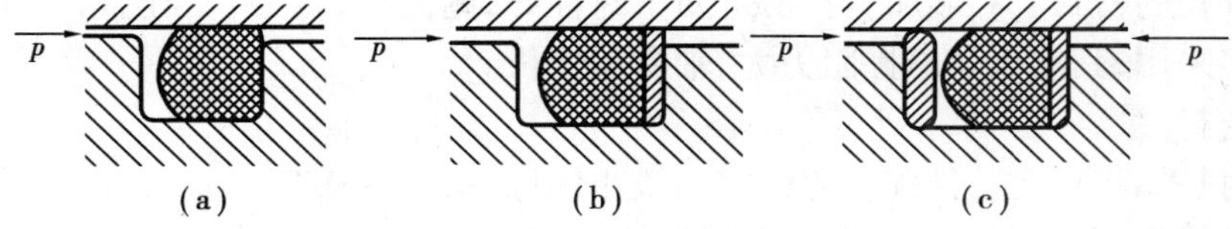

图4-12　O形密封圈加挡圈

(a)单向受压(p≤10 MPa)　(b)单向受压(p>10 MPa)　(c)双向受压(p>10 MPa)

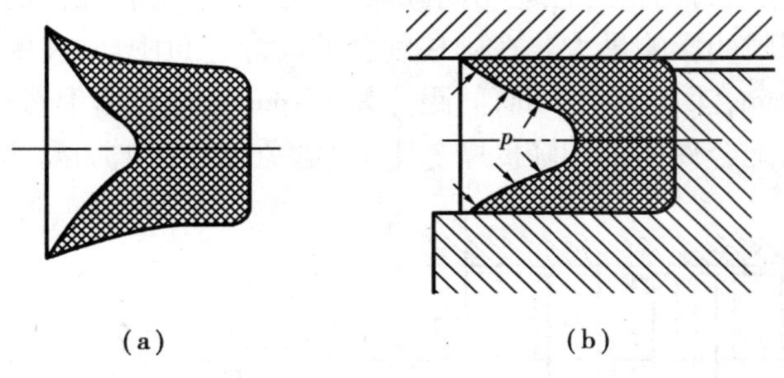

图4-13　Y形密封圈及密封原理

Y_X形密封圈，如图4-14所示，其特点是：两个唇边不等高，增加了底部支撑宽度。可以避免摩擦力造成的密封圈的翻转和扭曲。分为孔用（图4-14(a)）和轴用（图4-14(b)）两种。

V形加织物密封圈。它由支承环、密封环和压环三个形状不同的零件组成，三个环叠在一

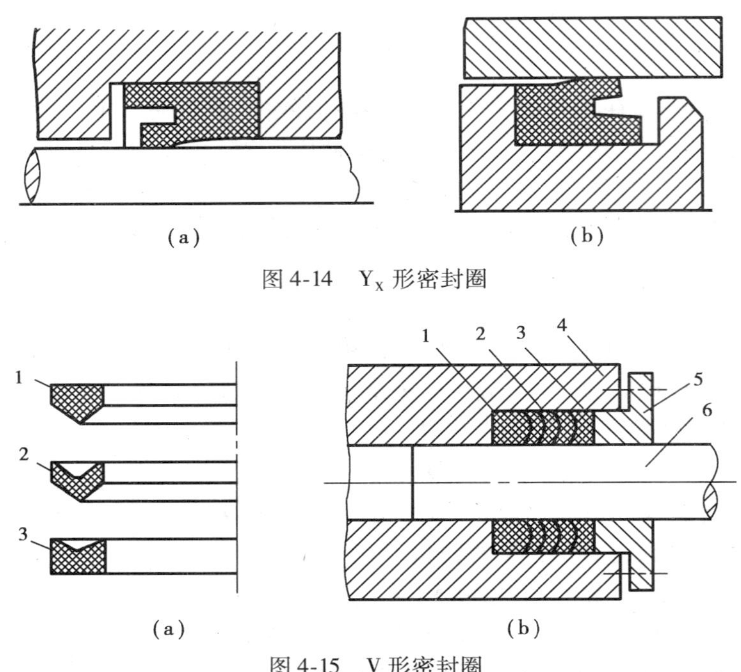

图 4-14　Y_X 形密封圈

图 4-15　V 形密封圈

1—支撑环；2—V 形圈；3—压环；4—缸体；6—柱塞

起使用，结构如图 4-15 所示。三个环可以都用加织物耐油橡胶制成，也可用金属做支承环和压环。工作压力可达 50 MPa，温度范围为 -40 ~ +80 ℃。密封环的数量随工作压力增高而增加，以保证其密封性，并可通过调节轴向压紧力来获得最佳的密封效果。V 形加织物密封圈可用于内径和外径的密封。V 形加织物密封圈密封性好，耐高压，寿命长，在直径、压力高、行程长的情况下多采用，其缺点是摩擦阻力大，轴向尺寸长。

2. 间隙密封

间隙密封是靠相对运动件配合表面间的微小间隙（0.01 ~ 0.05 mm）来防止泄漏，是一种最简单的动密封方法。它广泛应用于泵、马达和阀类中。如：柱塞泵的柱塞与柱塞孔间、阀芯与阀孔间以及直径较小、压力较低的液压缸的活塞和缸体间都常用间隙密封。图 4-16 所示为间隙密封示意图。间隙密封的密封性能与间隙大小、压力差、配合表面的长度和直径以及加工精度等有关，其中以间隙的影响最大。在圆柱配合的间隙密封中，常在配合表面开几条环形的平衡槽（宽 0.3 ~ 0.5 mm，深 0.5 ~ 1 mm，间距为 2 ~ 5 mm），油在槽中形成涡流，减缓漏油的速度，同时还起到了使两配合件同轴和降低摩擦阻力，避免偏心而增加漏油量的作用。

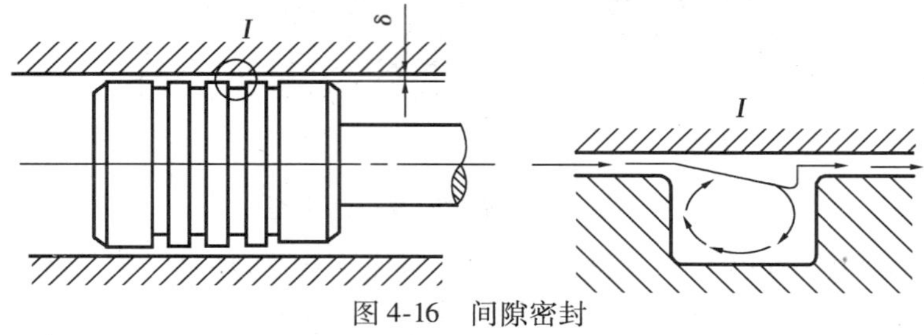

图 4-16　间隙密封

间隙密封具有结构简单，摩擦阻力小，磨损小和润滑性能好等优点，但缺点密封效果差，密

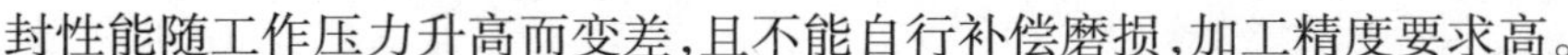

封性能随工作压力升高而变差，且不能自行补偿磨损，加工精度要求高。

任务实施

一、油箱的设计

(1)油箱容量的确定，是油箱设计的关键。主要根据热平衡来确定。通常油箱的容量取液压泵每分钟流量的 3 ~ 8 倍进行估算。此外，还要考虑到液压系统回油到油箱不至溢出，油面高度一般不超过油箱高度的 0.8 倍。

(2)油箱中应设吸液过滤器，要有足够的通流能力。因需经常清洗过滤器，所以在油箱结构上要考虑拆卸方便。

(3)油箱底部做成适当斜度，并安放油塞。大油箱为清洗方便应在侧面设计清洗窗孔。油箱箱盖上应安装空气滤清器，其通气流量不小于泵流量的 1.5 倍，以保证具有较好的抗污能力。

(4)在油箱侧壁安装油位指示器，以指示最低、最高油位。为了防锈、防凝水，新油箱内壁经喷丸、酸洗和表面清洗后，可涂一层与工作油液相容的塑料薄膜或耐油清漆。

(5)吸油管及回油管要用隔板分开，增加油液循环的距离，使油液有足够时间分离气泡，沉淀杂质。隔板高度一般取油面高度的 3/4。吸油管离油箱底距离 $H \geqslant 2D$(D 吸油管内径)，距油箱壁不小于 $3D$，以利吸油通畅。回油管插入最低油面以下，防止回油时带入空气，距油箱底 $h \geqslant 2d$(d 回油管内径)，回油管排油口应面向箱壁，管端切成 45°，以增大通流面积。泄漏油管则应在油面以上。

(6)大、中型油箱应设起吊钩。

二、过滤器的选用

选用过滤器时应考虑以下几个方面：

(1)过滤精度应满足系统提出的要求。过滤精度是以滤除杂质颗粒度大小来衡量，颗粒度越小则过滤精度越高。以直径 d 为颗粒公称尺寸，将过滤精度分为粗($d \geqslant 0.1$ mm)，普通($d \geqslant 0.01$ mm)、精($d \geqslant 0.005$ mm)和特精($d \geqslant 0.001$ mm)四个等级，不同液压系统对过滤器的过滤精度要求如表 4-3 所示。

表 4-3　各种液压泵系统的过滤精度要求

系统类别	润滑系统	传动系统			伺服系统	特殊要求
压力/MPa	0 ~ 2.5	≤7	>7	≤35	≤21	≤35
颗粒度/mm	≤0.1	≤0.1	≤0.025	≤0.005	≤0.005	≤0.001

(2)要有足够的通流能力。通流能力指在一定压降下允许通过过滤器的最大流量，应结合过滤器在液压系统中的安装位置，根据过滤器样本来选取。

(3)要有一定的机械强度，不因液压力而破坏。

(4)考虑过滤器其他功能。对于不能停机的液压系统，必须选择切换式的过滤器，不停机更换滤芯；对于需要滤芯堵塞报警的场合，则可选择带发讯装置的过滤器。

三、液压管件的选择

管件包括油管和管接头。管件选择是否得当,直接关系到液压系统能否正常工作和能量损失大小,一般从强度和允许流速两个方面考虑。

液压传动系统中所用的油管,主要有钢管、紫铜管、钢丝编织或缠绕橡胶软管、尼龙管和塑料管等。油管的规格尺寸大多由所连接的液压元件接口处尺寸决定,只有对一些重要的管道才验算其内径和壁厚。

液压系统油管的选择与计算主要是计算管子的内径和壁厚。

1. 液压油管内径的确定

油管的内径是根据管内允许流速和所通过的流量来确定,即

$$d=\sqrt{\frac{4q}{\pi v_0}}$$

式中 q——通过油管的流量;

v_0——油管中允许流速。

在吸油管道内液体的流速取 $v_0 \leqslant 1.5$ m/s,在压力管道内的流速取 $v_0=5$ m/s 左右为宜。

由计算所得的油管内径,应按标准管径尺寸相近的油管进行圆整。

2. 液压油管壁厚的计算

管子的壁厚可按下式计算:

$$\delta=\frac{pd}{2[\sigma]}$$

式中 p——管内油液的最大工作压力;

d——油管内径;

$[\sigma]$——许用应力。

对钢管 $[\sigma]=\dfrac{\sigma_b}{n}$

式中 σ_b——材料抗拉强度;

n——安全系数;当 $n<7$ MPa 时,取 $n=8$;$n \leqslant 17.5$ MPa 时,取 $n=6$;$n>17.5$ MPa 时,取 $n=4$。

对铜管 $[\sigma] \leqslant 25$ MPa

选择管子壁厚时,还应考虑到加工螺纹对强度的影响。

在选择管接头时,除考虑其有合适的通流能力和较小的压力损失外,还要考虑到装卸维修方便,连接牢固,密封可靠,支承元件的管道要有相应的强度。另外还要考虑位其结构紧凑、体积小、重量轻。

知识拓展

一、过滤器的安装

过滤器在液压系统中有以下几种安装位置:

(1)安装在泵的吸油口。在泵的吸油口安装网式或线隙式过滤器,防止大颗粒杂质进入泵内,同时有较大通流能力,防止空穴现象。

(2)安装在泵的出口。安装在泵的出口可保护除泵以外的元件,但须选择过滤精度高、能承受油路上工作压力和冲击压力的过滤器,压力损失一般小于0.35 MPa。此种方式常用于过滤精度要求高的系统及伺服阀和调速阀前,以确保它们的正常工作。

(3)安装在系统的回油路上。将过滤器安装在回油路可滤去油液回油箱前侵入系统或系统生成的污物。由于回油压力低,可采用滤芯强度低的过滤器,其压降对系统影响不大,为了防止过滤器阻塞,一般与过滤器并联一安全阀或安装堵塞发讯装置。

(4)安装在独立的过滤系统。在大型液压系统中,可专设由液压泵和过滤器组成的独立过滤系统,专门滤去液压系统油箱中的污物,通过不断循环,提高油液清洁度。专用过滤车也是一种独立的过滤系统。

二、蓄能器的安装

蓄能器在液压系统中的安装位置随其功能而定,但在安装时应注意以下几个问题:

(1)在安装气囊蓄能器时,应将油口朝下垂直安装。

(2)用于吸收液压冲击和压力脉动的蓄能器,应尽可能装在振源附近,并便于检修。

(3)安装在管路上的蓄能器必须用支承板或支承架固定。

(4)蓄能器与液压泵之间应设单向阀,防止液压泵停止工作时蓄能器储存的压力油倒流而使泵反转。

(5)蓄能器与管路系统之间应安装截止阀,供充气和检修用。

任务2　液压牵引采煤机液压系统的分析

知识目标:★掌握液压系统的基本回路的工作原理及特点。

能力目标:★正确分析液压系统。

任务导入

采煤机牵引部采用液压传动和控制系统实现传动、减速、调速、改变牵引方向和各种保护功能。那么这些功能是怎样实现的呢?

任务分析

无论采煤机牵引部液压系统多么复杂,总是由一些基本回路组成的。这些基本回路具有各种功能,如调整系统的工作压力,调节执行机构的运行速度,改变运动方向,使液压泵卸荷等。下面讨论液压牵引系统的一些主要问题和基本回路。

相关知识

一、压力控制回路

在液压系统中，利用压力控制元件对系统的整体或一部分压力进行控制的回路称为压力控制回路。压力控制回路主要包括：限压、调压、减压、卸荷、增压、保压、平衡等多种回路。

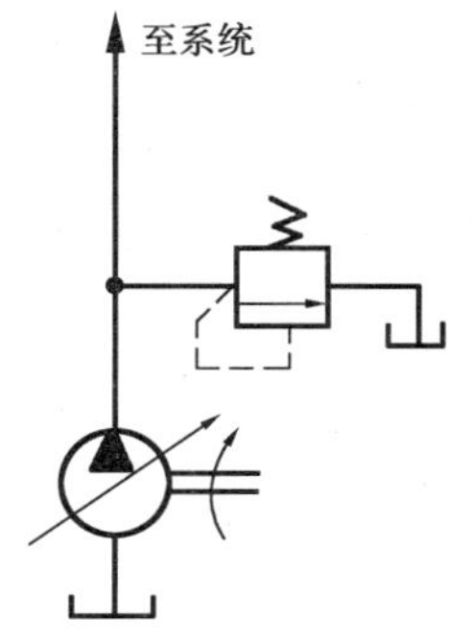

图 4-17　限压回路

1. 限压回路

如图 4-17 所示，系统采用变量泵供油，系统内无多余的油液需溢流，泵的工作压力由负载决定，用溢流阀限制系统的最高压力。系统在正常工作状态下，溢流阀阀口关闭，当系统过载时才打开，以保证系统的安全，此时溢流阀称其为安全阀。

2. 调压回路

调压回路的功用是调定或限制液压系统的最高工作压力，或者使执行机构在工作过程不同阶段实现多级压力变换。一般由溢流阀来实现这一功能。

远程调压回路。当系统需要随时调整压力时，可采用远程调压回路，图 4-18 所示。在主溢流阀 1 的远控口上接一远程调压阀 2（或小流量溢流阀）。将主溢流阀 1 的压力调到系统的最大安全压力值，则系统的压力可由阀 2 远程调节控制。此时系统的压力决定于调压阀 2 的调定值。

应注意：主溢流阀 1 的调定压力必须大于远程调压阀 2 的调整压力，否则，远程调压阀将不起作用。

如图 4-19 所示为三级调压回路。当系统需多级压力控制时，可将主溢流阀 1 的遥控口通过三位四通换向阀 4 分别连接具有不同调定压力的调压阀 2 和 3，使系统获得三种压力调定值：换向阀左位工作时，系统压力由阀 2 调定；换向阀右位工作时，系统压力由阀 3 调定；换向阀处于中位时为系统的最高压力，由主溢流阀 1 来调定。

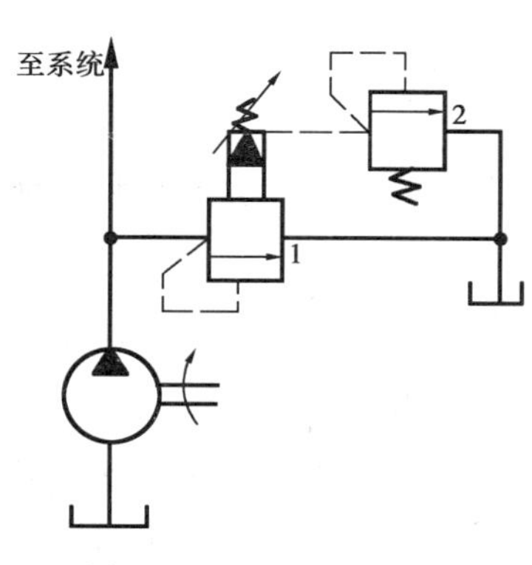

图 4-18　远程调压回路

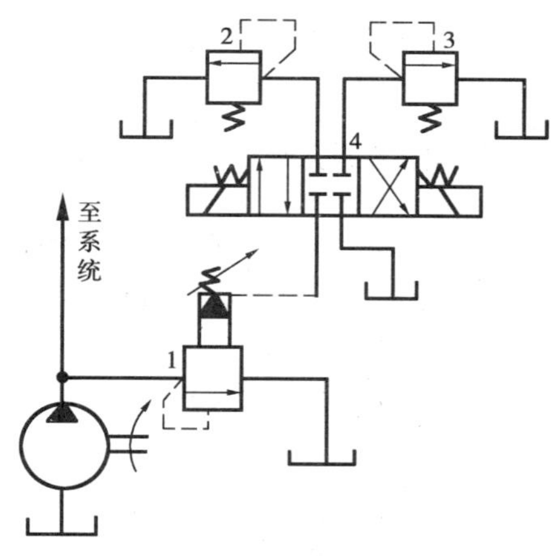

图 4-19　多级调压回路

3. 减压回路

减压回路的功用是使系统某一支路具有低于系统压力调定值的稳定工作压力。

最常见的减压回路是在所需低压的支路上串接定值减压阀,如图4-20(a)所示。回路中的单向阀3用于当主回路压力低于减压阀2的调定值时,防止液压缸4的压力受其干扰,起时保压作用。

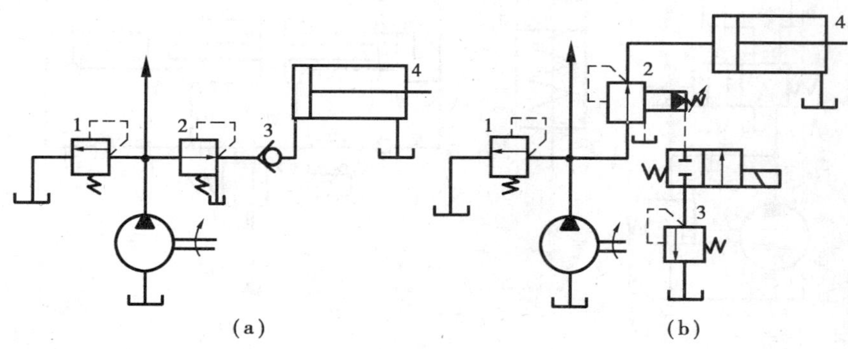

图4-20　减压回路

二级减压回路。在先导式减压阀2的遥控口上接入远程调压阀3,当二位二通换向阀处于图示位置时,缸4的压力由减压阀2的调定压力决定;当二位二通换向阀处于右位时,缸4的压力由远程调压阀3的调定压力决定。阀3的调定压力必须低于阀2。液压泵的最大工作压力由溢流阀1调定。减压回路也可以采用比例减压阀来实现无级减压。

减压阀要稳定工作,其最低调整压力应不小于0.5 MPa,最高调整压力应至少比系统压力低0.5 MPa。由于减压阀工作时存在阀口的压力损失和泄漏口造成的容积损失,故这种回路不宜用在压力降和流量较大的场合。

4. 增压回路

增压回路用来使系统中某一支路获得较系统压力高且流量不大的油液供应。利用增压回路,液压系统可以采用压力较低的液压泵来获得较高压力的压力油。

(1)单作用增压器的增压回路

图4-21(a)是使用单作用增压器的增压回路,它适用于单向作用力大、行程小、工作时间短的场合,如制动器、离合器等。换向阀处于右位时,增压器1输出压力为多 $p_2=p_1A_1/A_2$ 的压力油进入工作缸2;换向阀处于左位时,工作缸2靠弹簧力回程,高位油箱3经单向阀向增压器1右腔补油。

(2)双作用增压器的增压回路

图4-21(b)所示为双作用增压回路。由电磁换向阀的反复换向,使增压缸活塞作往复运动,其两端交替输出高压油,从而实现连续增压。

5. 卸荷回路

卸荷回路是在系统执行元件短时间不工作时,而使泵在很小的输出功率下运转的回路。因为泵的输出功率等于压力和流量的乘积,所以卸荷的方法有两种,一种是将泵的出口直接接回油箱,泵在零压力或接近零压力下工作;一种是使泵在零流量或接近零流量下工作。前者称为压力卸荷,后者称为流量卸荷。

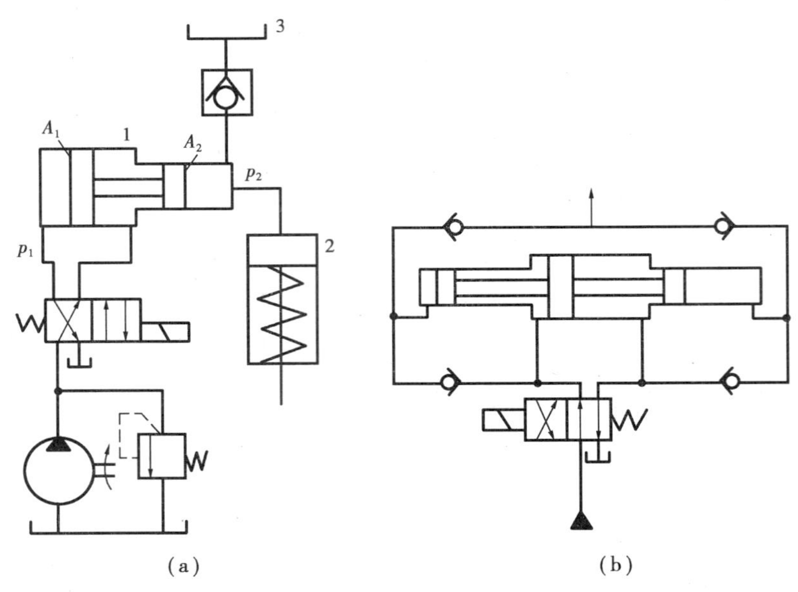

图 4-21　增压回路

(1)用换向阀中位机能的卸荷回路

定量泵可借助 M 型、H 型或 K 型换向阀中位机能来实现泵降压卸荷，如图 4-22(a)所示。因回路需保持一定(较低)控制压力以操纵液动元件，在回油路上应安装背压阀 a。

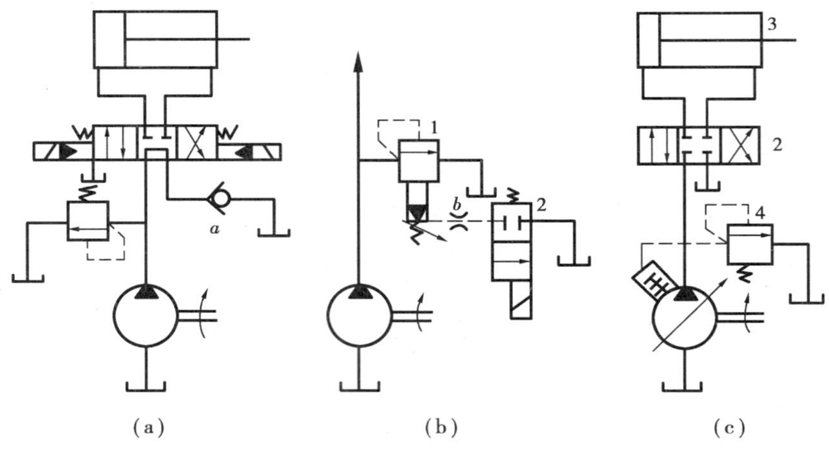

图 4-22　卸荷回路

(2)用先导式溢流阀的卸荷回路

图 4-22(b)所示为二位二通电磁阀控制先导式溢流阀的卸荷回路。当先导式溢流阀 1 的遥控口通过二位二通电磁阁 2 接通油箱时，泵输出的油液以很低的压力经溢流阀回油箱，实现卸荷。

(3)限压式变量泵的卸荷回路

限压式变量泵的卸荷回路为零流量卸荷，如图 4-22 所示，当液压缸 3 活塞运动到行程终点或换向阀 2 处于中位时，泵 1 的压力升高，流量减小，当压力接近限定螺钉调定的极限值时，泵的流量减小到只补充液压缸或换向阀的泄漏，回路实现保压卸荷。系统中的溢流阀 4 作安全阀用，以防止泵的压力补偿装置的零漂和动作滞缓导致压力异常。

6. 平衡回路

平衡回路的功用在于使执行元件的回油路上保持一定的背压值，以平衡重力负载，使之不会因自重而自行下落。

(1)采用单向顺序阀的平衡回路

图 4-23(a)所示为单向顺序阀的平衡回路，调整顺序阀，使其开启压力与液压缸下腔作用面积的乘积稍大于垂直运动部件的重力。

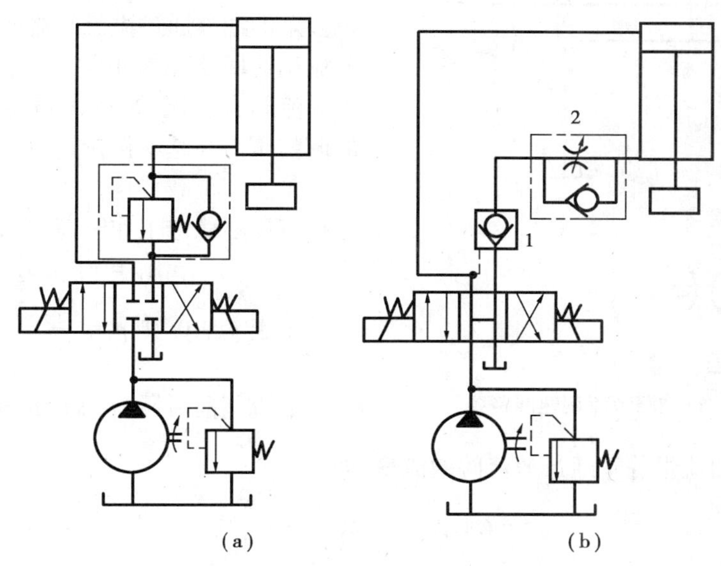

图 4-23　平衡回路

活塞下行时，由于回油路上存在一定背压支承重力负载，活塞将平稳下落；换向阀处于中位，活塞停止运动，不再继续下行。此处的顺序阀又被称作平蘅阀。在这种平衡回路中，顺序阀压力调定后，若工作负载变小，系统的功率损失将增大。又由于滑阀结构的顺序阀和换向阀存在泄漏，活塞不可能长时间停在任意位置，故这种回路适用于工作负载固定且活塞停止位置要求不高的场合。

(2)采用液控单向阀的平衡回路

如图 4-23(b)所示，由于液控单向阀是锥面密封，泄漏量小，故其闭锁性能好，活塞能够较长时间停止不动。回油路上串联单向节流阀 2，用于保证活塞下行运动的平稳。假如回油路上没有节流阀，活塞下行时液控单向阀 1 被进油路上的控制油打开，回油腔没有背压，运动部件由于自重而加速下降，造成液压缸上腔供油不足，液控单向阀 1 因控制油路失压而关闭。阀 1 关闭后控制油路又建立起压力，阀 1 再次被打开。液控单向阀时开时闭，使活塞在向下运动过程中产生振动和冲击。

二、速度控制回路

速度控制回路是指液压执行元件速度的调节和变换。由液压缸的速度 $v=q/A$、液压马达的转速 $n=q/V_M$ 可知，对于确定的液压缸来说，改变其有效作用面积 A 是困难的，一般只能用改变输入液压缸流量的办法来调速。对变量液压马达来说,既可用改变输入流量的办法来调速,也可用改变马达排量的办法来调速。常用的调速回路有节流调速回路和容积调速回路。

1. 节流调速回路

节流调速回路是采用定量泵和节流阀(或调速阀)来调进入液动机的流量,从而调节其速度的回路。按流量阀在油路中安装位置的不同可分为进油路节流调速回路、出油路节流调速回路、旁油路节流调速三种。

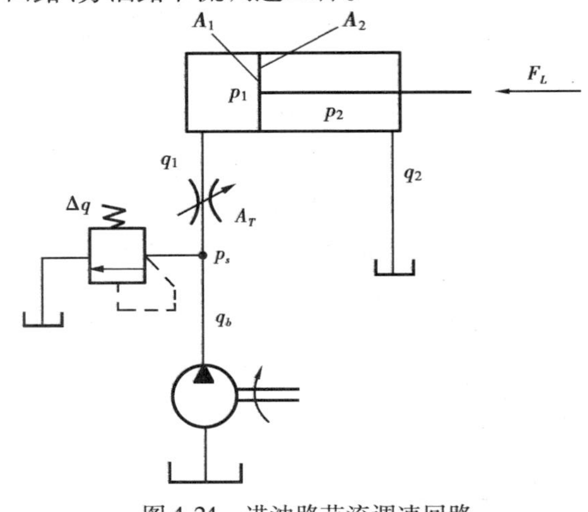

图 4-24　进油路节流调速回路

(1)进油路节流调速回路

进油节流调速回路如图 4-24 所示。定量泵多余的油液通过溢流阀流回油箱,这是进油节流调速回路能够正常工作的必要条件。由于溢流阀有溢流,泵的出口压力 p_s 为溢流阀的调整压力并基本保持定值。

①速度负载特性

液压缸稳定工作时,其受力平衡方程式:

$$p_1A_1 = F_L + p_2A_2$$

由于 $p_2 \approx 0$,则 $p_1 = \dfrac{F_L}{A_1}$

节流阀前后压差:$\Delta p = p_s - p_1 = p_s - \dfrac{F_L}{A_1}$

进入液压缸的流量等于通过节流阀的流量,即

$$q_2 = CA_T\Delta p^{\phi} = CA_T\left(p_s - \frac{F_L}{A_1}\right)^{\phi}$$

液压缸的运动速度为:

$$v = \frac{q_1}{A_1} = \frac{CA_T}{A_1^{\phi+1}}(p_sA_1 - F_L)^{\phi} \tag{4-1}$$

式中　p_1,p_2——液压缸进、回油腔压力;

q_1,q_2——液压缸进、回油量;

A_T——节流阀节流口通流面积;

C——节流常数,对于薄壁小孔,$C=c_q\left(\dfrac{2}{\rho}\right)$,$\phi=0.5$;

F_L——负载力。

式(4-1)即为进油路节流调速回路的速度负载特性方程,若以活塞运动速度 v 为纵坐标,负载 F_L 为横坐标,将式(4-1)按不同节流阀通流面积 A_T 作图,可得一组抛物线,称为进油路节流调速回路的速度负载特性曲线,如图 4-25 所示。从方程式和曲线可以看出:当其他条件不变时,活塞的运动速度 v 与节流阀通流面积 A_T 成正比,调节 A_T 就能实现无级调速。当节流阀通流面积 A_T 一定时,活塞运动速度 v 随着负载 F_L 的增加按抛物线规律下降。

速度随负载变化而变化的程度,表现为速度负载特性曲线的斜率不同,常用速度刚度来评定。当节流阀通流面积 A_T 一定时,负载 F_L 越小,速度刚度越大;当负载 F_L 一定时活塞速度越低,速度刚度越大。

②最大承载能力

在式(4-1)中,令速度为零,可得到液压缸最大推力

$$F_{L\max} = p_s A_1$$

液压缸 A_1 不变,在泵的供油压力已经调定的情况下,液压缸的最大推力不随节流阀通流面积的改变而改变,故属于恒推力或恒转矩调速。

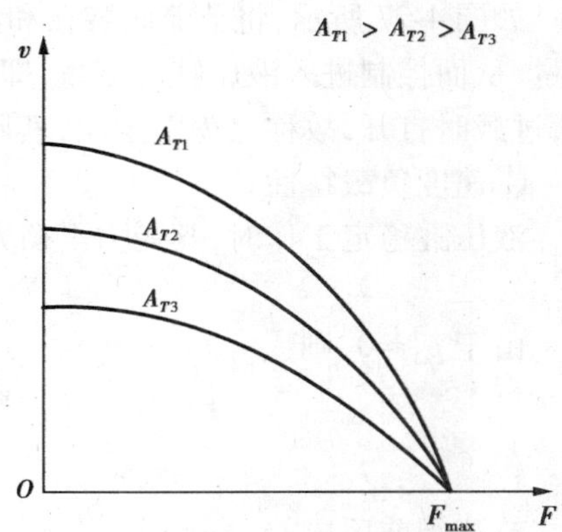

图4-25　进油路节流调速回路速度负载特性曲线

③功率和效率

液压泵的输入功率:$P_b = p_s q_b =$ 常数

液压缸的输出功率:$P_1 = F_L v = \dfrac{F_L q_1}{A_1} = p_1 q_1$

回路的功率损失:

$$\begin{aligned}\Delta P &= P_b - P_1 = p_s q_b - p_1 q_1 \\ &= p_s(q_1 + \Delta q) - q_1(p_s - \Delta p) \\ &= p_s \Delta q + \Delta p q_1\end{aligned}$$

式中,前部分为溢流损失,后部分为节流损失。

回路的效率:$\eta = P_1 / P_b = p_1 q_1 / p_b q_b$

由于存在两部分功率损失,所以回路效率较低。

由以上分析可知,进油路节流调速回路不宜用于负载较重,速度较高,负载变化较大或要求运动平稳的液压系统。

(2)回油路节流调速回路

如图4-26所示,节流阀串联在液压缸的回油路上,用它来控制液压缸的排油量,也就控制了液压缸的进油量,达到调节液压缸运动速度的目的,定量泵多余的油液通过溢流阀回油箱。泵的出口压力即为溢流阀的调整压力,并基本保持定值。

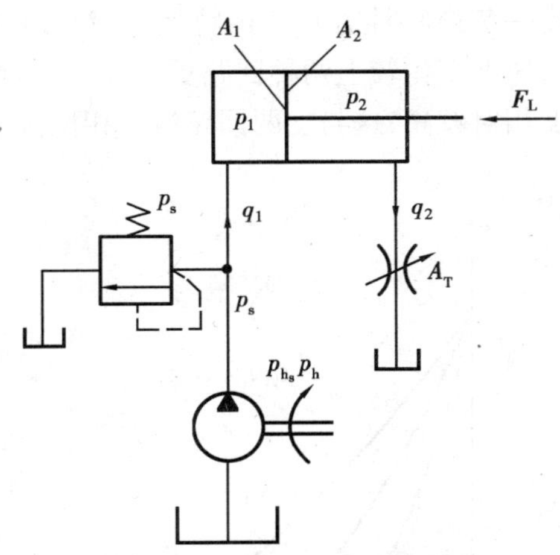

图4-26　回油路节流调速回路

下面分析其速度负载特性:

液压缸稳定工作时,其受力平衡方程式:

$$p_1 A_1 = F_L + p_2 A_2$$

由于 $p_1 = p_s$,则 $p_2 = (p_s A_1 - F_L)/A_2$

节流阀前后压差:$\Delta p = p_2 = (p_s A_1 - F_L)/A_2$

进入液压缸的流量等于通过节流阀的流量,即

$$q_2 = CA_T \Delta p^{\phi} = CA_T p_s^{\phi}$$

液压缸的运动速度为:

$$v = \frac{q_1}{A_2} = \frac{CA_T}{A_2^{\phi+1}}(p_s A_1 - F_L)^{\phi} \tag{4-2}$$

比较式(4-1)和式(4-2)可知,其速度负载特性与进油路节流调速回路基本相同。其承载能力、功率特性与进油路节流调速回路也基本相同,不再一一分析。若 $A_1 = A_2$,则其速度负载特性、最大承载能力、功率特性与进油路节流调速回路完全相同。可承受负值载荷(与运动方向相同的载荷)。

回油路节流调速回路,适用于负载变化较大,要求工作平稳的液压系统中。

(3)旁油路节流调速回路

如图 4-27 所示,将节流阀装在和液压缸并联的支路上。用节流阀调节液压泵流回油箱的流量,从而控制进入液压缸的流量,即可实现调速。油路上的溢流阀在正常工作情况厂是关闭的,过载时打开,故称之为安全阀,其调整压力比最大负载所需的压力稍高。

①速度负载特性

液压缸稳定工作时,其受力平衡方程式:

$$p_1A_1 = F_L + p_2A_2$$

由于 $p_2 \approx 0$,则

$$p_1 = \frac{F_L}{A_1}$$

节流阀前后压差:$\Delta p = p_1 = \frac{F_L}{A_1}$

进入液压缸的流量等于通过节流阀的流量,即

$$q_1 = q_b - CA_T\Delta p^{\phi} = q_b - CA_T\left(\frac{F_L}{A_1}\right)^{\phi}$$

液压缸的运动速度为:

$$v = \frac{q_1}{A_1} = \frac{q_b - CA_T(F_L/A_1)^{\phi}}{A_1^{\phi}} \tag{4-3}$$

若节流阀的节流口是薄壁小孔,$\phi = 1/2$,上式变为:

$$v = \frac{q_1}{A_1} = \frac{q_b - CA_T(F_L/A_1)^{\frac{1}{2}}}{A_1^{\phi}} \tag{4-4}$$

式(4-3)和式(4-4)为旁油路节流调速回路的速度—负载特性方程。由特性方程可画出回路特性曲线,如图 4-28。由曲线可知,当负载变化时,速度变化较上两种回路更为严重,即特性很软,速度稳定性很差。但在重载高速时的速度刚度相对较高,这与上两回路恰好相反。

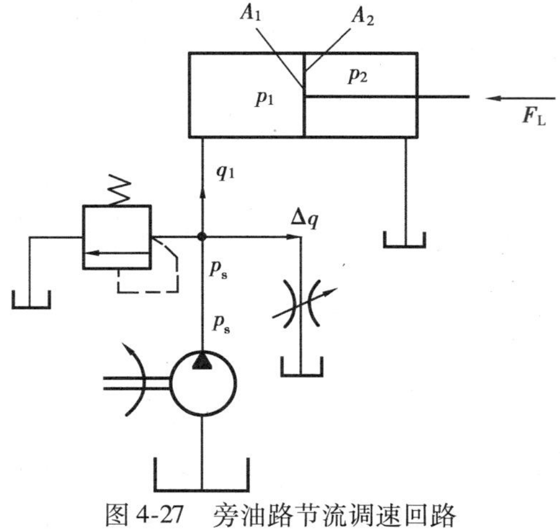

图 4-27　旁油路节流调速回路

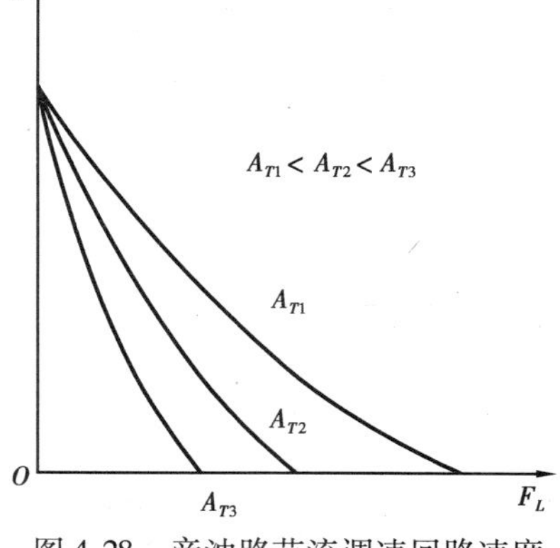

图 4-28　旁油路节流调速回路速度负载特性曲线

②最大承载能力

从图 4-28 可知,旁油路节流调速回路能够承受的最大负载随节流阀通流面积的增加而减

小。当 $F_{L\max}=\left(\frac{q_b}{CA_T}\right)^2A_1$ 时(节流口为薄壁小孔),液压缸的速度为零。这时泵的全部流量经节流阀回油箱,$F_{L\max}$ 即为最大承载能力。继续增大节流口面积已不起调节速度的作用,只使系统压力降低,其承载能力也随之下降。

③功率和效率

液压泵的输入功率:$p_b=p_1q_b$

液压缸的输出功率:$p_1=F_Lv=\frac{F_Lq_1}{A_1}=p_1q_1$

回路的功率损失:$\Delta p=p_b-p_1=p_1q_b-p_1q_1=p_1(q_b-q_1)=p_1\Delta q$

即只有节流损失。

回路的效率:$\eta=\frac{p_1}{p_b}=\frac{p_1q_1}{p_1q_b}=\frac{q_1}{q_b}$

由于只有流量损失而无压力损失,所以回路效率较高。

旁油路节流调速回路的速度负载特性较软,低速承载能力差,故应用比前两种回路少。由于其效率相对较高,系统的功率可以比前两种稍大。

(4)节流调速回路比较

三种节流调速回路的性能比较如表4-4。

表4-4 三种节流调速回路的性能比较

比较内容	调速方法		
	进油路节流调速	回油路节流调速	旁油路节流调速
主要参数	p_1、Δp、q_1 等均随 F_L 的变化而变化。$p_2=0$,$p_b=p_s=$常数	p_1、Δp、q_1 等均随 F_L 的变化而变化。$p_1=p_b=p_s=$常数	p_1、Δp、q_1 等均随 F_L 的变化而变化。$p_2=0$
速度—负载特性	较软		更软,较少使用
运动平稳性及承受负值负载的能力	平稳性较差,不能承受负值负载	平稳性较好,能承受负值负载	平稳性较差,不能承受负值负载
最大承载能力	p_s 调定后,$F_{L\max}=p_sA_1=$常数,不随节流阀通流面积变化		$F_{L\max}$ 随节流阀通流面积的增大而减小,低速时承载能力差
调速范围	较大,可达100以上		调速范围较小
系统输入功率	系统输入功率与负载和速度无关。低速时,功率损失较大,效率低		系统输入功率与负载成正比。低速高载时,功率损失较大,效率较低
发热及泄漏影响	油液通过节流阀发热后进入液压缸,影响液压缸泄漏,从而影响活塞运动速度。泵的泄漏对性能无影响	油液通过节流阀后回油箱冷却,对液压缸泄漏影响小。泵的泄漏对性能无影响	油液通过节流阀后回油箱冷却,对液压缸泄漏无影响。泵的泄漏影响液压缸的运动速度

续表

比较内容	调速方法		
	进油路节流调速	回油路节流调速	旁油路节流调速
停车后启动冲击	停车后启动冲击小	停车后启动有冲击	
应用	适用于轻载、负载变化小以及速度稳定性要求不高的小功率系统	适用于功率不大,但负载变化大、速度稳定性要求较高的系统	适用于负载变化小,对速度稳定性要求不高,高速、功率相对较大的系统

2. 容积调速回路

容积调速回路是通过改变变量泵和变量马达的排量来调节执行元件运动速度的回路。在容积调速回路中,因无溢流损失和节流损失,故效率高、发热小,适用于工程、矿山、农业机械及大型机床等大功率液压系统。根据油路的循环方式不同,容积调速回路分为开式回路和闭式回路两种。

开式回路:泵从油箱吸油,执行元件的回油仍返回油箱,其优点是油液在油箱中便于沉淀杂质,析出气体,并得到冷却。其缺点是空气易侵入油液,致使运动不平稳,油箱体积大。

闭式回路:泵吸油口与执行元件回油口直接连接,油液在系统内封闭循环。其优点是油、气隔绝,结构紧凑,运动平稳,噪声小;其缺点是散热条件差。为了补偿泄漏需设置补油装置,此外补油装置还起到了热交换作用,降低系统油液温度。补油泵流量一般为主泵流量的10%~15%,压力为0.3~1.0 MPa。

容积调速回路按液压泵和液压马达组合的不同可分为变量泵—定量执行元件回路、定量泵—变量执行元件回路、变量泵—变量执行元件回路。

(1)变量泵—定量执行元件容积调速回路

调速回路的组成如图4-29(a)、(b)所示。调节变量泵的排量即可调节活塞的运动速度。

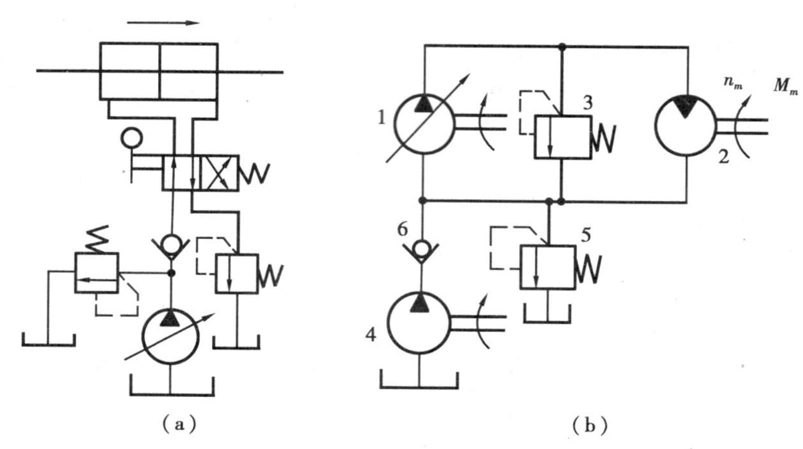

图4-29　变量泵—定量执行元件容积调速回路

在上述回路中,泵的输出流量全部进入液压缸(或液压马达),在不考虑泄漏影响时:

液压缸的运动速度　$v=\frac{q_b}{A_1}$

液压马达的转速　$n_m=\frac{q_b}{V_m}$

式中　q_b——变量泵的输出流量；

V_m——定量马达的排量。

从上式可知，A_1、V_m 为定值，只要调节 q_b，就可调节进入液压缸或液压马达的流量，从而控制运动速度。由于变量泵可在很小的流量下运转，故可获得较低的工作速度，因此，调速范围大。

若不计系统损失，液压马达的输出转矩 $T_m=\frac{p_bV_m}{2\pi}$(液压缸输出推力 $F=p_bA_1$)，其中 V_m 为定值，p_b 由安全阀调定。因此，在该调速回路中，液压马达(液压缸)能输出的转矩(推力)不变，故这种调速方法称为恒转矩(推力)调速。液压马达(液压缸)的输出功率等于变量泵的输入功率，因此，回路的输出功率是随液压马达的转速呈线性变化。变量泵—定量液压马达回路的调速特性曲线如图4-30所示。

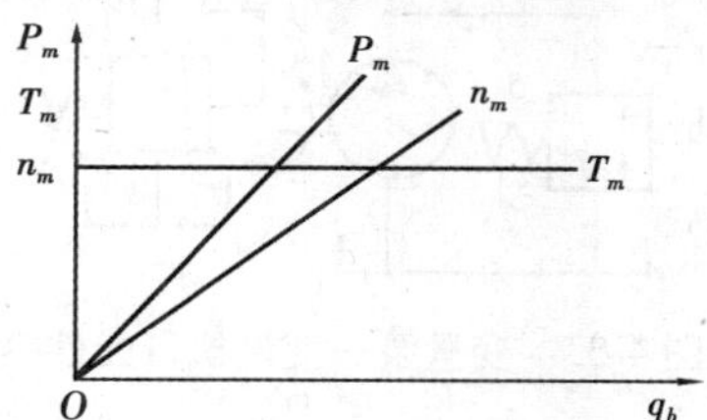

图4-30　变量泵—定量马达输出特性曲线

(2)定量泵—变量执行元件容积调速回路

该调速回路的组成如图4-31所示。根据液压马达的转速 $n_m=\frac{q_b}{V_m}$，因为 q_b 为定值，所以，改变变量马达2的排量 V_m，就可以改变马达的运动速度，实现无级调速。但变量马达的排量不能调得太小，若排量过小，使输出转矩太小而不能带动负载，并且排量很小时转速很高，这时液压马达换向容易发生事故，故该回路调速范围较小。以上缺点限制了这种调速回路的使用。

若不计系统损失，液压马达的输出转矩 $T_m=\frac{p_bV_m}{2\pi}$，其中，P_b 由安全阀调定为定值。因而在该调速回路中，液压马达能输出的转矩随马达排量的变化而变化。液压马达输出功率 $P_m=p_bq_b$，所以，回路的输出功率是不变的，故这种调速方法称为恒功率调速。该回路的调速特性曲线如图4-32所示。

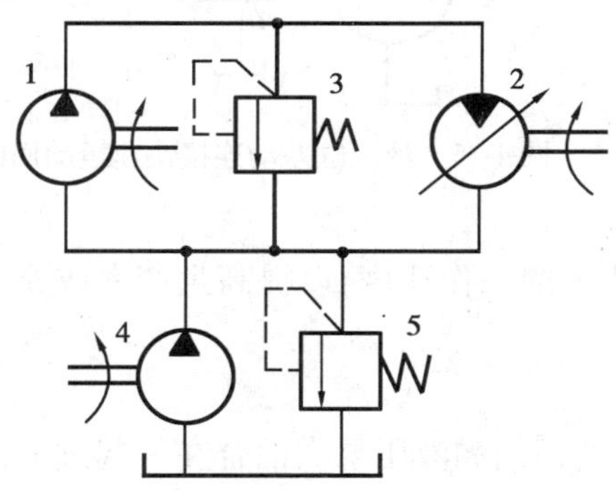

图4-31　定量泵—变量执行元件容积调速回路

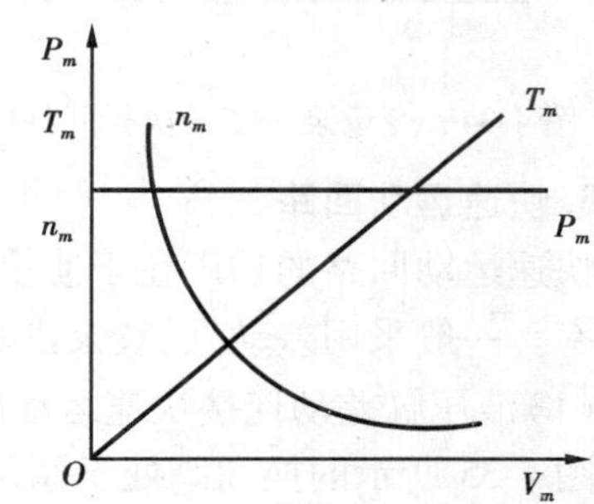

图4-32　定量泵—变量执行元件容积调速回路输出特性曲线

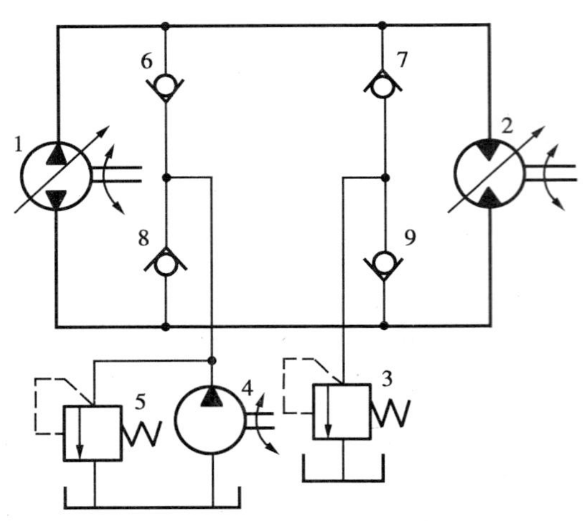

图 4-33　变量泵—变量执行元件容积调速回路

(3)变量泵—变量执行元件容积调速回路

调速回路的组成如图 4-33 所示。图中双向变量泵 1 既可改变流量大小,又可改变供油方向,用以实现液压马达的调速和换向。2 为双向变量马达,4 是补油泵,单向阀 6 和 8 用以实现双向补油。

单向阀 7 和 9 使安全阀 3 能在两个方向上起安全保护作用。这种回路实际上是上述两种回路的组合。由于液压泵和马达的排量都可改变,扩大了调速范围,也扩大了对马达转矩和功率输出特性的选择,即工作部件对转矩和功率上的要求可通过对二者排量的适当调节来达到。例如,一般机械设备启动时,需较大转矩;高速时,要求有恒功率输出,以不同的转矩和转速组合进行工作。这时可分两步调节转速:第一步,把马达排量固定在最大值上(相当于定量马达),从小到大调节泵的排量,使马达转速升高,此时属恒转矩调速;第二步,把泵的排量固定在调好的最大值上(相当于定量泵),从大到小调节马达的排量,使马达转速进一步升高,达到所需要求,此时属恒功率调速。其特性曲线如图 4-34 所示。

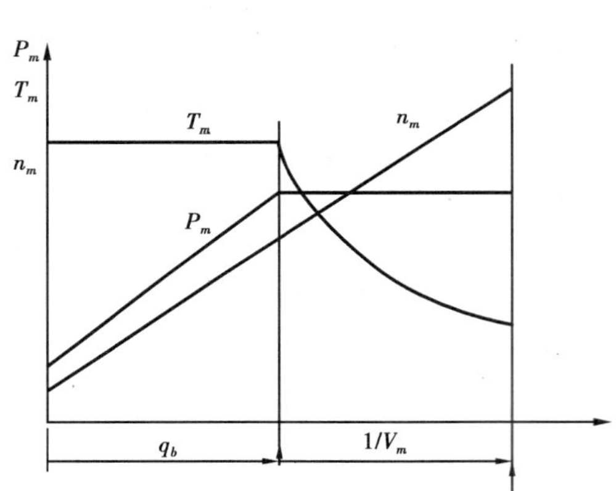

图 4-34　变量泵—变量执行元件容积调速回路

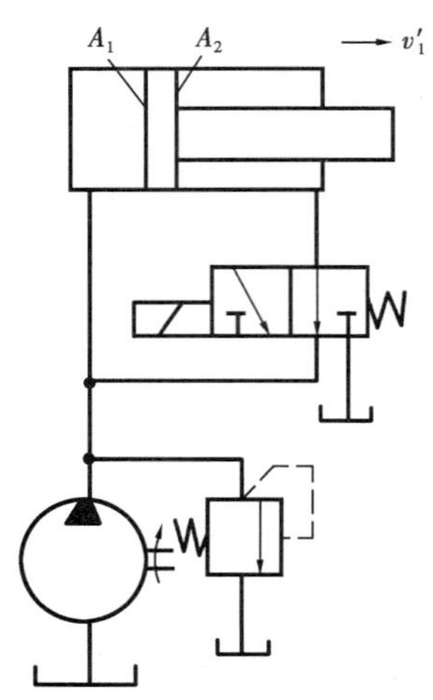

图 4-35　液压缸差动连接快速运动回路

3. 快速运动回路

快速运动回路的功用在于使执行元件获得尽可能大的工作速度,以提高生产率或充分利用功率。一般采用差动缸、双泵供油来实现。

(1)液压缸差动连接快速运动回路

图 4-35 所示的换向阀处于原位时,液压缸有杆腔的回油和液压泵供油合在一起进入液压缸无杆腔,使活塞快速向右运动。

(2)双泵供液快速运动回路

如图 4-36 所示,低压大流量泵 1 和高压小流量泵 2 组成的双联泵作动力源。外控顺序阀

3(卸载阀)和溢流阀5分别限制双泵供油和小流量泵2供油时系统的最高工作压力。换向阀6处于图示位置,系统压力低于卸载阀3调定压力时,两个泵同时向系统供油,活塞快速向右运动;换向阀6处于右位,系统压力达到或超过卸载阀3的调定压力,大流量泵1通过阀3卸载,单向阀4自动关闭,只有小流量泵向系统供油,活塞慢速向右运动。大流量泵1卸载减少了动力消耗,回路效率较高。

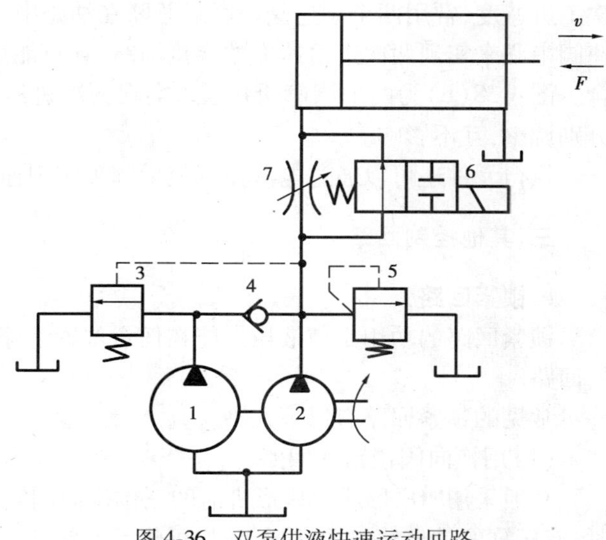

图4-36　双泵供液快速运动回路

4. 速度换接回路

速度换接回路用于执行元件实现速度的切换,因切换前后速度的不同,有快速—慢速、慢速—快速的换接。这种回路应该具有较高的换接平稳性和换接精度。

(1)快、慢速换接回路

用行程阀(或电磁阀)的速度换接回路如图4-37所示,换向阀处于图示位置,液压缸活塞快进到预定位置,活塞杆上挡块压下行程阀1,行程阀关闭,液压缸右腔油液必须通过节流阀2才能流回油箱,活塞运动转为慢速工进。换向阀左位接入回路时,压力油经单向阀3进入液压缸右腔,活塞活快速向左返回。

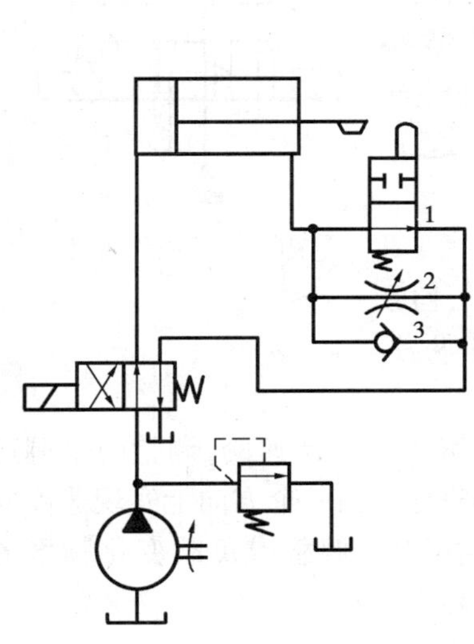

图4-37　用行程阀的速度换接回路

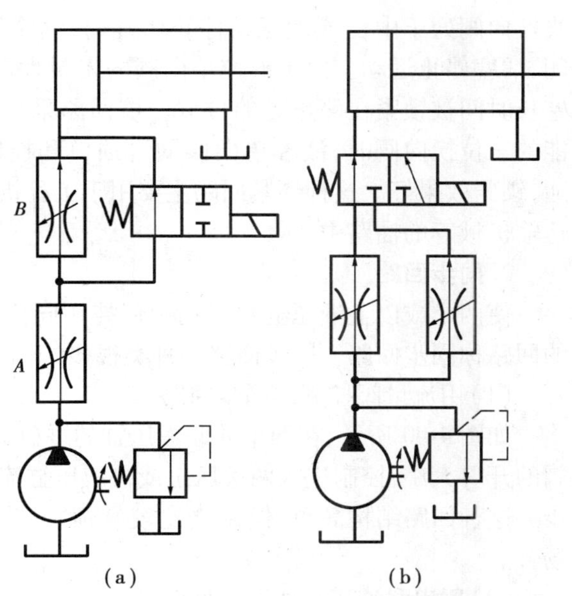

图4-38　用调速阀串、并联速度换接回路
(a)调速阀串联回路　(b)调速阀并联回路

(2)两种慢速的换接回路

某些机床要求工作行程有两种进给速度,一般第一进给速度大于第二进给速度,为实现两

次工进速度,常用两个调速阀串联或并联在油路中,用换向阀进行切换。图 4-38(a)为两个调速阀串联来实现两次进给速度的换接回路,它只能用于第二进给速度小于第一进给速度的场合。图 4-38(b)为两个调速阀并联来实现两次进给速度的换接回路,这里两个进给速度可以分别调整,互不影响。

执行元件还可以通过电液比例流量阀来实现速度的无级变换,切换过程平稳。

三、其他控制回路

1. 锁紧回路

锁紧回路的功用是使液压缸能在任意位置上停留,且停留后不会因外力作用而移动位置的回路。

常见的锁紧回路有以下几种。

(1)用换向阀锁紧的回路

一般采用“O”形或“M”形机能的三位换向阀实现锁紧。在这种回路中的换向阀处于中位时,液压缸的进出油口均被封闭,故可将活塞锁住。但这种回路中滑阀泄漏的影响不可避免,因此停止时间稍长,即可能产生松动而使活塞产生少量漂移,故锁紧效果较差。

(2)用液控单向阀的锁紧回路

如图 4-39 所示,换向阀处于左位时,压力油经左液控单向阀进入液压缸左腔,此时将右液控单向阀打开,使液压缸右腔油液能经右液控单向阀及换向阀流回油箱;反之,当换向阀处于右位时,压力油进入液压缸右腔并将左液控单向阀打开,使液压缸左腔回油。而当换向阀处于中位或液压泵停止供油时,两个液控单向阀立即关闭,活塞停止运动。由于液控单向阀的密封性能很好,从而能使活塞长时间被锁紧在停止时的位置。该回路采用“H”形或“Y”形机能的三位换向阀时,液控单向阀的进油口和控制油口均与油箱连通,锁紧效果好。这种锁紧回路主要用于工程机械、矿山机械、起重运输机械等的油路中。

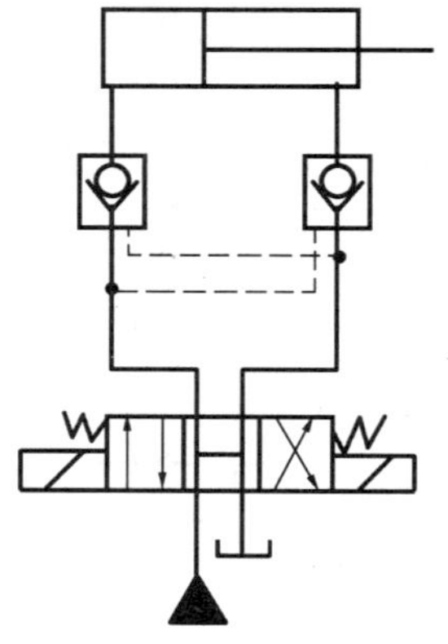

图 4-39　锁紧回路

2. 同步回路

使两个或以上液压缸在运动中保持相同位移或相同运动速度的回路称同步回路。同步回路的种类很多,下面主要介绍其中两种。

(1)用流量阀控制的同步回路

如图 4-40 所示,在两个并联液压缸的进(回)油路上分别串入一个调速阀,调整两个调速阀的开口大小,控制进入两液压缸或自液压缸流出的流量,可使它们在一个方向上实现速度同步。这种回路结构简单,但调整比较麻烦,同步精度不高,不宜用于偏载或负载变化频繁的场合。

(2)用串联液压缸的同步回路

见图 4-41,有效工作面积相等的两个液压缸串联起来便可实现两缸同步,这种回路允许较大偏载,因偏载造成的压差不影响流量的改变,只导致微量的压缩和泄漏,因此同步精度高,回路精度也较高。

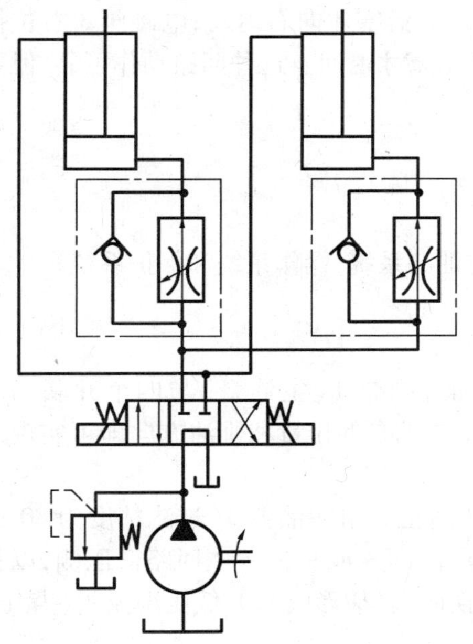

图4-40　用流量阀控制的同步回路

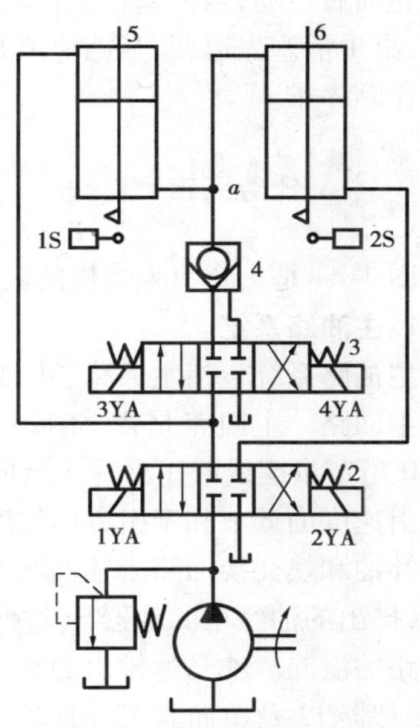

图4-41　用串联液压缸的同步回路

3. 顺序控制回路

顺序动作回路的功用在于使几个执行元件严格按照预定顺序依次动作。按控制方式不同，分为压力控制和行程控制两种。

(1)压力控制顺序动作回路

如图4-42所示，按启动按钮，电磁铁1YA得电，缸1活塞前进到右端点后，回路压力升高，压力继电器1K动作，使电磁铁3YA得电，缸2活塞前进。按返回按钮，1YA、3YA失电，4YA得电，缸2活塞先退回原位后，回路压力升高，压力继电器2K动作，使2YA得电，缸1活塞后退。

(2)行程控制顺序动作回路

如图4-43所示，图示位置两液压缸活塞均退至左端点。电磁阀3左位接入回路后，缸1

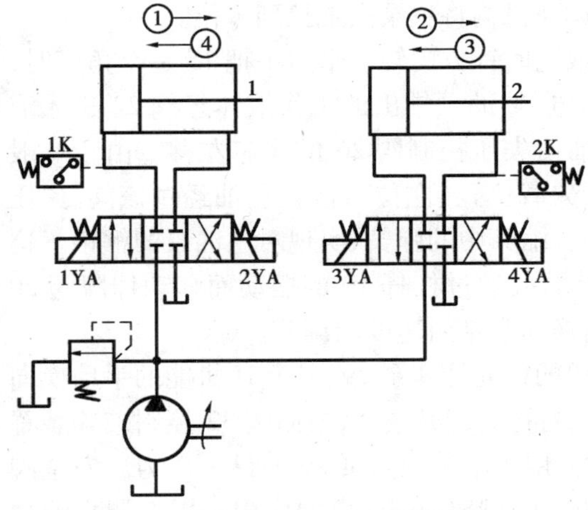

图4-42　压力继电器阀控制的同步回路

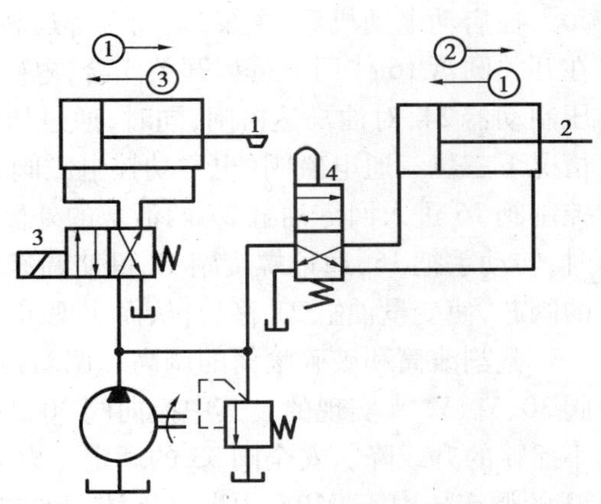

图4-43　行程阀控制顺序动作回路

活塞先向右运动，当活塞杆上挡块压下行程阀 4 后，缸 2 活塞才向右运动；电磁阀 3 右位接入回路，缸 1 活塞先退回，其挡块离开行程阀 4 后，缸 2 活塞才退回。这种回路动作可靠，但要改变动作顺序难。

任务实施

图 4-44 是一牵引采煤机的液压系统。它包括主油路系统、操作系统和保护系统。

1. 主油路系统

主油路系统包括主回路、补油和热交换回路。

主回路　主回路是由 ZB125 型斜轴式变量轴向柱塞泵 1（主油泵）与四个并联的 BM-ES630 型定量摆线液压马达 2 组成的闭式回路。改变主油泵的排量和排油方向即可实现采煤机牵引速度的调节和牵引方向的改变。

补油和热交换回路　辅助泵 4（CB 型齿轮泵）从油箱经粗滤油器 3（过滤精度为 80 μm）吸油，排出的油经精滤油器 5（过滤精度为 20 μm）、单向阀 8 或 9 进入主回路低压侧，以补偿主回路的泄漏。油马达排出的热油经三位五通液动换向阀（梭形阀）10、低压溢流阀（背压阀）11、冷却器 12 及单向阀 13 回油箱，使热油得到冷却。

低压溢流阀 11 的调定压力为 2.0 MPa，使回路的低压侧即油马达的排油口维持一定的背压。溢流阀 7 的调定压力为 2.5 MPa，以限制辅助泵的最高压力，防止因压力过高而损坏。单向阀 6（滤芯安全阀）的作用是保护滤油器。单向阀 13 的作用是在更换冷却器时防止油箱的油外漏。

由于辅助泵只能单向工作，为了防止电动机因接线错误而短时反转使泵吸空，专门设置了单向阀 14，这时辅助泵可通过该单向阀从油箱吸油。

2. 操作系统

操作系统用于牵引的启停、调速、换向以及截割滚筒、破碎滚筒的调高。

（1）手动操作

牵引的换向和调速　当牵引手把 15 置于中位时，开关圆盘 16 的缺口对零，使常开行程开关断开，电磁阀 22 断电，其阀芯在弹簧作用下复位（图示位置），回零油缸 27 左、右活塞的外侧油腔与油箱接通，两活塞内侧的弹簧伸张，通过调速机构将主泵摆缸拉到零位。

在启动电动机后，主泵、辅助泵都运转。当顺或逆时针方向转动牵引手把 15 一个角度时，在开关圆盘 16 作用下行程开关闭合，电磁阀 22 通电，辅助泵排出的工作液体经阀 22 进入液压制动器 24，对油马达松闸；同时，通过压力控制油使失压控制阀 26 的阀芯左移。由于一般情况下三位三通电磁阀（也称功控电磁阀）28 处于欠载位置（左位），故控制油经过该阀、失压控制阀 26 进入回零油缸 27 两活塞的外侧油腔，而压缩其中的弹簧，实现对主油泵的解锁。这时，转动手把 15，通过螺旋副 17 可使调速套 18 移动，并通过杠杆 19 的摆动而移动伺服阀 20 的阀芯，使变量油缸 21 移动，从而实现采煤机牵引换向和牵引速度的调节。

截割滚筒和破碎滚筒的调高　调高是通过专用的径向柱塞泵 29、三个 H 机能的手动换向阀 30、31、32 来实现的。其中换向阀 30、31 控制左、右摇臂的升或降，换向阀 32 控制破碎装置小摇臂的升或降。安全阀 33 的调定压力为 20 MPa，用于限制调高泵 29 的最大压力。安全阀 32 的调定压力 32 MPa，用以保护调高油缸。液控单向阀 35（液压锁）的作用是固定调高油缸

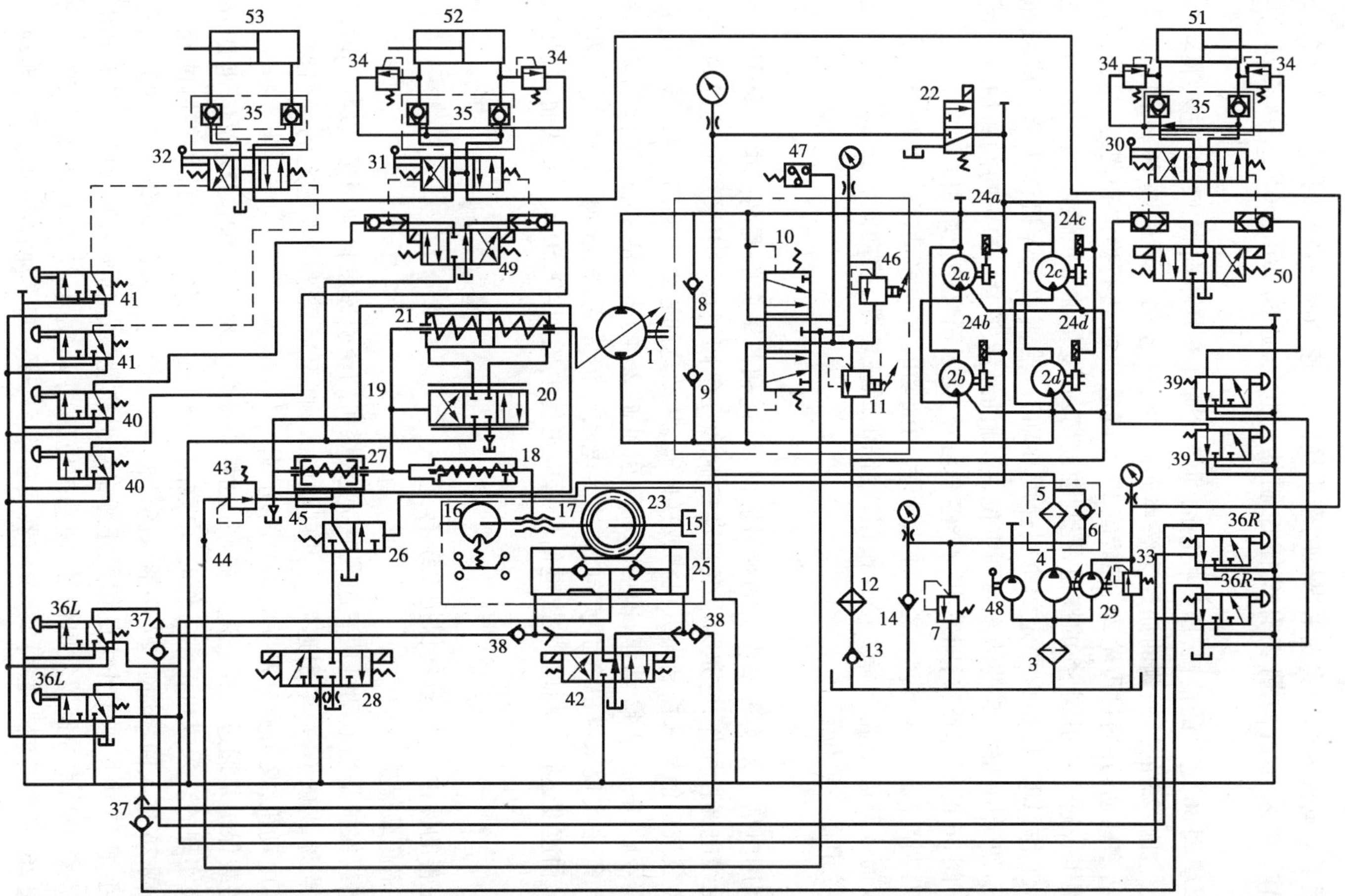

图4-44　MG300—W型采煤机液压系统

1—主液压泵;2—液压马达;3—粗过滤器;4—输出液压泵;5—精过滤器;6、8、9、13、14—单向阀;7—低压安全阀8;10—整流阀;11—低压整流阀;12—冷却器;15—牵引手把;16—开关圆盘;17—螺旋圈;18—调速套;19—拉杠;20—伺服阀;21—变量液压缸;22—二位三通电磁阀;23—齿轮;24—液压制动器;25—液控牵引液压缸;26—失压控制阀;27—回零液压缸;28—三位三通电磁阀;29—调高液压泵;30、31、32—手液控换向阀;33、34—安全阀;35—双向锁;36—牵引阀;37、38—交替单向阀;39、40、41—调高阀;42—电磁阀;43—远程调压阀;44、45—节流孔;46—高压安全阀;47—压力继电器;48—手压泵;49、50—电磁阀51、52—截煤滚筒调高液压缸;53—滚筒调高液压缸的位置并使之承载。应当指出,由于采用了三个串联的 H 机能的换向阀,故三个油缸只能单独操作。

(2)液压操作

液压操作是用手液动换向阀来实现采煤机的牵引换向、调速和滚筒调高的。

为了便于操作,在采煤机两端装有按钮控制的二位三通阀 36*L*、36*R*、39*L*、39*R* 和 40*L*、40*R*。

按动每端的牵引阀 36 之一的按钮,压力控制油即经此阀和交替单向阀 37、38 进入液动牵引油缸 25 的一侧。油缸 25 的另一侧的油经交替单向阀 38、37 及另一牵引阀 36 回油箱。于是油缸 25 的齿条活塞移动,并通过齿轮 23、螺旋副 17 及调速套 18 进行换向和调速。其换向、调速过程同手动操作。松开牵引阀 36 的按钮,控制油被切断,变量油缸被锁在一定位置上,主油泵以一定的排量工作(即采煤机以一定的牵引速度移动)。当需要采煤机停止牵引或减速时,先通过反向牵引使牵引油缸 25 的活塞回到零位,控制油经活塞中心的单向阀及油缸中部的孔道去推动牵引阀 36 的阀芯外移,即发出一个停车信号,指示司机停止牵引。

同理,按动每对调高阀 39、40 或 41 之一时,即可利用液动的方法移动换向阀 30、31 或 32 的阀芯,使左、右滚筒或破碎滚筒升降。松开按钮,控制油源被切断,换向阀在弹簧作用下复位,调高油缸即被锁定在一定位置上。

(3)电气操作

电气操作是利用电信号来实现采煤机的牵引换向、调速和各滚筒的调高。电气操作分为电气按钮操作和无线电遥控操作,它是为电气自动控制和在急倾斜煤层中采煤而设置的。它通过将电信号转换成液动信号来控制操纵机构或换向阀,从而达到采煤机换向、调速或调高的目的。当发出电信号后,电磁阀 42 动作,即可移动牵引油缸 25 的齿条活塞,通过齿轮 23、螺旋副 17、调速套 18 等来实现采煤机牵引换向、调速。电信号消失后,电磁阀 42 复位,机器就以一定的牵引方向和速度运行。同理,发出电信号后也可使电磁阀 49、50 动作,从而实现左、右滚筒的调高。

3. 保护系统

该采煤机有完善的保护系统,这些保护系统有:

(1)电动机功率超载保护

电动机功率超载保护是当电动机功率超载时,使采煤机的牵引速度自动减慢,以减小电动机的功率输出;而当外载减小时,牵引速度又可自动增大,直至恢复到原来选定的牵引速度。这样既可避免损坏电动机,又可充分发挥电动机的功率。

电动机功率超载保护是通过三位三通电磁阀(功控电磁阀)28、回零油缸 27 及调速套 18 的原来整定位置来实现的。采煤机正常工作时,电磁阀 28 处在欠载位置(左位),控制油经电磁阀 28、失压控制阀 26 进入回零油缸 27 两活塞的外侧油腔,使内侧弹簧压缩,从而使调速套解锁。这时,牵引手把 15 可根据工作面的情况任意将牵引速度整定到所需的数值。当电动机功率超载时,电气系统的功率控制器发出信号,使功控电磁阀 28 处于右位,回零油缸 27 中的油液经失压控制阀 26、功率控制电磁阀 28、节流器回油箱。于是,回零油缸中的弹簧就推动拉杆使调速套 18 向减小牵引速度方向移动,牵引速度即降低。由于调速手把未动,因此调速套只能压缩其中的记忆弹簧。一旦电动机超载消失,功控电磁阀 28 又恢复到欠载位置,回零油缸解锁,通过拉杆使调速套向增速方向移动,牵引速度增大,但由于记忆弹簧的位置被调速手把整定位置所限制,故牵引速度的最大值只能恢复到原来整定的数值。

(2)恒压控制恒压控制是当牵引力小于额定值(400 kN)时,采煤机以调速手把所整定的速度运行;牵引力大于额定值时,牵引速度自动降低,直到回零;而当牵引速度降低使牵引力小于额定值时,牵引速度又自动增到整定的数值。

恒压控制是通过远程调压阀 43、回零油缸 27 及调速套等实现的。在正常工作(牵引力小于 400 kN,即主回路高压侧压力低于 16 MPa)时,远程调压阀 43 关闭,回零油缸处于解锁状态,采煤机以整定的牵引速度运行。当主油路由于牵引负载增大而压力超过 16 MPa 时,远程调压阀溢流,其一部分低压油从旁路节流器 45 分流(它可提高动作的稳定性,并可作为回零油缸的呼吸孔),另一部分进入回零油缸 27 的弹簧腔,推动活塞外移,迫使调速机构中的伺服杠杆 19 向减小主泵流量的方向运动,调速套 18 中的弹簧受压缩。当牵引负荷减小,即当主油路压力降到低于 16 MPa 时,远程调压阀 43 又关闭,回零油缸解锁,在记忆弹簧推动下,牵引速度又恢复到整定值。

(3)高压保护

高压保护由高压安全阀 46 实现。高压安全阀的整定压力为 17 MPa。当远程调压阀 43 失灵时,可由高压安全阀来保护高压系统。

(4)低压欠压保护

低压欠压保护是为了使系统维持一定的背压。它由失压控制阀 26 和压力继电器 47 来实现。当主回路低压侧压力低于 1.2 MPa 时,失压控制阀 26 复位,回零油缸 27 的弹簧腔与油箱接通,使主泵回零,机器停止牵引。若失压控制阀失灵,当压力低于 1.3 MPa 时,压力继电器 47 动作,切断电动机电源,采煤机停止工作。

(5)停机油泵自动回零

当采煤机在某一整定牵引速度下工作而突然停电时,由于刹车电磁阀 22 断电和失压控制阀 26 失压,回零油缸中的弹簧推动主泵自动回零,从而可保证下次开机时主泵在零位启动。

(6)过零保护

过零保护是为了防止机器在从一个牵引方向减速后向另一方向牵引时由于突然换向而产生的冲击。它有手动液控和电控两种过零保护方法。

液控过零保护是按动牵引阀 36,使低压控制油经该阀、交替单向阀 37 进入操纵机构,推动液动牵引油缸 25 移动。当达到零位时(牵引速度为零),油缸 25 的活塞上的归小孔与缸体上的似小孔对齐,油经油缸上的单向阀流到控制阀 36 的阀芯右端液控口,司机手上感到有一个信号,表明牵引调速手把已经达到零位,应当立即松手,以切断去油缸 25 的油路而停止牵引,否则采煤机会出现反向牵引;然后,司机再按下该牵引阀按钮,采煤机即反向牵引。

电气过零保护是通过行程开关实现的。固定在牵引手把 15 轴上的开关圆盘 16,其圆周上有一个 120°的缺口,当手把转到零位时,行程开关的滚轮正好落在缺口,使行程开关动作而切断三位四通电磁阀 42 的电源,于是阀 42 复位,油缸 25 停止移动,机器停止牵引。

以上两种过零保护都能使二位三通电磁阀 22 断电,从而使制动器 24 对油压马达实现制动,采煤机停止牵引。

(7)超速和防滑保护

煤矿安全规程规定,采煤机在倾角 10°以上的工作面工作时,必须装设可靠的防滑装置。该采煤机用四个制动器 24 并通过二位三通电磁阀 22 来实现松闸和抱闸。采煤机正常运转时，二位三通电磁阀带电，制动器对油马达松闸，四个油马达基本同步运转。而当其中一套牵引系统出现故障时，就会发生四个油马达运转不同步，其中一个马达超速运转的情况，这样，主油路的压力就建立不起来，采煤机就会在自重分力作用下开始下滑。当下滑速度超过 10 m/min 或四个牵引滚轮间的速度差大于 2 m/min 时，装在马达传动齿轮上的速度传感器便发出信号，使二位三通电磁阀 22 断电，制动器就立即制动，及时阻止采煤机下滑。

此外，系统中还设有压力表、测压点 T、放气塞。、手压泵 48 及加油阀等。操作点有机器中部的手动操作、机器两端的液动和电动及离机操作等四处。

知识拓展

液压传动系统

任何液压系统都是由一个或多个基本液压回路组成的。所谓基本液压回路是指那些为了实现特定的功能而把某些液压元件和管道按一定方式组合起来的油路结构。基本液压回路又可分为系统的主回路和系统的基本控制回路。熟悉和掌握这些回路有助于更好地分析、设计和使用各种液压系统。

1. 液压传动系统的主回路

液压传动系统的主回路是由液压泵和执行元件（液压马达或液压缸）所组成的回路，它是液压传动系统的主体。主回路分类方法较多，可按工作液体循环方式、执行元件类型、执行元件的连接方式的不同进行分类。常用的是按工作液体循环方式分类，按工作液体循环方式的不同，可以把液压系统的主回路分为开式回路和闭式回路。

（1）开式回路

如图 4-45 所示，油泵从油箱吸油，将排出的油液供给执行元件，驱动它（们）作功，执行元件排出的油液直接返回油箱。这种系统称为开式系统。

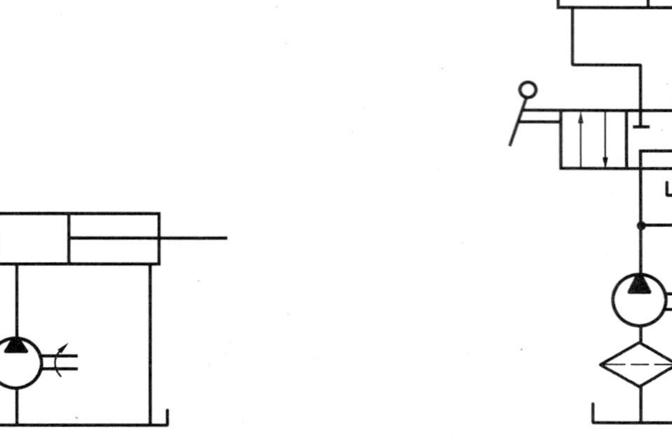

图 4-45　开式系统　　　　图 4-46　开式系统实例

实际上，图 4-45 所示的主回路不能独立正常工作，因为系统还缺少油泵的卸荷、油缸的换向等措施。图 4-46 为一实际开式系统实例。

显然开式回路结构比较简单、油液能得到较好的冷却及沉淀。但开式回路油箱的结构尺寸大，空气和脏物容易侵入回路，影响正常工作。而且开式回路要求油泵的自吸能力较强，若油泵自吸能力较差，则需采用辅助泵向其供油。

（2）闭式回路

闭式回路中的液压泵将油液输入执行元件的进液腔，又从执行元件的回油腔处吸油。如图4-47所示，油泵排出的压力油送至油马达的入口，油马达的回油又返回油泵的入口，油液在封闭的主回路中进行循环。这种系统即属闭式回路。闭式回路采用双向液压泵或双向液压马达时可以很方便地变换执行元件的运动方向。

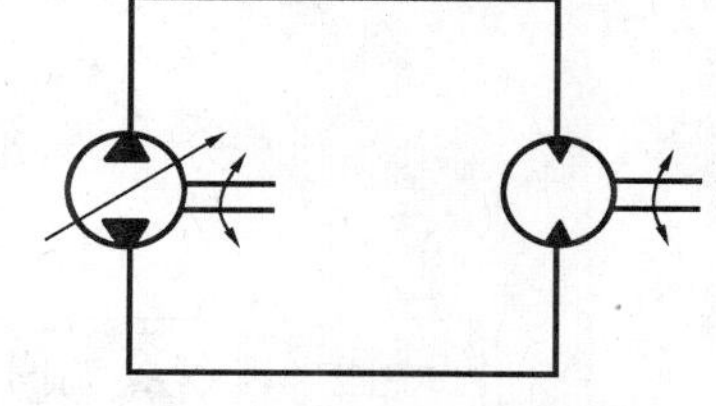
图4-47 闭式系统

实际上，图4-47所示的主回路也不能正常工作，因为油液在主回路循环中的泄漏、散热及系统的保护等问题要解决。图4-48为闭式系统的一个实例。

主泵1和马达2组成的主回路为闭式回路。辅助泵3排出的压力油经精滤油器13、单向阀送入主回路的低压管路，补偿系统泄漏。辅助泵3流量应略高于系统的泄漏量。低压补油回路由安全阀4进行保护。马达回油管路的一部分热油经液控三位五通梭动阀5，低压溢流阀（背压阀）6及冷却器7冷却后流入油箱。阀4的调定压力应高于阀6的调定压力，否则就不能进行补油及冷热油的交换。图中元件8是主回路中高压安全阀，对主回路起保护作用。

闭式回路的结构紧凑，减少了空气侵入的可能性，油质容易保持清洁；主回路低压侧有一定背压，传动平稳；但是其散热条件差；且为了补偿回路中的泄漏、补偿执行元件进油腔与回油腔之间的流量差额，常常需设置补油装置，因此使回路结构复杂化。

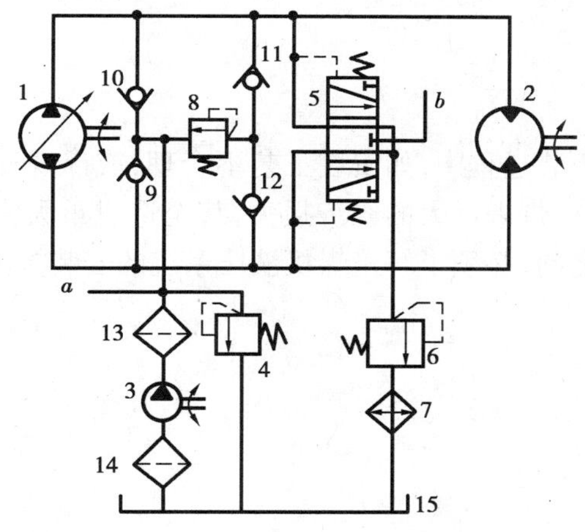

图4-48 闭式系统实例

1—双向变量泵；2—双向定量马达；3—辅助泵；4—低压安全阀；
5—三位五通梭形阀；6—溢流阀（背压阀）；7—冷却器；8—高压安全阀；
9、10、11、12—单向阀；13—精过滤器；14—粗过滤器；15—油箱

2. 分析阅读液压传动系统图的方法

阅读和分析液压传动系统图的大致步骤和方法是：

（1）了解设备的用途及对液压传动系统的要求。

（2）初步浏览各执行元件的工作循环过程，所含元件的类型、规格、性能、功用和各元件之间的关系。

(3)对与每一执行元件有关的泵、阀所组成的子系统进行分析,搞清楚其中包含哪些基本回路,然后针对各执行元件的动作要求,参照动作顺序表读懂子系统。

(4)根据液压传动系统中各执行元件的互锁、同步和防干扰等要求,分析各子系统之间的联系,并进一步读懂在系统中是如何实现这些要求的。

(5)在全面读懂系统的基础上,归纳总结整个系统有哪些特点,以便加深对系统的理解。

阅读分析系统图的能力必须在实践中多学习、多读、多看和多练的基础上才能提高。

任务3　液压牵引采煤机液压系统的组建

知识目标:★掌握液压系统安装的程序和方法

能力目标:★能正确安装液压系统

任务导入

滚筒式采煤机作为采煤工作面的主要设备,为了保障工作面采煤工作的正常进行,必须保证采煤机的液压系统动作可靠,而液压系统的正确安装是液压系统能否正常可靠运行的一个重要环节,那么该如何正确安装液压牵引采煤机液压系统呢?

任务分析

在采煤机液压系统的组装过程中,如安装工艺不合理,或出现安装错误,将会造成采煤机牵引部无法正常工作,给生产带来巨大的经济损失,甚至造成重大安全事故。因此,我们在进行采煤机液压系统的安装之前,必须了解采煤机液压系统的安装方法和步骤等知识。

相关知识

一、柱塞泵的安装

柱塞泵的安装同齿轮泵。

轴向柱塞泵的基本形式均为法兰安装式,若采用电动机驱动时,则需要制造一个“安装体”,如前所述所示,采用这种连接方法可消除驱动机轴与柱塞泵轴的两个轴的同轴度误差,小端法兰与柱塞泵法兰连接,大法兰则与 Y 系列 B5 或 B35 电动机前法兰连接,两轴之间应留有 3 mm 间隙,可用弹性联轴器、梅花联轴器、齿轮联轴器连接。

轴向柱塞泵可以两个方向运转。轴向柱塞泵的输入轴和输出轴不能承受来自各方向的外力,因此在装配联轴器时的配合不可过紧,不许用铁锤敲打联轴器。轴向柱塞泵与联轴器的配合关系,应为二级间隙配合。在联轴器键槽对面,按轴孔不同的直径,钻、攻一个 M6 ~ M10 mm 的螺纹孔,用螺钉顶死防止联轴器窜动。

(1)如采用轴套刚性连接时,原动机轴与泵轴伸、两轴中心线的同轴度误差应控制在0.05 mm之内。若以弹性联轴器连接时,同轴度误差为0.1 mm左右。两个轴的角度误差控制在0.5°以内。

(2)轴向柱塞泵不许用“V”带或链轮直接传动,必要时,要采取间接形式,柱塞泵的轴伸仍用联轴器与输入轴的联轴器连接。

(3)轴向柱塞泵的旋转方向,无特殊要求时,制造厂出厂的泵都按顺时针方向运转。

(4)轴向柱塞泵的安装位置应注意,在泵的后面应留出一定的空间,便于拆卸检修。

(5)轴向柱塞泵的自吸能力较差,安装泵时尽力靠近油箱,应在油面以下,使液压油可以自行灌进泵内,对泵的运转十分有益。如果限于条件,液压泵必须安装在油箱上边时,其吸油高度不得大于最低油位500 mm。

(6)柱塞泵的吸油口,要安设线隙式滤油器,过滤精度应为30~50 μm;在系统的回油管路要安装过滤精度为10~20 μm的回油滤油器。

径向柱塞泵的结构一般为偏心轴式或凸轮式两种,分为3个柱塞或6个柱塞的,这种泵为阀式配流,抗污染能力较强,并有一定的自吸能力。这类泵的工作压力稍高于轴向柱塞泵,而流量比较小,是由其结构所决定的。径向柱塞泵的整体结构好,在安装方面比轴向柱塞泵的安装规范要简单许多。

二、液压系统的清洗与试压

1. 第一次清洗

液压系统的第一次清洗是在预安装(试装配管)后,将管路全部拆下解体进行的。第一次清洗应保证把大量的、明显的、可能清洗掉的金属毛刺与粉末、沙粒、灰尘、油漆涂料等污物全部仔细的清洗干净。

第一次清洗时间随液压系统的大小、所需的过滤精度和液压系统的污染程度的不同而定,一般情况下为1~2昼夜。当达到预定的清洗时间后,可根据过滤网中所过滤的杂质种类和数量,再确定清洗工作是否结束。

第一次清洗主要是酸洗管路,清洗油箱及各类元件。

管路酸洗的方法如下:

①脱脂初洗　去掉油管上的毛刺,用氢氧化钠、硫酸钠等脱脂(去油)后,再用温水清洗。

②酸洗　在20%~30%的稀盐酸或10%~20%的稀硫酸溶液中浸渍和清洗30~40 min(其溶液温度为40~60 ℃)后,再用温水清洗。清洗管子须经振动或敲打,以促使氧化反脱落。

③中和　在10%的碳酸钠溶液中浸渍和清洗15 min(其溶液温度为30~40 ℃),再用蒸气或温水清洗。

④防锈处理　在清洁干净的空气中干燥后,涂上防锈油。

当确认清洗合格后,即可进行第二次安装。

2. 第二次清洗

液压系统的第二次清洗是在第一次安装连成清洗回路后进行的系统内部循环清洗。对于刚从制造厂购进的液压设备,若确已按要求清洗干净,可只对在现场加工、安装部分进行清洗。

①清洗的准备

清洗油的准备　清洗油最好是选择被清洗的机械设备的液压系统工作用油或试车油。不允许使用煤油、汽油或蒸气等作清洗介质，以免腐蚀液压元件、管道和油箱。清洗油的用量通常为油箱内油量的60% ~70% 。

滤油器的准备　清洗管道上应接上临时的回油滤油器，通常选用滤网精度为 60 目、150 目的滤油器，供清洗初期和后期使用。

清洗油箱　液压系统清洗前，首先应对油箱进行清洗。清洗后，用绸布或面团等将油箱擦干净，才能注入清洗用油，不允许用棉布或棉纱擦洗油箱。

加热装置的准备　清洗油一般对非耐油橡胶有溶蚀能力，若加热到 50 ~80 ℃，则管道内的橡胶泥渣等物容易清除。

②第二次清洗

清洗前，应将溢流阀在其入口处临时切断，将液压缸进出油口隔开，在主油路上连接临时通路。对于较复杂的液压系统，可以考虑分区对各部分进行清洗。

清洗时，一边使泵运转，一边将油液加热，使油液在清洗回路中自行循环清洗。为了促进脏物的脱落，在清洗过程中，可用锤子对焊接处和管道反复轻轻地敲打，锤击时间约为清洗时间的 10% ~15% 。在清洗初期，使用 80 目的过滤网，到预定清洗时间的 60% 时，可换用 150 目的过滤网。

第二次清洗结束后，液压泵应在油液温度降低后停止运转，以免外界湿气引起锈蚀。油箱内的清洗油应全部清洗干净，同时，按清洗油箱的要求将油箱再次清洗一次，符合要求后再将液压缸、阀等连接起来，为液压系统第二次安装组成正式系统后的试车做好准备。

3. 液压系统的试压

系统试压一般都采取分级试验，每升一级检查一次，逐步升到规定的试验压力，这样可避免事故发生。

试验压力应为系统常用工作压力的 1.5 ~2 倍；在高压系统为系统最大工作压力的 1.2 ~1.5 倍；在冲击或压力变化剧烈的回路中，其试验压力应大于尖蜂压力；对于橡胶软管，在 1.5 ~2 倍的正常工作压力下应无正常工作压力下应无异状，在 2 ~3 倍的正常工作压力下应不破坏。

系统试压时，应注意以下事项：

①试压时，系统的安全阀应调到所选定的试验压力值；

②在向系统送油时，应将系统放气阀打开，待其空气排除干净后方可关闭，同时将节流阀打开。

③系统中出现不正常声音时，应立即停止试验，查出原因，并排除后再进行试验。试验时，必须注意安全。

任务实施

一、为图 4-44 所示采煤机牵引液压系统选择液压元件

二、按以下步骤安装图 4-44 所示采煤机牵引液压系统

(1)预安装(试装配)　弯管、组对油管和元件、点焊接头、整个管路定位；

(2)第一次清洗(分解清洗) 酸洗管路、清洗油箱和各类元件;
(3)第一次安装 连接成清洗回路及系统;
(4)第二次清洗(系统冲洗) 用清洗油清洗管路;
(5)第二次安装 组成正式系统;
(6)调整试车 灌入实际工作用油,进行正式试车。

知识拓展

液压系统的调试

1. 空载试车

在正式试车前,加入实际运转时所用的工作油液,间隙启动液压泵,使整个系统得到充分的润滑,使液压泵在卸荷状况下运转。

其次,使系统在无负载状况下运转,先使液压缸活塞顶在缸盖上,或使运动部件顶死在挡铁上(若为液压马达,则固定输出轴),将溢流阀徐徐调节到规定压力值。然后,让液压缸以最大行程多次往复地运动或使液压马达转动,打开系统的排气阀排出积存的空气。检查安全防护装置(安全阀、压力继电器等)工作的正确性和可靠性,从压力表上观察各油路的压力,并调整安全防护装置的压力值在规定范围内。检查各液压元件及管道的外泄漏,内泄漏是否在允许范围内。空载运转一定时间后,检查油箱的液面下降是否在规定高度范围内,对于液压机构和管道容量较大而油箱偏小的机械设备,这个问题要引起特别重视。

与电器配合调整自动工作循环或顺序动作,检查各动作的协调和顺序是否正确;检查启动、换向和速度换接时运动的平稳性,不应有爬行、跳动和冲击现象。

液压系统连续运转一段时间(一般是30 min)后,检查油液的温升应在允许规定值内(一般工作油温为35~60 ℃)。

2. 负载试车

负载试车是使液压系统按设计要求在预定的负载下工作,一般是在低于最大负载的一、两种情况下试车,如果一切正常,才进行最大负载试车,以避免出现设备损坏等事故。

3. 系统的调整

液压系统的调整要在系统安装、试车过程中进行,在使用过程中也随时进行一些项目的调整。

(1)液压泵工作压力

调节泵的安全阀或溢流阀,使液压泵的工作压力比执行机构最大负载时的工作压力大10%~20%;

(2)压力继电器的工作压力

调节压力继电器的弹簧,使其低于液压泵工作压力的0.3~0.5 MPa;

(3)工作部件的速度及其平稳性

调节节流阀、调速阀、变量泵或变量液压马达、润滑系统及密封装置,使工作部件运动平稳,不允许有外泄漏。

一般液压系统最合适的温度为 40 ~ 50 ℃。在此温度下工作时，液压元件的效率最高，油液的抗氧化性处于最佳状态。如果工作温度超过 80 ℃，油液将早期劣化，引起黏度降低，油膜容易破坏，液压件容易烧伤等。因此，液压油的工作温度不宜超过 70 ℃。

在环境温度较低的情况下运转调试时，由于油的黏度增大，压力损失和泵的噪声增加，效率降低，也容易损伤元件。当环境温度在 10 ℃以下时，属于危险温度，因此，要采取预热措施，当油温升到 10 ℃以上时，再进行正常运转。

4-1　在液压系统中安装油管、液压元件和液压泵时应注意哪些事项？

4-2　如何清洗液压系统？

4-3　绘制滚采煤机牵引部的液压系统图。

4-4　在实训室或校外实训基地拆装滚筒式采煤机的牵引液压系统。

附　录
常用液压图形符号

（摘自 GB/T 786.1—1993）

附表 1　基本符号、管路及连接

名　称	符　号	名　称	符　号
工作管路		管端连接于油箱底部	
控制管路		密闭式油箱	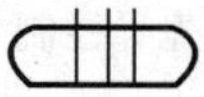
连接管路	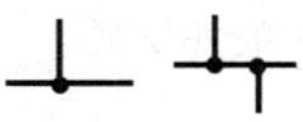	连续放气装置	
交叉管路	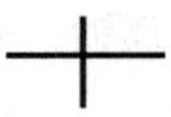	间断放气装置	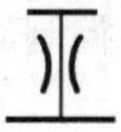
柔性管路		单向放气装置	
组合元件线		带单向阀快换接头	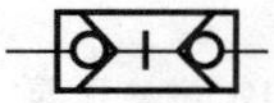
管口在液面以上油箱	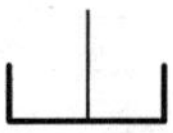	单通路旋转接头	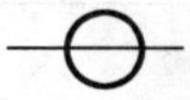
管口在液面以下油箱	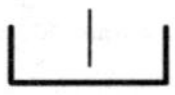	三通路旋转接头	

附表 2　控制机构和控制方法

名　称	符　号	名　称	符　号
按钮式人力控制	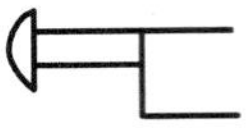	单向滚轮式机械控制	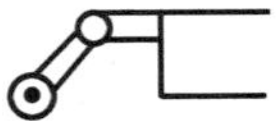
手柄式人力控制	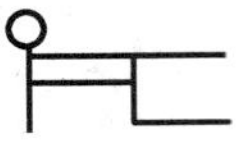	单作用电磁控制	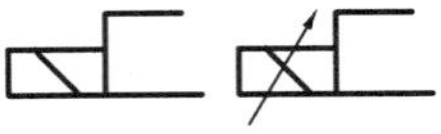
踏板式人力控制	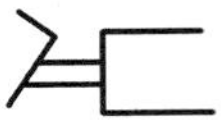	双作用电磁控制	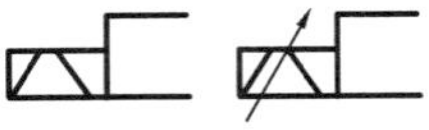
顶杆式人力控制	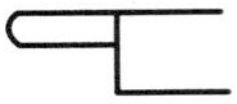	加压或泄压控制	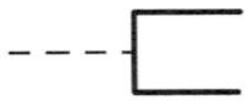
弹簧控制		内部压力控制	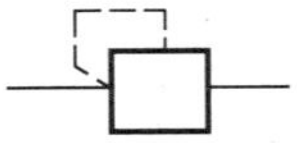
滚轮式机械控制	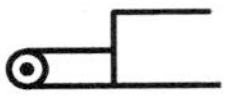	外部压力控制	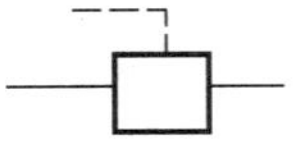
液压先导控制	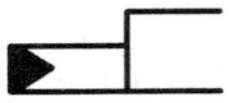	电液先导控制卸压	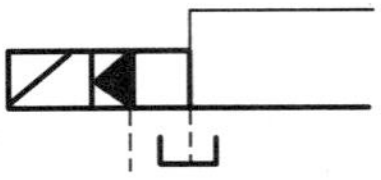
电液先导控制	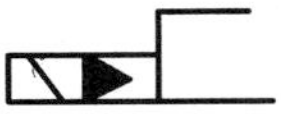	一般外反馈	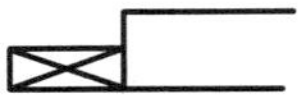
液压先导控制卸压	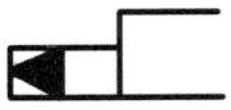	电反馈	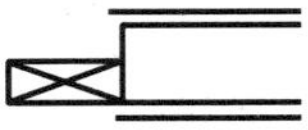

附表 3　泵、马达和缸

名　称	符　号	名　称	符　号
单向定量液压泵	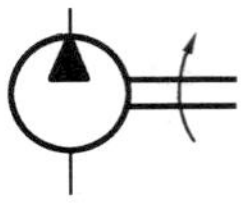	摆动液压马达	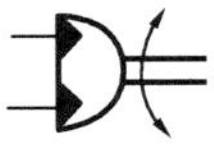
双向定量液压泵	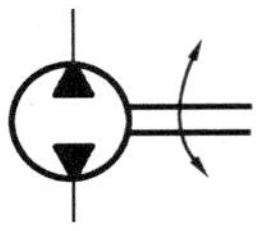	单作用弹簧复位缸	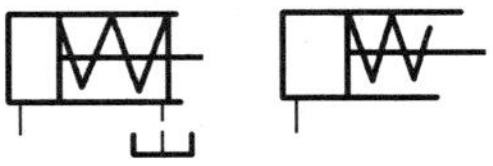
单向变量液压泵	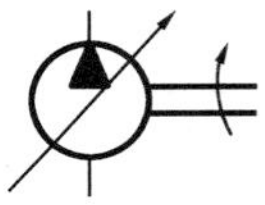	单作用伸缩缸	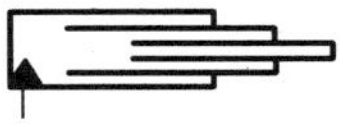

续表

名　称	符　号	名　称	符　号
双向变量液压泵	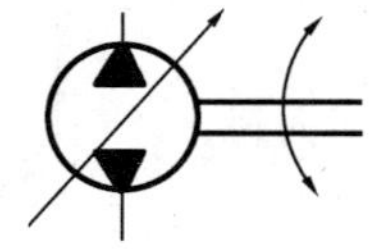	双作用单杆活塞缸	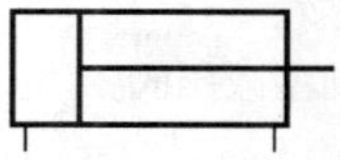
单向定量液压马达	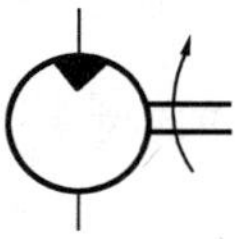	双作用双杆活塞缸	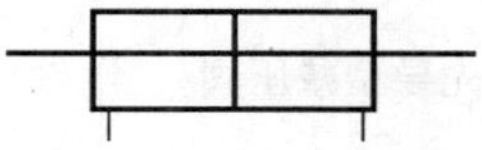
双向定量液压马达	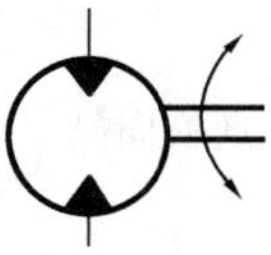	双作用伸缩缸	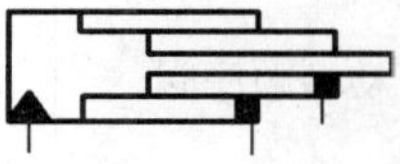
单向变量液压马达	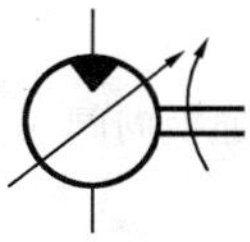	增压器	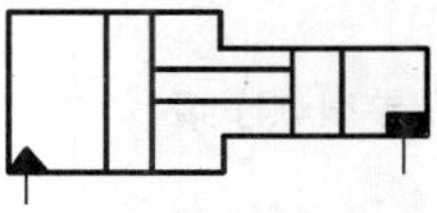
双向变量液压马达	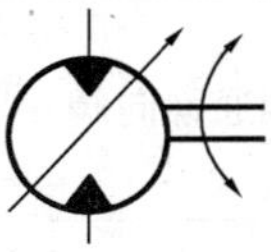	单向缓冲缸	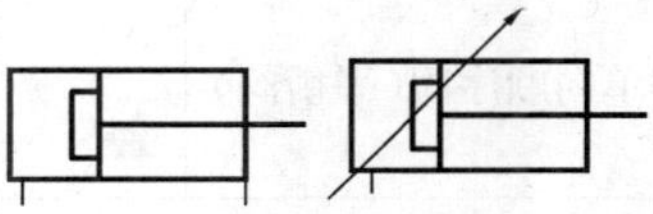
定量液压泵液压马达	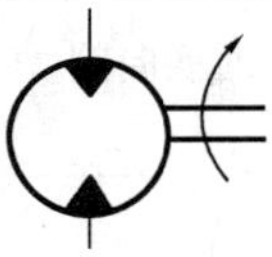	双向缓冲缸	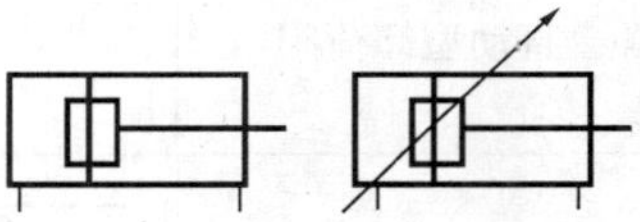

附表 4　控制元件

名　称	符　号	名　称	符　号
直动型溢流阀	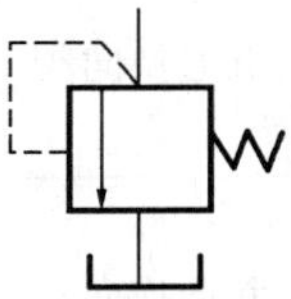	调速阀	
先导型溢流阀	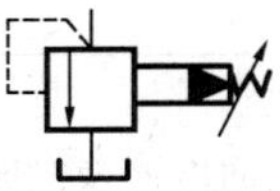	温度补偿调速阀	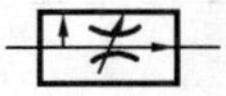
先导型比例 电磁溢流阀	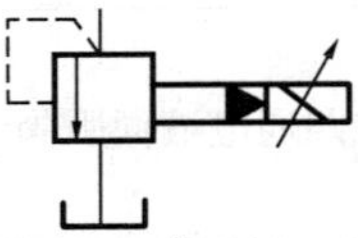	单向调速阀	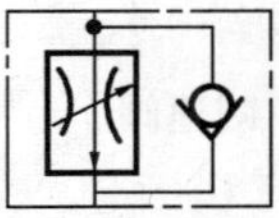

续表

名　称	符　号	名　称	符　号
直动型减压阀	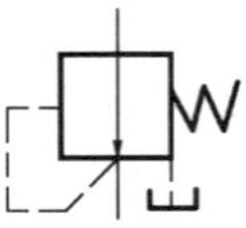	单向阀	
先导型减压阀	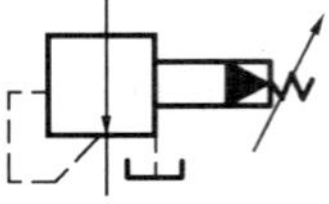	液控单向阀	
直动型顺序阀	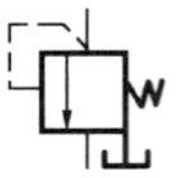	二位二通换向阀	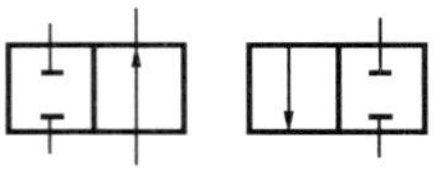
先导型顺序阀	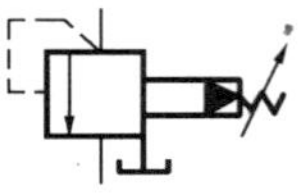	二位三通换向阀	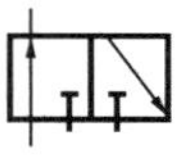
单向顺序阀(平衡阀)	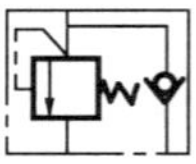	二位四通换向阀	
直动型卸荷阀	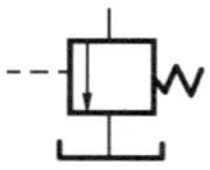	二位五通换向阀	
制动阀	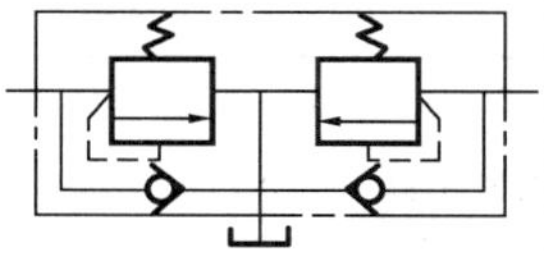	三位四通换向阀	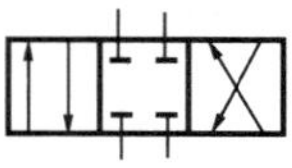
不可调节流阀		三位五通换向阀	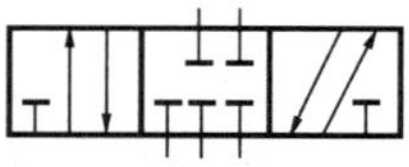
可调节流阀		三位六通换向阀	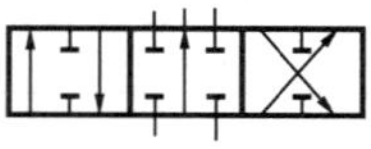
可调单向节流阀	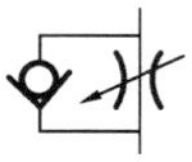	三位四通电液换向阀	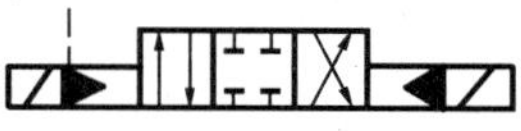
减速阀	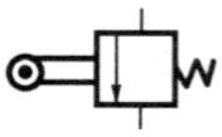	三位四通电液伺服阀	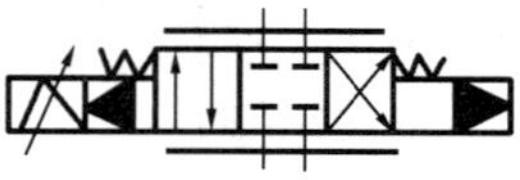

附表 5　辅助元件

名　称	符　号	名　称	符　号
过滤器		温度计	
磁芯过滤器		流量计	
污染指示过滤器	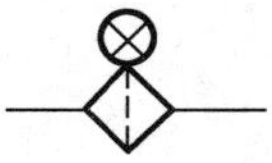	压力继电器	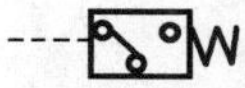
冷却器	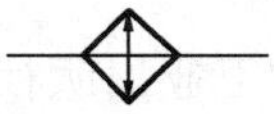	液压源	
加热器		电动机	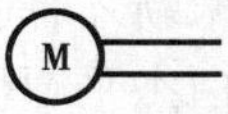 M
蓄能器		原动机	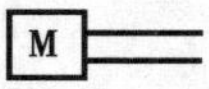 M
压力计		行程开关	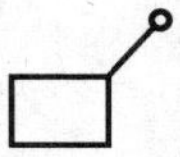
液面计			

参考文献

[1] 张应龙. 液压维修技术问答[M]. 北京:化学工业出版社,2008.
[2] 马新民. 矿山机械[M]. 徐州:中国矿业大学出版社,2005.
[3] 朱新才,周秋沙. 液压与气动技术[M]. 重庆:重庆大学大出版社,2003.
[4] 白杰平,马晴和. 液压传动与采掘机械[M]. 北京:煤炭工业出版社,1995.
[5] 李昌熙,乔石. 矿山机械液压传动[M]. 北京:煤炭工业出版社,1995.